要素流动与中国发展

论 | 丛

THE PATH OF INDUSTRIAL UPGRADING

要素引进下产业升级的路径

薛安伟 ◎ 著

UNDER FACTOR INFLOWS

格致出版社 上海人民出版社

总 序

在中国迅速崛起成为世界经济大国之时，人们普遍认同这是三十多年改革开放的成果。中国选择了社会主义市场经济体制，抓住了经济全球化的历史机遇。那么，为什么经济全球化是发展中国家崛起的历史机遇？全球化就是贸易投资自由化吗？为什么同样面对经济全球化，中国实现了对其他国家的赶超呢？仅仅是因为中国有廉价劳动力比较优势吗？

可以进一步追问的问题还很多。对于经济学来说，需要回答的是现象背后的经济逻辑与市场机理。中国创造了世界经济发展史上的奇迹，已经不是现有经济学理论能够直接解释的。"中国道路"成为一个特定概念本身就表明，这是一个超越传统理念的伟大实践创新。正如几百年来经济学说的不断创新都是基于该时代新现象的成果，是经济学家从人类生产活动最新现实出发进行的理论总结，今天的中国奇迹也给了当代经济理论工作者一个历史性重大课题——阐明中国道路的经济学逻辑。这是一种难得的机遇，也是一个不可推卸的责任。

在中国奇迹的巨幅画卷中，以开放促发展是其中最灿烂的画面之一。中国经济开放型发展的成就表明，经济全球化是中国道路的时代特征，以发展导向体制推进开放是中国道路的国家特点。从经济学意义上讲，投资超越贸易是当代世界经济的首要特征，生产要素的国际流动是经济全球化深化的微观基础。跨国公司直接投资使生产要素从一国流到另一国，改变了世界生产格局与国际分工内涵，进而替代了贸易，更创造了贸易。在这样的全球化历史条件下，一个落后国家能否启动发展，关键就在于能否吸引要素流入。中国不仅以鼓励外资流入的政策推动了对外开放，而且以对内改革创造了外资发展的环境，并把国内大量闲置的生产要素动员起来融入生产过程。三十多年来，中国各级政府都以发展为第一要务的"区域发展导向型市场经济体制"构建了内外要素集聚的高速增长机制，以资本流入创造产品出口拉动国内增长的发展模式，同时解决了资金外汇双缺口的发展经济学难题，并在此基础上开始了以培育高端人才和先进技术为核心的自主创新发展新阶段。

中国道路给了我们探索全球化经济机制与发展经济学新主题的最佳案例，一大批理论问题都可从中国实践中找到规律性的结论：为什么是要素流动而不是商品贸易是经济全球化的本质特征？为什么发展的启动阶段是要素净流入和产品净流出？廉价劳动力在什么条件下才能成为现实的比较优势？是什么因素促使全球生产要素更多向中国集聚？这些全球化经济学意义上的问题以巨大的磁性吸引着当代中国经济学人。

经济学的应用性在今天中国显得更为强烈。解释中国在开放中崛起的机理绝不只是一种理论上的悠闲享受，而是中国经济学工作者的一项时代责任。面对中国如何进一步崛起，同样有一大批问题摆在我们面前：如何客观评价外资主导型出口发展的国民收益？要素流入型发展模式局限性是什么？如何实现经济发展的核心内涵即本国产业结构进步？如何完成从外部要素流入向国内要素培育的发展战略升级？如何实现从要素单纯流入向进出双向流动转型？等等。这些发展经济学意义上的问题正是中国今天最紧迫的实践主题。

这些令人沉迷的问题伴随着我、我的同事及我的学生十多年。自从 2002 年对知识经济要素结构的研究开始，我对贸易效益的研究进入到生产要素层面。这一转变不但使我发现中国开放型发展中的许多现象可以得到合理的解释，而且也为战略与政策探索打开了思路，找到了方向。在此后约 20 篇相关论文中我从要素流动理论出发，分析了开放政策、体制模式与发展战略。2013 年，在几位博士研究生的共同努力下，我完成了《要素流动——全球化经济学原理》一书，并由人民出版社出版。博士生周琢、朱斌、陈钧浩、薛安伟、黎峰和马飒先后均从要素流动理论出发完成了博士论文。周琢和朱斌两篇论文分别以《要素流动与贸易收益——外资流入下贸易发展的国民收益》和《要素培育——从政策性开放向创新性开放战略升级》为专著书名，列入《新开放论丛》，于 2014 年由上海社会科学院出版社出版。本论丛出版的是另三位博士生在博士论文基础上完成的专著。我本人的相关论文经过重新整理和补充，再收录了学生的几篇论文也一并成书编入论丛。在此我要特别感谢我的这几位学生对要素流动理论的信任，感谢他们为这一理论的深入论证和系统阐述所做出的贡献。这里把四本书汇集成“要素流动与中国发展论丛”，是为了表明要素流动在全球化经济运行中的基础性意义，在上海社会科学院创新工程“世界经济学科建设”规划的推动下，我们更感到这一工作的意义，也表明中国发展道路与时代世界特征的深刻联系。

愿本丛书的出版能引起学界同仁对创建全球经经济学的兴趣，以及根据中国道路创新发展经济学理论的兴趣。

张幼文

2015 年 5 月于上海社会科学院

前 言

20 世纪 70 年代以来，跨国公司快速发展，跨国公司通过国际直接投资在全球配置资源，资本在跨国流动的过程中通常也承载着技术、品牌、销售网络、人才等高级生产要素，因此形成了由跨国公司主导的，以资本为载体的生产要素的国际流动。中国经济在融入全球化的发展过程中，首先通过引进外资带来要素流入，再通过吸收、学习实现自主式发展。

根据理论与实践的逻辑，本书主要围绕以下四个主题展开论述：

其一，要素流动是经济全球化的本质特征。商品由生产要素构成，国际贸易内在包含着生产要素的间接流动。跨国公司的发展增强了贸易与投资的联系，投资不但能够在一定程度上替代贸易，而且可以创造贸易，生产要素通过国际直接投资进行跨国流动。因此，要素流动是分析经济全球化的逻辑起点。

其二，全球化条件下，产业升级路径可以由要素流入启动。全球价值链分工伴随着要素流动进一步细化，各国的经济发展也越来越离不开全球化。借助国外生产要素发展本国经济，成为发展中国家实现经济发展的重要途径。中国的产业升级也是通过外资引进国外高级要素，开启了产业升级。

其三，产业升级的第一阶段通过存在效应路径实现。高级生产要素通过国际直接投资流入东道国进而影响综合要素结构形成了产业升级的存在效应路径，产生了发展初期最直接的升级作用，即产业升级的一次效应。

其四，产业升级的第二阶段从存在效应路径向溢出效应、规模效应和财富效应路径转变。本书的全部研究表明，要素流动视角下要素流入主要通过存在效应、溢出效应、规模效应和财富效应四个路径推动产业升级。存在效应改变了综合要素结构，属于一次效应，而后三个路径在要素流入后逐步深化，属于二次效应。产业升级路径从一次效应转向二次效应贯穿了产业升级的整个过程。

在已有研究的基础上本书在以下四个方面创新:

一是通过揭示经济全球化的本质是要素流动,为产业升级的内涵提供理论依据。产业升级的实质是要素升级,多种生产要素以资本为载体的国际流动,改变了封闭条件下产业升级仅依靠国内要素禀赋的历史,产业升级的内涵在要素流动下更加丰富。

二是论述了要素结构与产业升级的关系。无论产品升级还是工艺升级,抑或产业间升级、要素间升级等,内在都包含着生产要素结构的升级。要素结构升级通过高级要素流入和自主创新两个途径完成,要素结构升级是产业升级的基础。产业升级的四个路径实际上从四个方面改善了要素结构,进而推动了产业升级。

三是提出了要素结构升级与产业升级的两阶段理论。产业升级的两个阶段并不是孤立的,第一阶段实现了要素流入,第二阶段产生了溢出效应、规模效应和财富效应等二次效应,形成更高水平的产业升级路径。

四是在总结全书研究的基础上,探索了中国未来产业升级的路径与政策选择,并为发展中国家实现经济发展提供了借鉴。提出中国未来逐步加强依靠二次效应升级路径发展产业经济的政策建议,并探索了适合发展中国家在全球化过程中进行产业升级的步骤。

目 录

第1章 导 论

1.1 选题背景及意义

1.1.1 选题背景与问题的提出

1. 选题背景

20世纪70年代以来,跨国公司迅速发展,据联合国统计,1980年全球有约1.1万家跨国公司,而到2008年这一数字就超过了8万。跨国公司大发展的同时,国际直接投资亦飞速增长,1970年的全球国际直接投资流量仅有13亿美元,而2007年就达到了接近2 000亿美元,增长了153倍。国际直接投资的快速增长反映了经济全球化的不断深化,国际直接投资与间接投资的区别在于后者不强调对公司的控制权,而前者对公司具有控制权并参与公司的经营和管理,能够支配公司对要素的配置能力。国际直接投资包括绿地投资和跨国并购两种方式,其中,绿地投资是直接到东道国新建工厂将外国的生产要素带入东道国,跨国并购主要通过购买公司的股权,获得对公司的实际控制,参与经营和管理,对生产要素进行配置。在跨国公司国际直接投资过程中,绿地投资的资本流出国将技术、管理、品牌等生产要素也随着货币资本流入东道国。跨国并购则直接参与被并购公司的采购、生产、销售等环节,对生产要素进行新的组合。因此,国际直接投资实际上是以资本为载体的一系列生产要素的国际流动。

2007年金融危机后,新兴经济体尤其是中国开始担当起世界经济增长的"火车头”,这种趋势性的变化是以新兴经济体积极融入全球化并发展经济为基础的。全球化随着投资、贸易的发展而深入,中国经济融入全球化所取得的发展为研究世界经济提供了丰富的素材。中国从1978年改革开放后,30多年来取得了举世瞩目的成就,为研究发展中国家如何实现产业升级提供了重要参考。中国从农业国转变为“世界工厂”,毫无疑问的是,中国经济的发展是与世界经济分不开的,包括中国在内的新兴国家的经济发展既受国内因素影响也受国际因素影响。中国适应全球化的发展,通过制度改革和创新,为要素流入创造了条件。中国经济的发展轨迹,既为其他发展中国家提供了经验,也提出了自身的转型升级问题。产业升级是经济发展的重要步骤,中国从过去的“引进来”到现在的“走出去”,都离不开全球化。

2. 问题的提出

中国经济在过去30多年发展过程中取得的成就离不开融入全球化,中国借助全球化激发了内在发展潜力,其中很多产业也从无到有,由弱到强。中国在经济总量上升的同时,产业结构也发生着转变,从农业国转向了工业国。中国经济发展的一个典型特征是改革开放带来了大量的国际直接投资,形成了出口拉动型的增长模式,外资在拉动出口的同时还对国内产业发展产生了一定影响。如何解释在中国融入全球化过程中外资对产业升级的影响,对未来中国经济的转型升级有着重要启示。

经济全球化的重要表现在于跨国公司的大发展和国际直接投资的快速增长,而国际直接投资的一个主要特征是在资本流动的过程中附带有技术、人才、管理方式等其他高级生产要素,构成了生产要素的国际流动。对外开放使中国融入全球化,中国的产业发展与全球化密切相关,研究经济全球化与产业升级的关系,生产要素的国际流动对产业升级的内在机制与路径具有重要意义。中国在融入全球化的过程中,突出表现为外资带来生产要素的国际流入。本书基于生产要素国际流动的视角,研究要素流入对中国产业升级的影响路径。中国产业升级路径也将对其他发展中国家在全球化背景下实现经济发展提供参考。

1.1.2 拟解决的关键问题

第一,分析要素流入影响中国产业升级的内在逻辑和路径。改革开放政策打开了国门,引进外资成为地方政府拉动本地经济的重要手段。但外资流入本身并不能完整解释中国经济发展和产业升级的全过程，本书尝试从要素流动视角，以要素流入为出发点研究中国产业升级的路径。

第二，要素结构转变对产业升级的促进作用。一国的经济脆弱性和发展的可持续性主要体现在产业结构上，产业结构需要要素结构的支撑，要素结构决定了发展道路。要素结构的转变在全球化背景下可以借助外部条件，本书尝试分析于要素结构变化对产业升级的影响。

第三，在全球化背景下，中国产业升级路径转换问题。要素流动视角下，中国的产业升级首先得益于以外资为载体的要素流入，然而要素流入后与相关产业结合形成了一次效应和二次效应。本书尝试解决如何优化产业升级路径，实现产业升级新突破这一课题。

第四，个别发展中国家如何借鉴中国经验，实现产业与经济发展。贸易和投资都属于参与全球化的范畴，商品流动和要素流动从不同层次解释了全球化，在全球价值链分工深化的背景下，中国的发展道路也将为其他个别发展中国家的发展提供丰富经验。

第五，要素流动如何解释产业升级与发展经济学。发展经济学随着经济全球化呈现了新的特征，从贸易到投资、从商品流动到要素流动是经济全球化的重要变化，这种变化为发展经济学的理论创新提供了基础。如何从要素流动视角解释产业升级与经济发展也是本书进行的一个初步尝试。

1.2 选题意义

1.2.1 理论意义

随着经济全球化进程的不断深入，国际投资的重要性越来越明显，投资与贸易的联系日益紧密，生产要素的国际流动逐渐成为世界经济的本质特征，同时各国的发展也离不开经济全球化。发展经济学也叫“贫困经济学”，是为落后国家提供赶超或发展理论的经济学。从“进口替代”到“出口导向”、从“重农主义”到“重商主义”、从“华盛顿共识”到“北京共识”等，关于发展中国家如何摆脱贫困的研究就没有停止过。

经济全球化背景下,国际投资增速加快,投资与贸易的联系越来越高,投资的重要性增加,世界经济的运行特征发生了根本变化,发展经济的理论也应进行相应的创新。中国经济的高速增长,更是对诸多的西方经济理论产生了挑战。本书基于这种变化,对发展经济学提出新的研究思路。

经济增长在中观层面上表现为产业升级,如果没有结构的转变,持续的经济增长将不可能实现。经济增长在微观上表现为效率的提高,中观上表现为产业结构的改进,宏观上表现为经济总量的增加。产业升级既包括产业发展质量的提高,又包含经济总量的发展。分析产业升级是研究宏观经济的重要内容,本书基于生产要素国际流动,结合中国的发展经验,研究全球化背景下的产业升级问题。要素流动对于经济全球化和全球化经济学有着重要意义,各国生产要素通过流动实现组合,形成生产过程的合作,不同类型的国家创造和提供不同的生产要素,为要素组合提供基础。本书以生产要素国际流动为逻辑起点,以产业升级为发展路径,阐述经济发展,为产业升级理论与发展经济学进行一些创新研究。

1.2.2 现实意义

经济发展在中观层面上表现为产业升级,在全球化背景下,产业升级与外部联系日益紧密,因此,国家的对外开放战略与产业升级有直接的联系。产业升级的实质是生产要素的升级,如何引进生产要素,引进哪些生产要素是发展中国家产业升级需要解决的重要问题。本书试图研究生产要素的国际流动对产业升级的影响,具有积极的现实意义。

党的十八届三中全会决议指出:“适应经济全球化新形势,必须推动对内对外开放相互促进、引进来和走出去更好结合,促进国际国内要素有序自由流动、资源高效配置、市场深度融合,加快培育参与和引领国际经济合作竞争新优势,以开放促改革。”中国经济经历了 30 多年的高增长,经济总量已经超过日本成为世界第二大经济体,中国从农业国转变成了“世界工厂”,但是在发展的过程中既有值得借鉴的宝贵经验,也积累了一些需要反思的问题。如何实现经济的转型升级是所有发展中国家将要面临的话题,本书的素材来自经济全球化的背景下,中国的产业升级轨迹,其目的既在于回答中国未来产业升级的方向,也在于回答发展中国家如何在全球化背景下通过要素流入，实现产业升级。

要素结构是产业升级的基础，各个国家的要素禀赋上都各有特点。在经济全球化背景下，不仅可以依靠本国或地区的要素，还可以借助外部要素的力量。很多国家都在特定的要素上具有比较优势，在全球化经济中，没有一个国家能够关起门来搞发展。生产的复杂化，生产要素和其组合的多样化是生产全球化的基础，一国要实现产业发展，必然离不开利用全球的生产要素，并形成自身的优势产业。中国的产业升级历程对于其他发展中国家具有积极的借鉴意义。

1.3 研究内容、方法与可能的创新

1.3.1 研究内容

本书基于要素流动视角分析中国的产业升级，并以此为发展中国家适应全球化进程并实现产业升级提供借鉴。要素流动是本书的理论基础，中国的产业升级表现为要素流入推动而非要素流出，国外稀缺要素的流入补充了中国国内产业结构的不足，激发了闲置生产要素并带动了生产效率的提高。本书基于上述逻辑展开研究，试图分析以下三个方面的内容。

1. 生产要素的国际流动

任何生产过程都需要投入生产要素，产业升级本质上在于生产要素的升级，生产要素与产业升级之间存在相互促进的作用。经济全球化背景下，跨国公司通过国际投资对全球的生产要素进行配置，跨国公司主导的要素流动使得生产要素从国外流入国内，增加了国内的要素供给，改变了要素结构，影响了产业升级。而生产要素国际流动的内在动力在于由各国要素稀缺性差异决定的要素价格差，生产要素流向要素价格高的地区或国家，构成新的要素组合。本书从要素流动视角进一步分析要素流动对一国经济发展的正面及负面影响。

2. 生产要素国际流动对产业升级的影响路径

要素流动对一国经济在中观层次上表现为产业升级，研究要素流入影响中国产业升级的路径是本书的核心内容。以跨国公司为主体的国际直接投资实际上表

现为国际直接投资为载体的生产要素的国际流动。中国的产业升级与要素流入密切相关，它从四个渠道影响着一国的产业升级。(1)存在效应路径。生产要素的流入将改变东道国的要素结构，使得产业的要素投入量发生变化，并影响当地的要素价格，直接导致产业升级的基础——要素投入发生变化进而推动产业升级。(2)溢出效应路径。生产要素流入的同时，也将通过干中学等对东道国已经存在的要素产生溢出。在中观层次上，产业间的关联和产业内的竞争都将有助于提高全要素生产率而产生溢出效应。(3)规模效应路径。流入的高级要素与东道国的生产要素相组合形成了更多的生产过程，这种综合利用由于新要素的流入扩大了生产规模，降低了生产成本，产生了规模效应。(4)财富效应路径。要素流入促进产业升级的一个重要结果是提高了总产出和总收入，收入的提高将产生更强的购买力，为购买更多更稀缺的要素创造条件，形成新的要素流入基础。因此，财富效应和溢出效应、规模效应一样都以要素流入为前提，属于二次效应。本书将从要素流动视角研究要素流入对中国产业升级的影响，该研究方法试图探索产业升级研究的新视角，不仅有利于理论创新，同时对于产业政策创新也具有借鉴意义。

3. 中国产业升级的两阶段性与对发展中国家的借鉴

在要素流动的视角下，中国通过引进外资吸引要素流入的产业升级过程，共包括了四个路径，而这四个路径实际上体现了两个阶段。产业升级由要素流入开始，因此存在效应路径，属于产业升级的第一阶段，也称为一次效应，由此形成了产业升级其他路径的基础。溢出效应、规模效应和财富效应路径随着要素流入进一步深化形成了产业升级的第二阶段即二次效应。外商直接投资并附带其他生产要素的流入不仅在存在意义上产生了存在效应路径，这构成了产业升级的基础路径，与此同时国外生产要素深入到各个产业通过二次效应的路径实现了产业升级的第二阶段。产业升级的两阶段是相互联系，不可分割的，第二阶段是在第一阶段基础上更高水平的产业升级路径。

产业升级的路径从整体上需要打通要素流入促进产业升级的驱动，利用全球化首先需要对外开放政策支持。中国在未来的产业升级中，不但要继续保持高质量外资的持续流入，更要从政策上积极推动产业升级的二次效应路径，提高产业升级水平。借鉴中国产业升级的影响路径，本书也尝试基于要素流入对其他发展中国家提出以下产业升级步骤：第一步，评估本地要素禀赋状况，确定潜力产业；第二步，建设必需的基础设施；第三步，制定要素集聚的激励政策、创造良好的要素流入环境;第四步,构建激发自主创新的机制;第五步,培训优势产业的产品市场;第六步,重新评估本地要素禀赋状况。产业升级过程随着要素禀赋结构的变化而形成循环。

1.3.2 研究方法

1. 文献研究分析法

任何理论创新都是站在前人建立的基础之上,没有详实的文献研究,不可能推理出精密的、系统的理论。本书在充分掌握要素流动理论、产业升级理论、发展经济学理论、国际投资理论、国际贸易理论等基础上,对要素流入下的产业升级问题进行研究,通过分析文献梳理内在联系和机理。

2. 实证分析与案例分析相结合

通过数理推导和计量模型分析要素流入对产业升级的影响路径,力图用最精确的数据和模型再现产业升级过程,分析各因素对产业发展的影响。同时拟采用时间序列数据、面板数据等,较全面、规范地研究产业升级的影响因素与路径。另外,还试图采用案例比较分析法,通过对比不同产业或企业的产业升级过程的案例,总结案例中的规律性特征,为实证分析提供补充。

3. 静态分析与动态分析相结合

静态分析和动态分析的差别在于是否考虑时间因素,分析均衡实现的路径。一般情况下,前者是短期分析,后者是长期分析,二者相结合构成了完整的分析框架。本书立足于生产要素的国际流动,结合中国实际从要素流入分析其对产业升级的影响路径,将静态分析与动态分析结合,短期与长期结合,试图全面分析外资主导的要素流入对产业升级的影响。

1.3.3 本书可能的创新之处

1. 研究视角创新

国际直接投资和普通的生产要素有所不同,它不是简单的货币资本,在资本流动到东道国的同时,技术、管理、品牌等生产要素发生了流动,国际直接投资的本质是生产要素的跨国流动。因此,生产要素的国际流动包括了要素的流入与流出,而对于发展中国家通常需要获取资本和其他生产要素，本书基于由国际直接投资带来的要素流动视角进行分析。不同于以往仅从国际直接投资的角色分析，在本书的分析中，国际直接投资是诸多生产要素流动的载体，国际直接投资的流入反映了要素流动。在要素流入的视角下，本书展开了理论与实证分析。

2. 理论创新

跨国公司主导的以国际直接投资为载体的生产要素的国际流动是经济全球化的本质特征，运用要素流动原理阐述经济全球化对各国经济发展的影响具有深刻意义。本书运用要素流动原理分析在全球化背景下实现产业升级的路径，具体侧重点在于要素流入对中国产业升级的影响路径。从生产要素流动的原理研究产业升级填补了该方面的理论空白。以往对产业升级的研究主要集中在一国之内的区域层面，在开放条件下通常从国际贸易与国际投资的角度分析，而本书融合了贸易与投资。商品交换实际是生产要素的间接流动，贸易和投资分别从间接和直接途径实现了生产要素的跨国流动。

3. 研究体系创新

要素流动原理对世界经济的影响是全面的，对一国产业升级的影响也包括多个方面。要素流出和要素流入都对产业发展有影响，本书分析要素流入对中国产业升级的路径从四个效应，即存在效应、溢出效应、规模效应和财富效应，形成了以要素流入为视角的产业升级体系，系统分析中国产业升级的路径，并在中国产业升级路径的研究基础上，提出了对发展中国家适应全球化，实现产业升级的战略选择。

4. 实证分析创新

本书在现有模型的基础上，结合中国的产业发展特点引入了替换或新变量，对现有模型进行了一定的修正。借鉴钱纳里产业结构标准模型，引入 FDI 和金融危机冲击分析要素流入对产业升级的影响。将短期、中期和长期相结合，实证分析和图表分析结合，证明投入要素增加有利于产业升级。在新古典生产函数中引入关联效应和竞争效应，用工业行业面板数据分析关联效应和竞争效应。将数据包络分析引入规模效应分析，并用 Tobit 模型分析要素流入对规模效应的影响。

5. 政策创新

本书在分析中国产业升级路径的基础上，从战略层面提出了中国未来产业升级从第一阶段转向第二阶段，由引进外资转向自主发展的政策建议。根据产业升级要适应于要素结构，指出在全球化背景下一国可以通过借助国外的高级要素优化本国的要素结构，进而推动产业升级的逻辑，提出六个步骤，形成了一个政策体系。该政策体系一定程度上可以作为落后国家借助全球化，实现产业发展的参考。

1.4 研究框架与结构安排

1.4.1 逻辑关系与研究框架

本书的逻辑框架见图 1.1。

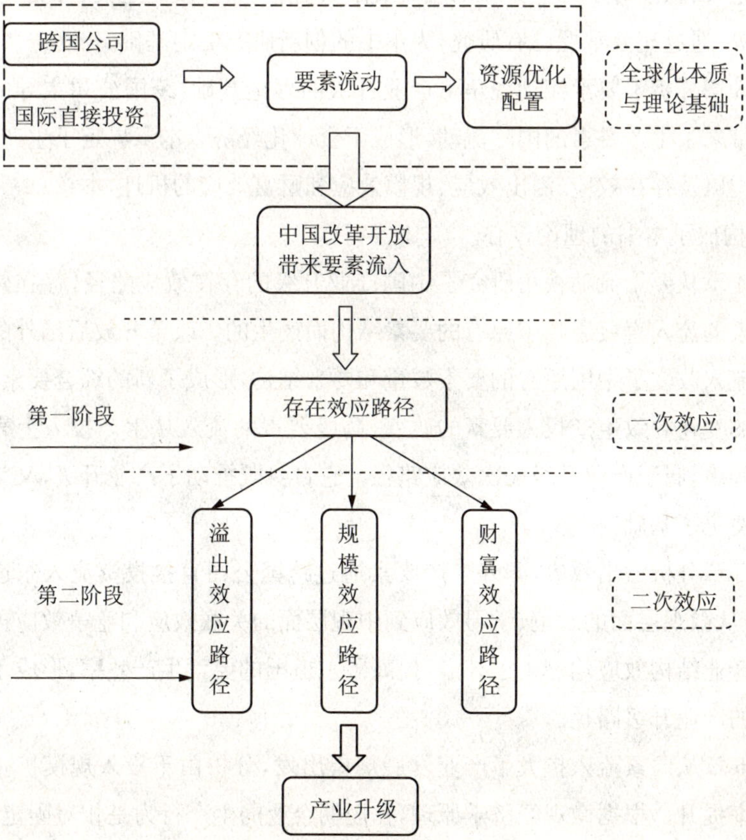

图 1.1 逻辑框架

1.4.2 结构安排与说明

本书从经济全球化的历史背景出发研究中国经济在融入全球化的过程中，如何通过吸引国外稀缺生产要素推动产业升级和经济发展。全文共包括十个章节，重点分析要素流动视角下要素流入对中国产业升级的影响路径。

第1章阐述本书的选题背景、研究意义、研究内容、研究方法和可能的创新点以及整篇文章的框架结构，通过前言交代全文的研究背景，阐明本书的研究重点以及研究思路。

第2章为对相关研究文献的概述，梳理了生产要素的分类以及与要素流动相关的理论，回顾了对于产业升级的相关文献，包括产业升级的定义、种类、度量标准和路径等，通过充分掌握已有研究，为本书的创新研究奠定基础。

第3章分析了要素流动视角下产业升级的理论基础，跨国公司主导的国际直接投资带来了生产要素的国际流动，形成了全球化经济。本章界定了生产要素、产业的分类以及存在效应、溢出效应、规模效应和财富效应的机理，本章总领全文，第3—7章构成了本书的理论核心。

第4章从要素流动视角研究了中国产业升级的存在效应路径，存在效应是由于新要素的流入直接影响了原有的要素结构而产生的。改革开放后国外的高级生产要素流入改变了中国原有的要素数量和要素结构，形成了新的综合要素结构，要素结构的变化导致生产投入要素的改变，高级要素的流入从生产投入上直接影响了产业升级，属于产业升级一次效应路径。它自身既推动了产业升级，又为其他升级路径奠定了基础。

第5章分析溢出效应，国外生产要素通过跨国公司直接投资流入东道国某一产业后，从微观层面的示范、学习效应到中观层面的关联效应和竞争效应再到宏观层面的产业结构效应均产生了外溢，提高了东道国的要素生产效率，形成了以溢出为特征的产业升级路径。

第6章从要素流入扩大了产业发展规模出发，分析由于投入规模扩张带来的规模效率提升。根据微观经济学原理，在短期企业的生产行为是相对固定的，短期生产函数是稳定的，但是在长期生产函数可能发生变化，具体表现为长期生产成本的降低。产业升级是一个中长期过程，随着要素流入，生产模式也可能发生变化，向着降低平均成本、提升规模效率的方向改进，从而表现为规模效应。

第 7 章结合案例分析中国产业升级中财富效应路径，财富效应也属于产业升级路径中的二次效应路径，需要一定的时间积累才具备财富效应的基础。财富效应集中表现为要素流动视角下要素流入使得要素收益提高，积累了更多财富后有能力购买更多的高端生产要素，实现产业升级。

第 8 章从国际直接投资是要素流动的这一事实分析了对外直接投资对融入全球价值链的影响，进而如何推动国内的产业升级和要素升级，并结合中国的“一带一路”倡议提出了相关建议。

第 9 章将要素流入对中国产业升级的经验进行总结，提出中国未来产业升级从一次效应路径向二次效应路径优化的政策建议，同时对发展中国家产业升级也提出了借鉴步骤。

第 10 章在总结全书的基础上提出了未来产业升级的启示，并分析了本书研究可能存在的局限以及研究可能探索的领域。

第2章
要素流动与产业升级的理论概述

2.1 生产要素与要素流动的理论概述

2.1.1 生产要素种类的演变

生产要素是进行物质资料生产所必须具备的基本因素或条件。物质资料生产是一个社会赖以生存和发展的基础,进行物质生产的基本前提,就是要有一定的有形或无形的投入。从经济学的发展角度看,生产要素的种类经历了从单要素论到多要素观的演变。1662年,威廉·配第在《赋税论》中指出"所有物品都是由两种自然单位——土地和劳动——来评定价值,因为它们都是由土地和投在土地上的人类劳动创造的"。即土地和劳动创造了财富并成为价值评价标准。土地和劳动体现了生产要素的二元论。1776年,亚当·斯密在《国民财富的性质和原因的研究》中提出,"一国国民每年的劳动,本来就是供给他们每年消费一切生活必需品的源泉""只有劳动才是价值的普遍尺度",但"无论是什么社会,商品的价格归根到底都分解为劳动、资本和土地三个部分或其中之一"。斯密指出劳动是衡量价值的标准,并提出了劳动、土地和资本的三要素观。法国经济学家萨伊1803年于《政治经济学概论》一书中也正式提出了三要素论:"价值是劳动、自然所提供的各种要素和资本的作用联合产生的成果。"明确指出劳动、土地和资本是最基本的三种生产要素,既是构成价值又是衡量价值的标准。1890年,马歇尔在《经济学原理》中提出"组织"(即企业家才能)对生产有着重要的作用,可以作为第四种生产要素,并提出了包括企业家才能的四要素观。林毅夫(2012)认为要素禀赋结构表现为该国的劳动力和劳动技能、资本以及自然资源的相对丰裕度,即定义为自然资源、劳动力、人力资本和物质资本的相对结构。实际上提出的是自然资源、劳动力、人力资本和物质资本的四要素观。20世纪,经济学取得了快速发展,生产要素的种类也发生了变化。20世纪50年代,美国经济学家西蒙·库兹涅茨运用统计方法分析了各国增长后认为"先进技术是经济增长的一个允许的来源";罗伯特·索洛的研究也揭示了技术作为经济增长的主要原因。因此,加入技术要素后生产要素的种类演进到了五要素观。随着互联网的发展,信息技术也加入了生产要素。1990年,张浩等将生产要素的范围扩大到劳动者、劳动资料、劳动对象、科学技术、生产管理、经济信息和现代教育七个方面。2013年,张幼文等从经济全球化的角度,将生产要素分为一般劳动力、货币资本、土地与自然资源、技术、品牌、高端人才、经营管理方法和营销网络八个方面。

综上,生产要素种类的演进是与经济发展相一致的,不同的经济发展阶段,生产过程的投入不尽相同,不断有新生产要素的出现。因此,生产要素的构成也相应做出了调整,包括的范围越来越广泛,即出现了劳动力、土地两要素到七要素、八要素等。

2.1.2　要素流动的理论综述

1. 要素流动与国际贸易

要素流动在经济学理论中通常作为内在性质或前提条件,经济增长理论实际上即假设生产要素在国内可以自由流动,微观经济学中一般均衡理论也暗含了这一性质。商品由生产要素构成,国际贸易实际上是生产要素的间接流动。在国际经济学中,要素流动通常作为假设条件,假设生产要素不可以跨国流动时,分析模型是封闭经济;假设生产要素可以跨国流动时,模型是开放经济。

对生产要素国际流动的讨论广泛存在于国际贸易理论与国际投资理论当中,一方面,因为国际贸易理论的研究范围也包括生产要素的国际流动和技术知识的国际传递。另一方面,投资本身即是生产要素之一,国际直接投资理论一定程度上就是在分析要素配置。国际贸易理论通常以要素的不跨国流动作为分析前提。斯密的绝对优势理论、李嘉图的比较优势理论都假设生产要素不可以跨国流动，而要通过国际贸易实现产品的专业化生产。赫克歇尔-俄林定理(H-O 定理)也假设生产要素在每个国家的部门之间可以完全自由流动，但在国家之间完全不可流动，要素禀赋差异是国际贸易的原因。斯多尔珀-萨缪尔森定理(S-S 定理)也是假设要素不流动，由商品价格传导到要素价格，商品价格相对提高导致密集使用的生产要素实际报酬的上升。以保罗·克鲁格曼为代表的经济学家提出来的新贸易理论以规模经济和不完全经济市场为理论支柱，认为产品的差异化导致了产业内贸易，其涉及的是生产要素的国内流动。而以梅里兹(Melitz)为代表的新新贸易理论则在新贸易的基础上加入了内生的企业异质性，分析了产业内贸易发生的原因。虽然这两种贸易理论中出现了中间品的贸易，但是从生产要素的分类上可以看出该理论仍旧停留在生产要素不能跨国流动的基础上。阿萨夫·拉沙和埃弗拉伊姆·沙卡(2002)从劳动力、资本和金融三个方面系统研究了要素流动，他们认为要素流动有两种表现形式:第一种指要素自身的国际流动，比较典型的是资本流动，指生产要素自身进行跨国流动，并不改变其所有权性质;第二种是所有者与其生产要素一起流动，比如劳动力转移，通常称为移民。

要素流动与国际贸易的关系变化体现了全球化的程度。从 H-O 定理到 S-S 定理都反映了通过国际贸易实现要素再配置，要素价格均等化理论据此分析指出通过商品贸易间接实现了要素价格的均等。这些理论均在 20 世纪 60 年代之前就提出，此时的背景是国际贸易大发展而国际投资相对较小。在此之后，国际直接投资快速发展对要素流动的研究也逐渐增多。尤其是跨国公司的崛起，国际投资活动的活跃，国际投资超越国际贸易成为世界经济的新趋势性特征，跨国公司直接投资的本质就是生产要素的国际流动。同时，关于国际投资的研究越来越多。

Mundell(1957)在 H-O 模型的基础上假定两国技术水平相同，分析认为要素流入与国际贸易之间存在替代作用，贸易壁垒增加会促进生产要素流入，要素流入限制的增多会刺激贸易。Markusen(1983)同样在 H-O 模型基础上假设两国的技术水平不同，系统分析了要素流动对国际贸易具有互补效应，认为在国际贸易存在一定的壁垒，通过生产要素的国际流动能够补充国际贸易中的不足。日本经济学家小岛清则根据 20 世纪 60 年代日本的对外投资情况，提出了边际产业扩张论，认为对外直接投资与国际贸易具有互补效应。他指出外商直接投资并不能等同于其他一般的生产要素，货币资本的流动包括了技术、管理、销售网络等多种要素。小岛清认为将本国的边际产业即处于比较劣势的产业转移到国外进行廉价生产后再进口对本国发展是有利的。Kar-Yiu Wong(1995)从福利的角度系统分析了生产要素的流动与国际贸易的关系，指出商品贸易是生产要素的间接流动；并根据要素流动与国际贸易所可能产出的福利差异，提出了提高国民福利的政策建议。阿萨夫·拉沙和埃弗拉伊姆·沙卡(2002)分析生产要素流动时也指出在有扭曲情况下，生产要素的流动也可能产生资源的错配。Clausing(2001)基于美国跨国公司的面板数据发现，国际直接投资对国际贸易存在促进作用，尤其是促进了产业内贸易。Head和Ries(2003)通过分析日本933家企业的对外直接投资发现，对外直接投资促进了日本的出口。Blomstrom等(1996)利用美国企业数据分析认为美国在发展中国家的海外分支结构销售每提高100万美元，美国本土的就业则会下降12—18人，这说明国外市场对国内市场的替代。Helpman等(2004)在Melitz(2003)提出的分析框架之上，认为存在企业的异质性时企业选择以FDI形式进入国际市场的效率优于出口。国际直接投资除了能对国际贸易产生促进作用外，也能产生替代作用。Horstman和Markusen(1992)从FDI的类型以及市场结构分析出发，认为水平型FDI侧重于区位选择，出口成本高于效率损失时就会选择通过FDI进入东道国市场。因此，FDI对国际贸易存在替代作用。张幼文(2002)认为生产要素的国际流动对国际贸易存在互补效应。在全球化经济中，要素流动是对生产的国际配置，在新的生产布局下形成了国际贸易。梁琦、施晓苏(2004)通过对中国1980—2001年的FDI与进出口的分析发现，FDI与国际贸易的互补作用大于替代作用。

2. 要素流动的动力

商品交换的动因从消费者的角度是为了满足自身的需求，提高效用，从生产者的角度则是为了获取更高的利润。需求和供给的平衡建立在价格差的基础上，因此，商品流动的动力在于获取价格差异。同时，在市场经济条件下，完善的市场机制和制度也是保证商品交换的重要因素。生产要素的国际流动也与商品贸易相似，根据已有文献分析要素流动的根本动力在于获取更高的要素收益，获取要素收益是跨国公司进行全球资源配置的基础。除此之外，要素流动还需要一些外部环境的配合，形成吸引与集聚力。

国内外学者对要素流动的动力也有相关研究。Hymer(1960)在其博士论文中提出的特有优势理论指出跨国公司在常规生产上与东道国企业相比存在比较劣势,其必须有特有的比较优势能够获取更多的收益才进行对外投资,这些优势包括技术优势、管理优势、规模经济优势等。艾肯特根据要素禀赋理论提出了资本富裕说,认为国际直接投资从货币资本富裕国流向短缺国。Gruber、Mehta 和 Vernon(1967)认为跨国公司与其所在产业中的其他公司相比具有更高的研发强度,通过统计分析发现研发与其所占市场份额成正比。研发投入能使跨国公司对其他企业形成壁垒,带来更多的要素收益。Richardon(1972)认为企业在决定跨国投资时,不仅应考虑其特有的优势、国外的低成本等经济因素,还要综合考虑政治制度、法律、文化等多方面的非经济因素。

张幼文(2002)认为资本在诸多生产要素中的演变最为复杂,资金是生产过程中的生产要素,金融是宏观经济运行过程中的要素,即经济要素。经济的不断发展,使资本作为生产要素发展到金融作为经济要素。张幼文(2005)分析了生产要素的流动性与流动的关系,较高流动性的生产要素流向较低流动性的要素,实现新的集聚与组合,高流动性要素的价格趋同显著。张幼文(2013)对要素流动进行了系统的阐述,他将生产要素从流动性上分为高流动性生产要素(包括货币资本、技术、高端人才、品牌、营销网络和经营管理方式)、低流动性生产要素(包括一般劳动力)和完全不流动生产要素(土地与自然资源)。同时指出生产要素的稀缺性决定了要素收益,而跨国公司追求更高的要素收益是生产要素国际流动的根本原因。并将要素流动分为资源寻求型、市场寻求型和效率寻求型,要素流入影响了世界市场的价格和结构。同时,张幼文又提出经济要素(市场化水平、市场规模、生产配套能力、基础设施等)与全球化经济要素(一国的经济开放度、双边或多边协议等)为生产要素的国际流动创造了条件。要素在全球的流动与组合,构成了全球经济学的逻辑起点。马飒(2014)也指出良好的经济要素为生产经营创造了条件,增加了一国要素流入的吸引力,而全球经济要素则在全球层面上扫清了要素流动的障碍。周琢(2014)指出生产要素进行国际流动的目的在于寻求要素在全球的优化配置,但这种流动并不意味着要素在全球的均衡配置,相反可能导致生产要素在个别国家或地区进行不同程度的集聚。赵儒煜、邵昱晔(2011)认为要素流动对区域差距的作用方向根本上取决于要素边际收益的递减或递增,边际收益差异产生内生集聚力，从而可能引发各个区域经济的不均衡增长，最终形成“中心—外围”产业发展格局。要缩小我国区域产业发展的梯度差距，应着力于促进要素的合理自由流动。在国内层面，要素流动也与经济发展相联系，要素边际收益差是要素流动的动因。Baily, M.N.和Bosworth, Barry P.(2014)分析了美国的制造业，指出资本和技术以前所未有的方式在全球流动，以寻找熟练和不熟练劳动力与所偏好的制度安排实现最优组合。要素最优组合即意味着获取更多的收益，必然流向能获得更高价格差的国家。

2.2　产业升级的相关研究

2.2.1　产业升级的内涵

产业升级是产业经济学研究的重要内容，产业原指经济社会的物质生产部门，后泛指制造或提供物质产品、流通、服务等的企业或组织。一般情况下，每个企业或组织都专门生产和制造某一特定产品，生产这类产品或提供某种服务的部门就成为一个相对独立的产业，如“农业”“矿业”“制造工业”“交通运输业”等。因此，产业实际是由生产相同或相似产品的企业组成的企业群。对产业的划分也有不同的标准，大体上包括以下三种划分方法。第一种是三次产业分类法，产业按产品划分的思想最早源自费希尔1935年提出的依据劳动者对产品的加工程度划分出的三次产业。第一产业农业是直接取自自然界的，是初级产品；第二产业工业是需要进行再加工的产业；第三产业服务业是为进行上述活动，包含生产和消费等提供服务。三次产业的划分方法仍然在研究和生活中被广泛使用。三次产业的划分后由克拉克和西蒙·库兹涅茨分别进行了完善，后者在《各国的经济增长》中明确提出了产业的农业、工业和服务业的划分。第二种是生产结构分类法，这类划分出现得较早但是目前并没有被广泛采用，主要包括马克思的两大部类分类法：第一部类的生产资料的生产和第二部类的消费资料的生产；农轻重产业划分法，即消费资料产业、资本资料产业和其他产业的分类法。第三种是标准产业分类法，包括1971年联合国编制的《全部经济活动的国际标准产业分类索引》，将产业划分为十大类，我国 1984 年首次发布了《国民经济行业分类与代码》将国民经济划分为 16 个门类、92 个大类。苏东水(2010)认为产业包含三次含义:(1)产业是一种社会分工现象,随着分工而产生,并随分工而发展;(2)产业是具有同类属性的企业的集合;(3)产业是介于宏观和微观之间的中观经济。因此可以概括为产业来源于社会分工,表现为企业集合,是介于宏观与微观之间的经济现象。迈克尔·波特认为关于产业的概念通常比较含糊,在《国家竞争优势》中曾指出在很多产业竞争和国际贸易的讨论中,对产业的定义非常笼统,例如银行业、化工业等,这些划分对商战实务并没有意义,因为不同产业有很大的差异。波特以机械业为例,指出其中包括几十种明确的产业,其中任何一个产业都有其独到之处。由此可见,产业的内涵与外延都比较复杂,随着经济的变化而不断充实。

"升级"指从较低的级别上升到较高的级别,这个概念不仅用在经济学中,也应用在管理学、自然科学当中,比如管理升级、系统升级、性能升级等。经济学中,产业升级通常主要是指产业结构的改善和产业素质与效率的提高,从本质上讲,产业升级必须依靠技术进步来提升生产效率。Porter(1990)指出产业升级是通过产业间的要素转移,使资本和技术密集型产业获得充裕的资源禀赋,并依托比较优势的发展过程。从价值链角度,Gereffi(1999)认为产业升级是企业开发资本和技术密集型经济领域来提高盈利能力的过程,同时价值链内部的增加值也从低到高发生转变。Poon(2004)也认为产业升级是从低价值的劳动密集型向高价值的资本或技术密集型转变的过程。Humphrey 和 Schmitz(2002)将产业升级分为工艺升级、产品升级、功能升级和跨产业升级,其中前三种是产业内升级,后一种是产业间升级。Ernst(2001)将产业升级划分为五种类型:一是产业间升级:在产业层级中从低附加值产业向高附加值产业;二是要素间升级:在生产要素层级中从"禀赋资产"或"自然资产"向"创造资产"移动;三是需求升级:从必需品、便利品向奢侈品移动;四是功能升级:在价值链层级中从销售、分配向最终的组装、测试、零部件制造、产品开发和系统整合移动;五是链接上的升级:在前后链接的层级中,从有形的商品类生产投入到无形的、知识密集的支持性服务。丁焕峰(2006)提出产业内技术创新首先激发了对新产品的需求,然后需求的上升又将导致其他企业向该产业延伸,生产要素同时向该产业流动,促进该产业发展与升级,即创新引起需求的扩张并带动生产要素在不同产业间转移,促进了产业升级。这种升级由创新引发,并通过需求刺激,形成良性循环。Hausmann和Rodrik(2003)认为产业升级和经济多样化是一个不断"试错"(trial and error)的过程。Redding(1999)提出的动态比较优势理论为国家采取产业政策提供了理论支撑。隆国强(2007)认为产业升级主要是推动资本密集和技术密集产业比重的提升。

国内学者研究产业升级往往从产业结构的角度入手,主要观点包括两类:一类认为产业升级等同于产业结构优化。周振华(1992)认为产业结构的高度化和合理化是产业结构优化的基本点。苏东水(2001)也认为产业结构优化包括产业结构合理化和高度化,在产业结构合理化和高度化的过程中,政府通过产业政策来调整产业结构变化的供需结构,实现资源的优化配置。从该定义中可以看出政府对于产业结构优化有积极影响。其中,产业结构的合理化总体上是指产业升级与经济发展相适应,它包括产业供给能力和产业需求的调整,产业与产业之间协调能力的加强和关联水平的提高,进而在产业供求的要素变动与供求结构之间实现动态均衡,最终各产业部门协调发展并取得较好结构效益的产业结构优化过程。产业结构高度化是指产业结构从低度水准向高度水准的发展过程,通常具体反映在三次产业产值比例变化和主导产业的变迁上。例如,产业结构从以第一产业为主向第二、三产业为主的演进就是产业结构高度化;产业结构从劳动密集型为主向资本、技术密集为主演进及从初级产品为主向中间品、最终品为主的演进也都属于产业结构高度化。因此,产业结构的合理化强调产业升级的综合效果,产业结构的高度化强调产业升级的阶段性。李悦(1998)认为产业结构升级即产业升级,喆儒(2006)也认同产业结构升级和产业升级等价的观点并指出影响中国产业升级的根本因素在于需求结构和技术进步。与此相对,有一些学者认为产业升级除包括产业结构优化外,还包括产业链的升级、产业发展等。李晓阳、吴彦艳、王雅林(2010)认为产业升级包括产业结构的改善和产业素质与效率的提高;在宏观层面上通过产业结构优化,实现了产业的协调发展,在微观层面上通过生产要素的优化组合、技术水平和管理水平的提高等实现产业素质与效率的提高;但是,宏观的结构改善与微观的效率提升实际上有内在联系,生产要素的优化组合是产业结构改善的基础。宋国宇、刘文宗(2005)认为产业结构优化是一个动态过程,其实质是实现资源在各产业之间合理配置、促进资源的使用效率不断提高以及具有较强的结构转换能力。实际也是从结构和效率两个方面定义产业升级,同时仍然考虑产业结构和要素效率之间的关系。因此,从产业经济学的角度,产业升级既是产业从低级向高级转化的过程,同时也包括了产业总产量的上升和产业结构的高度化。产业升级的微观基础在于生产要素效率的提升和优化配置。

2.2.2 产业升级的动力

产业升级的动力既包括内部因素,也包括外部因素,其中内部动力主要指由于产业或企业自身内部优化产生的升级,而外部动力指国际经济形势、国内开放政策、产业政策等外部因素。周振华(1992)指出产业升级的动力既包括需求结构、相对成本的变化、企业创新等内部因素,也包括国际贸易、资源协调能力等外部因素。通过文献梳理,对产业升级内外部动力的研究整体上可以归结为以下四个方面。一是技术创新推动论,认为一国的产业升级是由技术创新推动的,技术创新促发了新产业。该理论最早来源于熊彼特首创性地提出的"创造性破坏",认为创新对于产业具有"破坏性"作用。创新在推倒一批旧产业的同时也带来了一大批新产业,即肯定了创新对产业升级的作用。Eaton、Jonathan 和 Kortum(1999)认为技术进步使产品结构、产业结构发生变化,从而带来产业升级。技术创新是产业升级的初始动力。张杰等(2007)通过分析技术溢出和技术创新认为技术进步对产业升级有重要的影响。Krugman(1979)用一般均衡模型说明了发展中国家具有后发优势,可以借鉴发达国家的技术和产业理念实现产业升级。这里的技术进步虽然是内部因素,但是需要良好的国际环境,依靠国外的外部因素。孔曙光、陈玉川(2008)认为产业升级的微观机理在于科技进步,科技进步从促使生产设备、生产工艺的更新换代,提高劳动者的素质和加快产品的升级换代三个方面推动了产业升级;通过技术进步带动了企业内部的升级并延伸到产业的外部条件上。张杰、张少军和刘志彪(2007)通过构建空间动态博弈模型分析领先企业与跟随企业的多维技术溢出效应对企业创新能力的影响,他发现单向溢出与双向溢出对企业的创新能力影响不同。此外,他分析了我国地方产业集聚的两种形态——小企业集聚型和主企业领导型对产业升级动力的不同影响,并提出采取主企业领导型的集群分工模式对产业升级具有积极的影响。

二是禀赋决定论即要素禀赋差异形成了产业升级的动力,决定了产业升级的路径和选择。林毅夫等(2009)认为假设其他经济条件不变,一个国家在任意给定时间的要素相对价格由要素禀赋结构决定,因此,要素禀赋结构决定了最优产业结构。林毅夫(2012)认为要素禀赋结构表现为该国的劳动力和劳动技能、资本以及自然资源的相对丰裕度,即定义为自然资源、劳动力、人力资本和物质资本的相对结构。产业结构的升级,第一步要进行要素禀赋结构的升级,否则强行发展形成的产业结构不但不利于经济的可持续发展,还将拖累经济发展。而张夏准认为不存在普适性的"资本"或"劳动",能让一国积累并配置在任何需要的地方。根据技术积累的轨迹,一个经济落后的国家或地区由于没有技术基础,不可能在新产业中有技术优势,除非其违背比较优势,并在其拥有"正确的"要素禀赋之前就真正进入该产业。二者争论的焦点在于一个发展中国家以多大的背离度进行产业升级,但都承认要素禀赋对产业升级的影响。劳动力素质的提高即改变了要素禀赋的质量。

三是劳动力素质提高推动了产业升级。劳动力素质的提高实际是要素质量的提高进而提升了要素生产效率,直接有助于产业升级。这方面的研究主要集中在劳动力素质的提升上,刘李华等(2013)认为劳动力的培训和流动对产业升级具有积极影响,他指出劳动力质量提升和流动促进了产业升级。向奕霓等(2013)以河南省西峡县为例,分析劳动力素质提高既有利于第二、第三产业的结构型升级,又对第一产业内部升级有利,其证明劳动力素质上升即生产要素质量上升推动了产业升级。

四是政府干预论,该理论认为政府为了实现既定目标而对特定产业及产业内企业实施的扶持和管制等干预政策,推动了国内产业升级。林毅夫(2012)指出产业政策泛指那些鼓励特定产业正在进行的活动或投资的政府政策和法律法规。实际上世界上每个国家都在实施着产业政策。Pickles 等(2006)通过对越南与中东欧的服装产业升级和日用品价值链的研究发现,产业升级受到了当地体制结构和政策的影响。陈雪梅等(2013)认为政府的政策倾向对于产业升级和产业集聚有重要影响,不同政企关系有不同的产业发展轨迹。产业政策对产业升级的影响在发达国家和发展中国家都有不可忽视的作用。

在上述四种产业升级动力中,创新、要素禀赋和劳动力素质提高都是从产业升级的内部因素考虑,属于内部动力;而政府干预则是从产业发展的外部因素分析,属于外部动力。

2.2.3 产业升级的度量

产业升级的度量往往根据产业升级定义的内涵制定，通常由一系列指数或系数构成，总体上包括从产品、要素和结构三个角度的度量方法。第一，从产品角度上，主要有以下两种度量方法：(1)产品升级指数：Kaplinsky 和 Readman(2005)根据产业升级所包涵的内容，提出了产品升级指数(Product Upgrading Quotient, PUQ)，表示为 $PUQ = \mathrm{d}P\%_x + \Delta MS_x$。其中，$\mathrm{d}P\%_x$ 表示 x 部门某产品价格变动率与平均价格变动率的偏离程度；ΔMS_x 表示 x 部门市场份额的变动率。该指数包括单位产品价值变动和市场份额变动两个部分，即意味着产业升级包括价格上涨和市场份额提升两个方面的总效用。(2)产业高加工化系数：某一产业的加工程度越高，产品附加值就越高，即代表着产业升级。邬义钧(2006)认为产业附加价值量的变化反映了产业升级，指出产业升级即为产业的高附加值化，剩余价值在产品总价值的比例增大，只要产业能够提高绝对剩余价值率和超额利润，就是在进行产业升级。因此建立产业高加工化系数。产业高加工化公式为：$D = P_m G_m / (P_m G_m + P_p C_p)$，其中，$P_m$ 表示制造业生产的附加值、G_m 表示制造业增长速度、P_p 初级产品的比重、C_p 初级产品的增长速度。此系数从收益的角度衡量了产业升级。

第二，从要素角度主要以要素生产效率提高为标志，包括劳动生产率、研发密度和技术密集型集约化程度等指标。(1)劳动生产率：该指标衡量一定时间内劳动力创造的增加值，该产业劳动力创造的增加值提高说明产业在进行着升级。劳动生产率为 $LP_t = GDP_t / L_t$，其中，GDP_t 代表当期的国民生产总值，L_t 代表劳动总人口。而劳动生产率的增长 $LPG_t = (LP_t - LP_{t-1}) / LP_{t-1}$。结合到某一产业，则用产值代替 GDP 即为该产业升级的劳动生产率度量法。(2)研发密度：Pavlinek 和 Zenka(2010)基于全球价值链和全球生产网络视角，通过捷克汽车产业的数据构建了研发密度、研发人员比例等指标考察了企业的产业升级程度。研发密度越高，说明产业升级的程度就越高。(3)技术密集型集约化程度指标：马涛(2004)采用技术密集型集约化程度的指标来反映产业发展从劳动、资金密集型向技术密集型演进的程度，该指标以技术密集型产业的产值比重作为度量标准。其公式为：

$z = Z/GDP \times 100\%$，其中，Z 技术密集型行业的增加值。实际上该指标意味着将技术密集性的提高等同于产业升级。

第三，从结构角度则注重分析产业内部结构改进和国家整体层面的产业结构变化，主要包括以下三个方面：(1)霍夫曼(Hoffmann)比例系数：1931 年霍夫曼通过分析 1880—1929 年间 20 多个国家的时间序列数据，总结了工业化过程中产业升级规律。提出了霍夫曼比例系数：$h = C_g/S_g$，其中，C_g 表示消费资料净产值，S_g 表示生产资料净产值。并依此将工业化进程分为四个阶段，该比例越小说明工业化程度越高。(2)结构效益指数：方甲(1997)通过产业构成比例关系变动引起的效益变化，来评价产业结构是否合理，如果产业构成发生变化后产业参与收益提高则表示产业升级。结构效益指数表示为：$S = \sum_{i=1}^{n}\left[\frac{Y_i}{\sum_{i=1}^{n} Y_i} \cdot \frac{Y_i}{K_i L_i}\right] - \frac{Y_0}{K_0 L_0}$ 其中，Y 表示产业产值，K 表示资本，L 为劳动者人数，n 为产业数。该指数中的前一项表示产业升级后的总效益，后一项表示产业升级前的总效应。其差值越大，说明结构效益提高越多，产业升级越高。(3)标准结构比较法，其参照系有库兹涅茨“标准结构”、钱纳里“产业结构标准模式”、“钱纳里-塞尔昆模型”等。Chenery 和 Syrquin (1975)采用投入产出分析法、一般均衡分析以及经济计量模型，研究了 101 个国家与地区从 1950—1970 年的大量观测数据，进行了跨国截面数据分析，根据数据分析结果提出了基于不同经济水平的“标准产业结构”。他们总结出来的公式为各国衡量经济增长过程中的产业升级所处的阶段提供了参照系，该模型以产出的变化来表示不同阶段的产业结构状况，产业结构优化的结果表现为产出的上升。本指标是基于历史数据的总结，属于经验公式，表示为：$\ln x = \alpha + \beta_1 \ln y + \beta_2 \ln^2 y + \gamma \ln n$，其中，$x$ 是以比重表示的产业机构，y 是国内生产总值(GDP)。

第四，除此之外还包括指标体系法，该方法为避免单个指标的缺陷，综合了多种指标，形成指标体系度量法。伦蕊(2005)，程如轩、卢二坡(2001)等使用霍夫曼系数、高技术产业发展系数、工业节能系数、高加工度系数等多个指标并赋予每个指标一定的比重后构成指标体系，以此全面衡量产业升级程度。王岳平、葛岳静(2007)用投入产出法分析了需求政策对产业结构的影响，形成了产业升级指标的基础，主要包括各部门的直接消耗系数，完全消耗系数，影响力程度和影响力系数，感应程度和感应度系数，各项最终需求的诱发额和诱发系数，各部门对最终需求的依存度，总体联系等指标。该指标体系从需求角度全面分析了产业结构优化，但是其仍然属于产业升级度量的一个方面。从整体上看，指标体系法的优势在于全面性，但其明显的困难在于测度数据的获得。

2.2.4 产业升级的路径

产业升级的路径是指依靠一种或者多种产业升级动力实现产业升级的渠道和轨迹。产业升级相对于产业动力更加具体化，是产业动力在产业发展过程中的具体体现。路径研究是对产业升级研究的核心内容，因为路径直接联系着现实可操作性，是研究产业升级理论的归宿。对产业升级路径的研究可以从多个层面来划分，包括线性升级路径和非线性升级路径，产业内升级和产业间升级，主导产业升级和非主导产业升级，自发的和非自发的产业升级等。从实践角度升级路径主要包括以下四种类型：

一是从工艺流程升级到链条升级式的多重升级路径。Humphrey 和 Schmitz (2002)提出的产业升级的四种路径具体包括：(1)工艺流程升级是通过整合生产系统或者引入先进技术含量较高的加工工艺，将投入更高效地转化为产出，其内在的升级动力是引入先进的技术优化生产过程。(2)产品升级是通过提升引进新产品或改进已有产品的功效使产品在市场中竞争力提升，具体体现为从低附加值的低层次简单产品转向高附加值的复杂、精细的产品。产品升级强调由产品的更新带动附加值的提高，进而带动整个产业的收益水平的上升。(3)功能升级是企业从低附加值环节转向高附加值价值的生产，提升在高价值环节的投入。通常将一个产业从委托加工开始发展到创立自有品牌的转换看作功能升级的基本路径，因此，功能升级与产品升级的区别在于从获得更高附加值的生产环节上进行升级。(4)链条升级是指产业链条的转换，转向另一条产业链条的升级方式，企业利用在特定价值环节获取的竞争优势嵌入新的、更加有利可图的全球价值链。它将产业升级与全球价值链结合起来，通过与外部环境的联系实现竞争力的提高。一般理论认为产业升级按上述顺序首先从流程升级到产品升级，再到功能升级，最后到链条升级，这种升级路线体现了由内而外的升级特点，但有时也出现跳跃和反复。孙文远

(2006)认为产业升级轨迹并不是完全依照上述特定规律,不可改变的,根据不同国家和不同产业的特点,产业也有可能由几种升级过程相互组合而成。如前文所述,Ernst将产业升级分为产业间升级、要素间升级、需求升级、功能升级、链上的升级五个步骤,那么升级路径也可沿该五方面分别或依次升级。因此,从升级次序上看,产业升级不是一成不变的。

二是主导产业引导式升级路径,通过优先发展主导产业然后以点带面推动整体产业升级。因为投资与技术进步类似,也具有外在效益,所以发展中国家可以选择一些产业作为产业升级的突破口。他同时还提出了"产业关联度标准"选择主导产业,以主导产业作为产业升级的突破。Rostow(1960)首次完整提出主导产业系统的概念,强调主导产业对经济的带动作用。通过优先发展主导产业从而带动整个产业的升级,当前,这一理论在我国的战略性新兴产业升级上有较好的体现,提出通过推动战略性新兴产业缩小我国与发达国家在新产业发展上的差距。主导产业的选择是通过产业引导实现产业升级的难点,如果主导产业政策引导失误可能反而对经济发展产生不利影响。

三是结合比较优势演化的升级路径,根据国家的要素比较优势发展特点制定产业政策推动产业升级,产业内、产业间升级可能同时进行。张其仔(2008)认为在全球化的背景下,中国经济增长方式的转变实质上是要改变比较优势,改变中国在国际分工体系中的位置,由分工变化推动实现产业升级。比较优势的演化总体上可以分为线性演化与非线性演化,相应的,产业升级也可以划分为线性升级和非线性升级。如果产业升级过程中没有出去与其他产业的交叉就是线性的产业升级;如果出现了交叉就属于非线性升级。在HK模型的基础上,张其仔的研究还引入产业度概念,通过成本收益分析将产业升级进行量化,认为发展中国家由于存在产业升级信息不足的问题,因此可以跟随发达国家的升级路径,实现产业间优先升级。

林毅夫(2012)构建了增长甄别与因势利导框架(growth indentification and facilitation framework, GIFF),将发展中国家实施产业政策归结为六步:第一,发展中国家的政府确定一份贸易商品和服务的清单。第二,在该清单中,优先考虑已有国内私人企业进入的行业,并确定行业发展存在的障碍。第三,若清单中是全新行业,引入外资投资该行业,或设立孵化计划,扶持私企进入。第四,对清单外的但取得成功的其他私企，为这些产业的扩大提供帮助。第五，建设基础设施，吸引外资；改善商业环境，降低交易成本。第六，对在清单中的领先企业提供激励和优惠，并用尼日利亚作为案例进行分析。GIFF 的实质是根据国家的比较优势制定产业政策实现产业升级，中国有什么（即要素禀赋），能做好什么（即比较优势），运行好比较优势实现产业结构升级需要建立有效市场并发挥有为政府的作用。

四是沿产业链进行升级，产业链升级来自创新能力、要素质量提高等导致产品附加值的动力。吴彦艳（2009）从产业链的角度提出了内生扩展型产业升级，指出产业升级的路径首先通过资本、设备等投入增加企业在制造环节的实力，进而转向研发、服务、品牌等高附加值环境。这种升级路径是以资本投入和自主创新为基础的、线性的、渐进式的升级路径，但该产业的再生能力和创新能力要求很高，需要在升级到一个阶段后形成较强的技术实力和资金实力，并且能够在竞争中不断创新，提高技术含量。马云俊（2010）也通过产业链分析了产业升级的路径，认为本国产业嵌入全球价值链是产业升级的前提条件，然后在生产者驱动、购买者驱动和混合型驱动下，产业升级沿着价值链向两端附加值高的方向进行延伸。产业链升级的模式虽然比较形象地解释了产业升级过程，但是更多侧重在现象的表述上，一定程度上缺乏内在机理的分析。

上述产业升级路径虽然从不同角度阐释了产业升级，针对中国的经济发展特征和产业升级的特点从不同的侧重点也都有解释能力，但是如果从整体上分析中国的产业升级则都缺乏系统性。流程升级主要侧重在微观，主导产业升级侧重在政策选择，比较优势演进重点在于宏观解释，产业链升级缺乏内在机制。

从生产要素、产业和产业升级相关的研究文献可以看出对生产要素的定义随着经济发展从劳动力和土地两要素逐步演变到多要素，要素的变化也直接影响了产业发展，产业升级的定义也随着要素分类而变化。关于产业划分，经济学家有诸多不同的观点，但是基本上都认为产业是一个中观概念，产业不同于单个企业，也不同于整体的国民经济，而是生产类似或相关产品的企业集合。在产业升级的研究上，包括了升级的动力、升级的度量、升级的路径等多个方面。总结而言，在产业升级的动力上主要包括创新、要素禀赋、产业政策和要素质量四个方面。产业的度量则涵盖了产品、生产要素、结构和指标体系等方面，不同的度量标准反映了对产业升级内涵的界定差异。将产业升级的路径与动力进行归纳总结(见表 2.1),可见产业升级的路径与动力是相互关联和相互影响的。

表 2.1　产业升级的路径与动力

	产业升级路径	产业升级动力
1	工业流程升级	技术创新、要素禀赋、劳动力素质
2	产品升级	技术创新、要素禀赋、劳动力素质
3	功能升级	技术创新、要素禀赋、劳动力素质
4	主导产业引导	产业政策、要素禀赋、技术创新
5	比较优势演进	产业政策、要素禀赋、技术创新
6	产业链	技术创新、要素禀赋、产业政策

第3章
要素流动视角下产业升级的理论分析

国际直接投资的实质是以资本为载体的生产要素的国际流动，要素流动影响了世界经济的运行特征，也影响了一国的产业升级。经济全球化的本质是要素流动，从国际直接投资带来要素流动的视角分析产业升级对于研究全球化下的经济发展具有很强的现实价值。产业升级是经济发展的核心内容之一，通过要素流动视角分析发现，跨国公司主导的国际直接投资从四个路径（即存在效应、溢出效应、规模效应和财富效应）推动了产业升级。

3.1 基本概念

3.1.1 生产要素的种类

生产要素指所有对产品的生产有直接影响的各种构成因素，是产品的必要组成部分。从文献综述中，我们可以看出生产要素种类并不是一成不变的，而是随着经济形势的变化而出现了新的生产要素，从二要素到七要素、八要素都印证了这一点。在经济全球化和技术革命不断发展的条件下，生产要素的种类变化速度可能加快，有些生产要素可能退出生产过程而新的生产要素也将出现，比如机器人替代简单劳动力，电子邮件替代传统的寄信方式等。在本书的分析中，生产要素仍然限定在对生产的影响上，主要包括土地、自然资源（主要指矿产资源）、简单劳动力（通常称为工人）、知识型劳动力（通常称为人才）、资本、技术、管理、品牌等方面。由于生产的复杂性，很难将所有的生产要素囊括，每一类生产要素的分类都包括着若干更细分的生产要素。比如技术，有电子技术、IT、3D打印技术、高分子技术、生物技术等，这里仅从研究的角度上进行统称，并不妨碍对技术的整体性分析。

生产要素的全球分布是不均匀的，发展中国家土地资源和劳动力相对比较充裕，而资本、技术、品牌、管理等都比较匮乏，发达国家则在资本、技术、管理等能创造更高附加值的生产要素上更加丰裕，而在土地和劳动力上比较稀缺。经济全球化对生产造成了两个层面上的冲击，一是国际分工发生了变化，不是某一个国家专业化生产某一个产品，而是某一个国家专业化生产某一个配件或流程，产品经过多个国家最终在一个国家形成组装。由于产品复杂度的提高，生产产品的要素构成也更加复杂，一个国家很难完成生产的所有流程，这时的国际分工就更加细化、分散化，演变成了要素的国际合作。二是产业链在全球的布局，要素不均匀分布和生产对要素国际合作的要求导致产业链在全球范围扩展。经济全球化背景下，生产要素的优化配置体现在嵌入全球产业链的程度，产业链在全球范围内延伸的内在逻辑也使得全球的生产要素配置更为合理。而在全球进行要素组合的主要是跨国公司，跨国公司具有更高的管理能力、雄厚的资本、良好的品牌等易流动的高级要素，有利于在全球范围进行生产要素的优化组合。要素的优化组合能够获得更好的收益，也就形成了要素流动的根本动力。而国际直接投资就承担了要素流动载体的作用，与投资项目相关的管理、人才、技术、品牌等易流动生产要素流入东道国并刺激其经济发展。

因此，要素分布的不均匀即要素的稀缺性差异决定了同一类生产要素在不同国家或地区的价格差，这是跨国公司通过国际直接投资重新组合生产要素的根本动力。要素流动的目的是通过要素流动实现更加优化的要素组合，获取更高的收益，而国际直接投资则承载了其他相关的易流动要素，实现了这一新组合。

3.1.2 产业分类的界定

产业是指生产相同或相似产品的企业群，根据对“相同或相似”的不同界定而出现不同的产业分类。比如从大的层次上，种植小麦、大豆等和养殖牛、羊等都可以归为农业，但是在更小的层次上又可以将前者归为种植业，后者归为养殖业。同理，在工业大类下，有钢铁业、汽车业、建筑业等更低层次的分类，在服务业的大类下，有金融业、电信业、餐饮业等更低层次的分类。因此，产业的本质是生产相同或相似产品的企业群，但是根据研究需要，不同的研究领域可以划分出不同的产业层次进行分析。

本书对产业的分析既包括从农业、工业和服务业层次上的划分，也包括对工业内部产业的分析。由于分析的重点在中国的产业升级，对应中国发展轨迹，主要是工业化的发展，因此对农业和服务业内部的产业分析相对较少，这也是本书后续需要进一步跟踪研究之处。

产业在经济学理论中处于微观和宏观之间的中观层次，它既受微观企业变化的影响，又受宏观经济变动的影响。经济随着时代不断发展变化的同时，产业也在不断地变化，有些产业在经济中被淘汰而有些从来没有过的产业发展了起来，比如金融、互联网、电子支付等。经济概念的作用在于对经济现实进行描绘和说明，从个别中总结出共性，为解释经济现象与规律提供方便。因此，现实经济发生变化就要求经济概念和定义不断跟进。随着科学技术的发展速度与信息的传递速度大幅提高，技术更新的周期缩短，产业更替周期也在加速。经济中的这些变化都要求产业的概念进行更新，尤其是产业的划分需要适时地完善。当前，产业的变化主要体现在以下几个方面：一是产业间的融合度提高并产生了新的产业。比如，互联网金融就是金融与互联网相结合而发展出来的新产业，该产业和传统的金融业和互联网产业既有共同点又有差异，在这两个产业中各取所需形成了新的商业模式。二是产业内的专业化程度逐渐提高，形成了新的壁垒。在同一产业链上的原材料、中间品、最终产品的各个生产企业由于长期的专业化生产相对形成了一定的技术与品牌优势，对新进入该产业的企业构成了更多障碍。三是“渠道”拓展在产业发展中的作用增强。信息不对称是经济中普遍存在的问题，在信息化的条件下，通过拓展渠道降低信息不对称以获取低成本或高收益成为产业发展成熟程度的标准。四是新兴业态的不断出现。技术进步的一个突出表现就是新业态的涌现，从光伏发电到“3D”打印到“特斯拉”新能源汽车以及现代服务业等，很多人们没有想到过的产业出现在了现实当中，改变着产业的发展现状。新产业类型的出现对原有产业造成了冲击，既体现了产业发展轨迹，也为产业研究提供了更多素材。

但是，产业概念的变化并不影响对产业的相关研究，相反，对产业方面的研究也应该与产业变化相适应。在经济全球化背景下，要素流动加剧，产业升级也从封闭、孤立走向了开放、融合。

3.1.3 产业升级的新内涵与分类

产业升级从普通意义上是指产业向好的方向发展，但是好的方向包括多个方面，既可以是总量上的扩大，又可以是效率上的提高，或是结构上的优化等。但是，无论是哪一类划分标准，究其根源，都要求产业的收益水平提高。因此，产业升级的实质是产业收益率的提高，又因为所有的产品都由生产要素构成，收益率的提高必然要求生产要素质量的提升。所以，产业升级内在表现为要素密集性的变化。波特指出分析竞争的基本单位是产业，一群相互竞争的企业构成了产业，产业发展水平的高低直接关系到一个国家或者地区的发展水平。产业升级往往与经济发展方式相联系，国家经济的发展实际上即表现为产业升级。

1. 产业升级内在表现为要素密集性的变化

产业是生产类似产品的企业构成的企业群，每个企业进行着不同的生产活动，因此，产业实际上是由一项项类似的生产活动所构成的生产集群。一个产业的升级首先体现在所使用的生产要素上，从生产投入的要素看，要素密集性的不同代表着不同的升级程度。传统产业升级的分类——劳动力密集型产业、资本密集型产业、技术密集型产业——就体现了按要素密集性分类的思想。生产要素的密集使用从低端要素向高端要素的转变就是产业升级，比如从劳动力密集向资本、技术密集的升级。不论是要素密集型、结构升级型还是混合式的升级类型，它们都内在体现了产业中生产要素结构的变化。要素密集性是一个相对的概念，在生产过程中，资本相对于技术、劳动力而言，参与比例大就是资本密集型，而劳动力相对于其他生产要素的参与度高就是劳动力密集型。而这个相对比例通常采用对这些要素所支付的报酬来进行衡量，如果生产一个产品的成本中，劳动力支付的报酬最多，就是劳动力密集型。

随着经济全球化和科学技术的快速发展，资本流动和技术在全球的传播速度大大增强，生产要素的种类也突变出以前所没有的类型。从粗放型经济向集约型经济转型是每个国家经济发展追求的目标，在面临越来越多的环境问题的情况下，可持续性发展成为世界经济追求的主题。包括联合国贸易与发展会议都认识了到包容性增长和可持续发展的重要，并提出了以可持续发展为核心的新的国际投资政策框架。因此，在生产过程中加大对可持续性要素的投入是经济发展的必然方向。可持续性要素的增多将带来生产要素的多样化，要素升级的类型比笼统的劳动力、资本、技术会更丰富。按照张幼文(2013)从经济全球化的角度，生产要素可以分为一般劳动力、货币资本、土地与自然资源、技术、品牌、高端人才、经营管理方法和营销网络八个方面。从流动状态上，生产要素可以分为易流动要素(包括货币资本、技术、品牌、管理方法、营销网络等)、不易流动要素(包括一般劳动力)和不流动要素(包括土地、矿产资源等)。在特定的时间空间上，从生产要素的形成成本、一定阶段上的供求关系，可以将生产要素分为高级要素和低级要素，这种等级差异既表现在不同要素间，也存在于同种要素间。通常情况下，在一定的时间空间范围内，那些形成成本比较高、从供求上供给相对稀缺的要素是高级要素，而那些形成成本较低、供求上供给相对丰富的是低级要素。高级要素包括技术、品牌、管理方法等，低级要素包括一般劳动力、自然资源等。当然，在不同的时期或地区，我们常说的低级要素也可能是高级要素，比如水在中东地区相当于石油，一般劳动力在美国相当于货币资本等。另外，在同一要素间也有高低之分，比如，知识型劳动力高于一般劳动力，新技术高于传统技术，知名品牌高于小品牌等。也即高级与低级要素的划分是非固定的、是有条件的。同时，比如同在上述高级要素中，如果在同一时间空间下，技术在形成成本和供求两个标准上都低于品牌，则品牌相对于技术是高级要素。一个产业初始的生产要素通常和其他产业没有太大差别，大多数是在产业发展中经过开发出现的，这也构成了不同产业的差别。从要素等级角度看，初级要素的重要性在减弱，高级要素的重要性在增强。要素密集型产业升级就是一个产业的主要投入要素从低级要素向高级要素的升级，从同一要素的低级水平向高级水平的升级，即低级要素密集型到高级要素密集型。

传统的劳动力密集型产业向资本密集型或技术密集型产业升级就是要素密集型产业升级中的一类，此外，它还可以包括自然资源密集型向资本密集型、资本密集型向品牌密集型、技术密集型向管理方法密集型、一般劳动力密集型向知识型劳动力密集型等。

2. 产业升级外在体现为产业收益率的提升

产业升级的目标从经济学意义上应该是在一定成本约束下获取更高的收益，提高收益一是扩大生产，二是提高效率。因此，从产出效率上看可以划分出效率型产业升级，它的要义在于通过各种手段提高生产效率。效率型产业升级相对于要素密集型产业升级是动态的升级，效率提高的过程最终实现了要素密集性的改变。效率型产业升级可以包括多种形式。第一，它可以是由组合带来的效率提高。如果将所有的生产要素从货币角度进行划分，可以分为货币性要素与非货币性要素及货币资本（资金）与非货币资本，企业家通过风投、贷款、自筹资金等形式获取资金，然后购买相应的非货币资本组成完整的生产过程，货币资本最重要的作用体现在对其他要素的组合上。一个产业发展水平的高低一定程度体现在这些生产要素的组合形式上，实现了组合的优化，整个生产的产出率就会上升。第二，可以是由创新活动带来的产业升级。在产业发展中最具有生命力的是创新能力，创新是企业持久发展的动力，也是推动产业升级的重要因素。从依靠牲畜的旧式农业到今天的机械化农业，从用药壶喷洒农药到用飞机撒药除虫，从诺基亚手机到苹果手机等，都深刻体现了创新在一个产业中的地位。创新相对于组合通常需要的时间更长，也有不确定性，熊彼特的创新理论提出的五种创新方式——产品创新、方法创新、市场创新、原料创新和组织创新，都可以是创新提高产出率的方式。其中，市场创新是通过扩大需求拉动产出，其他四种是通过生产本身的改进提高产出率。第三，溢出效应、“干中学”等其他方式提高了生产效率。通过资本的溢出效益提高的是资本的使用效率，通过“干中学”往往产生的技术外溢，通过管理人才的引进产生管理的溢出等。第四，由分工和市场深化产生的技术提高。斯密在《国富论》中对分工进行了详细的阐述，“斯密型增长”即由于分工所导致的劳动生产率的提高以及市场贸易的扩大所带来的经济增长。分工扩大了市场，同时市场深化又进一步推动了分工细化，通过优胜劣汰将低效率企业挤出市场，并激励高效率企业通过提高生产效率来保持竞争力。

总之，效率型产业升级强调生产效率提高，通过效率提高获取更多收益。其中，提高生产效率有多种渠道，而上述方式都与要素流入相关，由要素流入带来了生产率的上升，进而推动产业升级。

3. 产业升级的分类

在对已有文献分析的基础上，从生产要素的视角可以将产业升级分为要素型产业升级和结构型产业升级两种。

(1) 要素型产业升级。

要素型产业升级是指由于生产要素的改进形成的产业升级。生产要素在生产中是最基本的构成，要素的构成决定了产业的发展程度，该观点认为产业的构成要素发生了变化实际上是从根本上改变了产业发展的基本面，必然带来产业升级。通常的生产过程包括劳动力、资本、技术等要素，这些要素总量和质量的变化将影响产量和产业的发展方向。

自主创新和引进新要素都是要素型升级的动力。熊彼特在《经济发展》理论中系统地阐述了创新理论，他指出所谓创新就是建立一种新的生产函数理论，他进一步提出创新的五种模式：一是产品创新，采用一种消费者还不熟悉的新产品或者有新特征的产品；二是方法创新，采用一种在有关部门中尚未通过经验鉴定的方法，这种方法不需要建立在科学发现之上；三是开辟新市场，这个市场之前不曾进入；四是取得新材料，创新原材料或者半成品的供应来源；五是组织创新，实现任何一种工业的新组织，比如取得或打破垄断。其中，产品创新、方法创新和组织创新都属于技术创新的范畴，这些技术的创新首先推动企业的发展进而产生扩散效应，推动了产业升级。另外，俄国经济学家康德拉季耶夫 1926 年提出经济长周期理论，指出世界经济大约每 50—60 年出现一个从繁荣到衰退的周期。而对长周期比较有力的一个解释是斯科特·埃里克森提出的每隔大约 50—60 年会出现一次新的产业革命推动经济进入一个新的周期，比如纺织机、蒸汽机、电力、信息等技术进步分别在历次的长周期中扮演了支配力量。技术创新型升级突出强调了技术因素在产业升级中的作用，通过研发、“干中学”等提高了技术水平，技术的长期积累带来了爆发性的、破坏性的创新，进而影响了一国或世界的产业发展特征即产业升级。这种产业升级以新产业的出现或原有的规模较小的产业迅速壮大为标志。比如，蒸汽机的出现使得铁路成为一种重要的产业首先在西方国家铺展开来，电报、电话的发明与技术创新使得通信在整个产业中的地位逐渐提高等。

另外，产品升级、功能升级、加工工艺升级等升级方式实际上都属于生产要素的升级，功能和工艺升级本身就是生产要素升级，而产品升级建立在要素升级的基础上。因此,要素型升级是从生产投入要素的角度来定义产业升级。这种升级将产业分为劳动密集型、资本密集型和技术密集型三类,产业发展表现从劳动密集型向资本密集型、技术密集型的移动。实际上要素型产业升级包含着资本、技术要素收益高于简单劳动力的要素收益的思想。

(2) 结构型产业升级。

结构型升级是指由于产业结构的优化形成的升级,产业结构优化相对于要素型产业升级更加体现宏观性,不同产业的比例变化体现了产业结构的优化过程。结构型通常指农业、工业和服务业即三次产业在国民经济中的占比,一国的产业结构往往经历从农业为主,到工业以及服务业占比上升的结构性变迁过程。本书的研究也延续了这种划分思想,将工业占比增大阶段定义为第一层次的产业升级,将服务业占比增大阶段定义为第二层次的产业升级。但是,也有学者认为三次产业的划分需要扩展,王树林(1996)指出三次产业的划分中第三产业的内容过于庞杂,缺乏有充分说服力的科学解说。因此,他提出了第四产业,即精神产品再生产过程中的各个行业。根据这个思路,产业结构型升级还可以再往第四产业占比提高的方向上推进。但是,需要注意的是,从第一产业到第二产业再到第三产业的升级过程内在适应于要素结构的变化,它是要素结构升级的反映。

结构型升级相对于要素型升级是从宏观层面的划分,其划分的依据在于农业、工业和服务业的生产方式上的不同,而这三次产业生产方式的不同在于其用于配置的生产要素构成上有本质的差异。因此,结构型升级也可以认为是从生产要素角度划分的。

通过上面的分析,我们可以发现产业本身是一个相对模糊的概念,产业的划分类型多种多样,从不同的角度可以划分出不同的产业,因此,可以根据研究需要对产业进行划分。产业升级不是一个角度就能概括的,它有多种升级类型,但通过深入产业升级的性质,它可以从投入与产出两个层次进行归类整合,产业升级内在表现为产业的要素密集性改变,外在体现为产业的收益率提高。产业升级的内涵在全球化背景下,由依靠本国要素禀赋进行静态分析拓展到可以利用外国生产要素进行动态分析,产业升级产生的收益既包括本国要素也包括外国要素,产业升级的动力与内涵在要素流动下变得更加丰富。

3.2 产业升级的影响因素

3.2.1 直接影响因素

1. 要素禀赋

生产要素在任何产品的生产中都是最基本的构成，要素禀赋是产业发展的基础，对产业升级具有最直接的联系，是产业升级最直接的影响因素。生产要素数量的变化直接影响到产业升级，由于各个国家的要素禀赋不同才导致各个国家差异化生产不同的产品。绝对优势理论、比较优势理论解释了禀赋差异是一国发展特定产业的原因，要素禀赋是制定产业政策的依据，新结构经济学提出的增长甄别与因势利导框架也强调要素禀赋的作用，发挥比较优势就是适应国内的要素禀赋结构。

因为产品都是由生产要素经过加工而成，生产要素的增多或者减少直接导致生产的扩张或收缩，进而产品的供给就会发生变化。供给和需求的平衡过程中价格开始波动，并反映到产品的收益变化上，通常总产量的增加也将带来更多的收益，因此生产要素的禀赋也决定了密集使用该要素的产业在国民经济中的地位。另外，更高的产值也反映了该产业在整体产业结构中的地位，以土地和劳动力为主的要素禀赋必然是农业在国民经济中的比重较大，产业结构也表现出农业在三次产业中占比最大的特点。随着经济的发展，要素禀赋也可能产生变化，进而推动产业升级。因此，要素禀赋是产业升级的基本推动力，在全球化背景下，要素禀赋虽然短期相对稳定，但是生产要素的流入或流出都会导致本国的要素结构发生变化，进而直接影响产业升级。

经济全球化推进的一个重要特征是资本国际流动的加速，与此同时，资本的特性也发生了变化。在三要素论中，资本是一种和土地、劳动等同的生产要素，在四要素论中，企业家才能作为一种组织能力融入生产过程。实际上在三要素论中资本与企业家为同一个体，企业家运用其资本进行生产组合，四要素论的演进是由于资本所有者与管理者分离。随着生产活动的丰富，经济形式也发生了很多变化，五要素论、六要素论和八要素论等融入了技术、品牌、销售网络等要素。这些要素的出现丰富了经济研究的内涵，但是并没有相比四要素论产生超越式的突破，而是资本的形式随着经济发展出现了新的外延。除了机器设备外，劳动力、土地都需要货币资本进行购买。其次，技术突破需要研发投入、品牌需要广告推广、销售网络需要大批销售中介与员工等，这些都要以资本为支撑，这些要素是资本的进一步拓展。但是，不同的产业对各要素的依赖程度不同，比如IT产业中技术的作用更大，纺织业对劳动力的依赖更强。因此，在要素禀赋中要注意资本性质的新变化。

2. 创新能力

生产要素质量的提高需要创新，创新是社会进步和技术发展的关键，包括产品创新、工艺创新、功能创新、市场创新等。不同方面的创新推动了生产要素在相应层次上质量的提高，创新能够提升生产要素的使用效率，从而导致在投入与原来相同要素量的情况下，生产更多的产品。科技是第一生产力，而科技进步必然需要创新来推动。

创新能力是一国或企业能够可持续发展的关键，具有较强的创新能力才能推动经济发展方式的转型升级。创新能力的提升与国家的研发投入、教育发展水平、创新环境等有关，也与企业的文化、激励制度等有关。韩国、日本能够跨过中等收入陷阱实现经济的跨越式发展很大程度就是他们具有很强的创新能力，通过创新实现了产业升级。而拉美等国家的人均GDP长期突破不了1万美元，很重要的因素也在于创新能力不足。因为创新能力的提高直接推动了要素质量上升，要素质量则是产业升级的关键。要素禀赋是从静态的角度来看生产要素对产业升级的影响，而创新能力则体现了生产要素对产业升级的动态影响。创新将经济发展引导到正向循环，而缺乏创新仅靠要素禀赋的发展模式在长期将陷入困境。

因此，创新能力从提高要素质量的层面上动态地影响了产业升级，是产业升级的核心动力。创新能力与要素禀赋分别从生产要素质量和数量的层次推动产业升级，不同的要素禀赋将沿着不同的创新渠道促进产业升级。

3.2.2 间接影响因素

除生产要素之外，其他对产业升级的影响因素都属于间接影响因素。间接因素也是影响产业升级的关键，理论上所有国家的要素禀赋都有其特点，因此都有发展特定产业的基础。但是某些国家的产业发展相对远远滞后于世界平均发展水平，很大程度上是受其他非要素原因（即间接因素）的影响。这些因素可能改变本国的要素结构，间接影响产业升级。

1. 产业政策

任何有政府的国家都不可能脱离产业政策，几乎所有产业都或多或少受到政府产业政策的影响，因此，产业政策必然影响产业发展。产业政策的主要功能是弥补市场缺陷，保障资源的优化配置，但是就像所有政策一样存在失败的风险，不当的产业政策可能导致产业发展的倒退。因为产业政策将导致生产要素的流动方向和流动目的地的方向变化，有政策激励的产业将吸引更多的优质要素，同时生产要素也会流出在政策上有限制的产业，要素在产业间的分布将变化。因此，产业政策带来了不同产业的要素禀赋变动，进而影响产业升级。

产业政策对产业升级的间接影响正是由于其通过影响要素禀赋而促进或限制了某些产业的发展。中国的产业政策通常以“规划”“纲要”“通知”“目录”等文件的形式出现，例如《十二五规划》《产业结构调整指导目录》等。这些产业政策对政府认为需要重点发展的产业给予税收、金融等方面的优惠和支持，而对于需要淘汰的产业则列出相关规定，要求限期关闭或加大处罚力度，无疑这些政策将直接导致生产要素在全国各行业的再配置，进而影响产业发展状态。

2. 市场环境

市场是配置资源的重要手段，市场根据供给与需求的平衡所确定的自由价格机制引导资源的有效配置。产品的生产和销售都离不开市场，产业升级最终要通过市场来完成。市场对资源的配置作用已经得到理论和实践的肯定，党的十八届三中全会的《决定》指出，市场在资源配置中起决定性作用。如果要保证市场配置资源，就必须有公平、公开、公正的市场环境，而构建这样的市场环境需要建立完善的政治环境、法律环境、经济环境、市场竞争环境。

市场环境对产业升级的影响也是间接性的。稳定的政治环境是企业发展的基本外部条件，健全的法律体系是保障市场公平的基础，健康的经济环境能够有效降低企业的经营风险，竞争环境则可以活跃市场。这些环境将贯彻企业从建立到产品销售的各个环节。任何一个环境因素发生恶化都可能导致企业的经营困难。根据交易产品的差异，既可以区别出产业间的市场，也可以定义出产业内的市场，良好的市场环境则也有利于企业在各类市场间切换，有利于企业发展的转型升级，进而有利于推动产业升级。

3. 对外开放制度

在经济全球化背景下，产业链在全球延伸和布局，任何国家的发展都离不开与其他国家的联系。对外开放整体上有利于经济发展，尤其是发展中国家必须通过引进外部的高级要素来促进本国经济发展。但是，过度开放或者过于封闭都可能产生不利影响，甚至带来经济危机或者发展停滞。根据本国经济的发展现状制定合适的对外开放将通过要素流动传导到国内从而影响产业升级。

改革开放是中国经济发展的重要分水岭之一，引进外资导致大量的国外高级要素与中国的要素禀赋相结合，从而促进了国内的产业升级。因此，对外开放制度是促进产业升级的重要影响之一，其改变了一国与世界的互动关系。但是，20 世纪 90 年代后期，东南亚国家过于宽松的对外开放制度导致大量国际投机资本的流入与流出，并最终引发了金融危机。发展中国家如何利用经济全球化，然后保持何等的开放程度，允许哪些生产要素的流入和流出，如何保证对外开放目的的实现是一系列重要问题。中国的实践证明了通过对外开放引进外部生产要素、促进本国产业升级的可行性。

3.3　要素流动视角下产业升级的路径

生产要素的国际流动包括生产要素从国外的流入和向国外的流出，要素的流入和流出是生产要素流动这一事物的两个不同方面。高级的易流动生产要素以国际直接投资为载体从发达国家流入发展中国家是全球化的基本事实，对于发展中国家利用全球化实现产业发展，就是要吸引外部高级要素流入本国，推动本国的产业升级。在这一过程中，出现了四种效应，形成了四种产业升级路径。

3.3.1　存在效应路径

存在效应指要素流动视角下技术、管理等高级易流动生产要素随资本流入东道国，改变了东道国的要素结构，从而导致由于要素本身流入量的增加而引起的产业升级。存在效应强调要素的存在性本身与产业升级的关系，仅指来自国外的生产要素数量的增加而对国内产业经济发展产生的影响。新流入的生产要素和本国现存的要素禀赋共同构成了新的综合要素结构，要素流入直接导致本国的综合要素结构发生变化，其中综合要素结构是东道国产业升级的基础。要素流入从理论上对产业发展有双重影响，如果流入了本国稀缺的高级生产要素，那么将有助于优化综合要素结构，对产业升级产生积极作用；而如果流入了本国丰裕的廉价生产要素，则与本国要素形成竞争，挤占国内市场，综合要素结构的恶化不利于产业升级。

要素流动视角下，存在效应是实现产业升级的路径之一，存在效应属于静态影响，在要素流入前生产函数为 $y=Af(x)$，要素流入后新增加了要素 Δx，可用于生产的要素从 x 变为 $x+\Delta x$，生产函数表述为 $y=Af(x+\Delta x)$。投入要素量的增加直接促进了产业的产值增加，稀缺要素流入处于快速发展时期的产业，迎合市场需求，所以在供给不足的情况下，产量的增加将提高产业的整体收益。存在效应是从数量上直接推动产业升级，经济全球化背景下，要素流入对产业升级的影响通过存在效应最直接地反映出来，它是产业升级的路径之一。

要素流动视角下的存在效应虽然是要素数量变化产生的影响，而这种量的变化也体现在结构上。生产要素并不是等比例地流入，来自国外的稀缺高级要素优化了本国要素结构，要素结构是产业结构升级的基础，结构优化有助于促进产业升级。因此，存在效应对产业升级的影响是静态的，它既包括数量的影响，也包括结构的影响。

3.3.2 溢出效应路径

国外的生产要素流入东道国后除了通过存在效应对产业升级产生直接的影响外，还将对产业产生一系列的间接影响，形成了其他升级路径。溢出效应有时也称做外部效应，它是由于要素流入后产生了持续的非自愿扩散，包括资本、管理、技术等多个方面，这些扩散从微观到宏观都对产业升级带来了影响，并形成了产业升级路径。

在微观层面，劳动力、资本和技术等生产要素流入东道国的企业，在企业内部和企业之间产生了溢出效应。首先，国外高级要素的流入将对企业内的相似要素产生示范模仿效应，推动国内企业发挥后发优势，促进本土生产要素效率的提高。其次，外资和相关生产要素进入东道国企业，国内企业的相关要素与国外的生产标准和要求并不一致，需要对国内企业的员工进行培训以适应生产要求，由此带来的学习效应也将促进企业生产效率的提高。

在中观层面，要素流入主要通过促进产业间的关联和产业内的竞争来推动产业升级。跨国公司进入东道国的某一产业后也将对该产业的上下游产业产生影响，其既可以增加对上游供应原材料的需求，也可以增加对下游的产品需求产业的供给，在这个过程中形成了产业间的关联。另外，跨国公司进入某一产业后由于其带来了新技术、新产品、新管理方式等，在生产效率上高于国内企业，这些竞争优势会迫使国内企业加大研发投入等，以提高自身竞争力。因此，跨国公司与国内企业以及企业间在该产业内相互竞争，形成了竞争效应。竞争效应有利于带动整个产业的要素质量提高，进而提升生产效率，推动产业升级。关联效应和竞争效应综合表现为产业的全要素生产率的提高，如：$Y=AK^{\alpha}L^{\beta}=Be^{c+g}K^{\alpha}L^{\beta}$，其中 c 和 g 分别代表了竞争效应和关联效应。关联效应和竞争效应从产业层面上产生了溢出，促进了升级。

在宏观层面上，溢出效应表现为通过国民经济的发展带动产业升级，企业和产业层次的变化是宏观变化的基础，宏观层面则表现为产业结构的改变。一国的产业结构与其综合要素结构相适应的情况下，各个产业间的发展充分利用对应的优势要素，产业结构将从宏观层面带动产业升级。相反，如果一国的产业结构与其综合要素结构不一致则要素配置可能存在扭曲，市场不能有效发挥价格发现的作用，产业升级可能陷入停滞。而要素流入通过对企业和产业的影响进而传导到产业结构上，并反过来对产业升级产生溢出效应。要素流入从微观、中观到宏观三个层次上对产业升级产生溢出，形成了溢出效应路径。

3.3.3　规模效应路径

规模报酬不变的假设适用于发展到一定阶段的产业，其投入和产出呈等比例变化。规模效应即规模报酬递增，其表现为产出增长比例大于投入要素的增长比例。规模效应一般与国家、产业的规模以及发展阶段有一定关系，首先，大国和规模较大的产业更可能产生规模效应，其次，处于快速发展阶段的国家和产业也更多地表现出规模效应。存在效应是从静态的视角分析要素流入对东道国产业升级的影响，而规模效应则从要素流入后所产生的扩张作用分析其对产业升级的影响。

经济全球化下，生产要素在全球配置必然也寻找能够扩大规模获得更多收益的投资项目。有发展潜力的、发展速度快的产业通常是跨国公司选择进入的产业，要素流入后，产业的要素投入量增加不但通过增量要素提高了产出（即存在效应），还通过新流入要素均摊生产成本而使得产业的平均成本下降（即产生了规模效应）。因此，规模效应发生在平均成本上升之前，规模效应的基础是要能够产生一定的规模。

大国在劳动力、资源、市场需求各方面都有较大的基数，相对于小国更能发挥出规模效应。中国经济的发展就显示出这样的特点，中国有大量的闲置劳动力，同时又有巨大的需求潜力，外商在中国投资建厂从长远考虑，规模效应是一个重要影响因素。因此，经济总量较大的国家相对于小国也更能吸引国际直接投资，从大国的后发优势看，规模效应也可能是大国取得成功的重要原因之一。

另外，从产业和企业的角度看，规模效应的本质在于扩大规模、降低了生产成本，从而能够通过扩大生产获得更大比例的产出，带动总利润的上升。规模效应一般出现在诸如钢铁、汽车制造、机械等社会需求量大、产值规模较大的产业，如果一个产业在国内外的市场空间都较小，那么较少的外部冲击就可能产生规模效应，但规模效应持续的时间较短。但是产业的发展自身也有适度的规模，如果扩张较大，可能出现产能过剩，此时，规模效应从规模报酬递增转向了规模报酬递减，则不利于发展。从企业的发展特征上，生产规模较大的企业更易出现规模效应，例如大型的航空公司、食品公司等，通过大规模的生产挤占市场，往往使中小企业处于弱势地位，成为价格的接受者。

规模效应从企业、产业和国家三个层次上都有所反映，通过规模扩张推动了产业升级。要素流动视角下规模效应和溢出效应有联系也有区别，首先二者都是间接促进产业升级的路径，但是规模效应强调从扩大规模本身，从生产的角度分析大规模生产对降低成本产生的影响，而溢出效应是从要素流入后产生间接溢出，导致技术水平、生产效率的提高。

3.3.4 财富效应路径

从要素驱动到财富驱动是经济增长动力转换的表现，产业发展也表现出类似的特征。所谓财富效应，是指在产业发展到一定阶段，积累了大量的资本，有能力通过利用积累的财富购买产业升级所需要的技术、管理、品牌等高级生产要素。财富效应的基础是通过存在效应、溢出效应和规模效应等路径，产业升级已经进行的长期积累，国外要素和国内要素相组合提高了要素收益，为财富积累创造了条件。因此它是更高水平的升级路径。

财富效应是更加积极主动的升级路径，其从生产要素的被动流入转向了生产要素的主动流入。东道国企业以跨国并购或者技术进口等获取国外的高级要素，并通过自身的消化、吸收提高自主创新能力，推动本国相关产业的转型升级。因此，财富效应不是发展中国家产业发展初期就能够实现的路径，其参与全球化的手段从接受要素流入延伸到获取外部先进要素。

财富效应的影响也更加全面，既包括生产商又包括消费者，从供给和需求两个层次交互影响。产业发展到一定程度，厂商和家庭的收入都得到了提高，具备了一定的财富积累。厂商有资本购买更加昂贵和稀缺的高级生产要素，而家庭的消费能力也同步实现了提升，能够购买相应技术水平的产品。厂商供给的升级能够通过家庭消费的升级予以消化，供给和需求实现了良性循环。

3.3.5 产业升级路径的两阶段理论

在要素流动视角下，中国的产业升级呈现出典型的要素流入，通过引进外资吸引要素流入形成了产业升级过程。但是，从要素流入到产业升级的完成虽然中间包含了升级路径，实际上体现了两个阶段。第一阶段包括存在效应路径，第二阶段包括溢出效应、规模效应和财富效应路径。产业升级由要素流入开始，因此存在效应路径属于产业升级的第一阶段，也称为一次效应，由此形成了产业升级其他路径的基础。另外三个效应产生的升级路径是要素流入进一步深化的结果，因此也称为二次效应。国际直接投资流入以及附带的多种其他生产要素是从存在意义上产生的存在效应路径，该路径最直接地改变了东道国以及相关产业能够投入生产的要素的含量，形成了最基础的产业升级路径。而其他产业升级路径是在第一阶段的基础上产生的二次效应，因此也可以称为第二阶段。产业升级路径的两阶段是相互联系，不可分割的，没有第一阶段的存在效应影响综合要素结构，就没有通过新流入的要素产生溢出效应、规模效应和财富效应路径的基础。从动态的发展在看，第二阶段是在第一阶段基础上更高水平的产业升级路径。

但需要注意的是，产业升级路径的这两个阶段并不是孤立的，并不是只有全部完成第一阶段的产业升级后才能进入第二阶段，这两个阶段在产业发展的过程中是同时发生的。例如，第一期的资本流入某产业直接产生了存在效应，之后瞬即进入了产业升级路径的第二阶段，因此，第一阶段与第二阶段的时间节点划分是非常短暂的。但是，从全球角度看要素流动是持续的，对于各个国家而言其国际直接投资的流入也是持续的，因此要素流入也是持续的，在第二期产生二次效应路径的同时又在第二期有新的资本和生产要素流入产生了存在效应路径，故在第二期一次效应路径和二次效应路径是同时发生的。因此，产业升级的四个路径总体形成了相互独立又联系的两个阶段。产业升级路径两阶段的划分有助于从微观的角度厘清要素流入下中国产业升级的路径，也有助于提出有针对性的产业升级政策。

第4章 要素流动视角下产业升级的存在效应

绝对优势理论、比较优势理论及要素禀赋理论,生动而精美地阐述了国际贸易发生的原因,同时生产要素也贯穿在这一系列的理论分析中。生产需要由要素构成,一个国家或地区所具有的生产要素的种类、总量和结构等是分析产业升级的基础条件。国际贸易的经典理论分析中通常假设要素在国家间不可流动,但在全球化背景下国际直接投资带动了生产要素的国际流动,要素流入将直接冲击东道国的要素结构。要素流动将导致属地存在意义上要素禀赋的改变,进而影响产业升级。

4.1 存在效应的逻辑及内涵

存在效应实质指由于生产要素的国际流动导致一国内生产要素存在数量的变化而对产业升级产生的直接影响。高级易流动的生产要素随着跨国公司主导的国际直接投资在全球的布局,从发达国家流入发展中国家。中国的产业发展就体现了要素流入的特点,要素流入增加了东道国现存的生产要素数量,改变了其综合要素结构。综合要素结构的改变直接影响了产业升级,形成了产业升级最基本的路径。因此,分析要素流动视角下产业升级存在效应的逻辑就必须理顺要素流动对要素禀赋、综合要素结构以及产业升级的关系。

4.1.1 要素流动与综合要素结构

根据 H-O 理论,要素禀赋指一国所拥有的各种生产要素的数量,该理论告诉我们,某一要素相对丰裕的国家出口该要素相对密集的产品。综合要素结构是指一国国境内各类生产要素存量水平之间的相对比例关系,这些要素既包括本国的,也包括国外流入的。它强调的是地域上的概念,流入的生产要素不为我所有但为我所用,一国的综合要素结构随着要素国际流动而发生变化。要素禀赋与综合要素结构的差异在于要素禀赋是从静态角度进行分析,禀赋作为一种天然属性不包括流入与流出的要素,而综合要素结构包含要素流动带来的要素量与结构的变化。但是,不管是要素禀赋还是综合要素结构都不是固定不变的,二者都是在一定阶段上的特征。一个劳动力极度充裕的国家可能随着老龄化的加剧而丧失劳动力优势,而一个原本劳动力相对较少的国家也可能通过移民、劳务输入等提高劳动力在综合要素结构的占比。

根据 2012 年 BP《世界能源统计年鉴》,1991 年全球天然气探明的储量是 131.2 万亿立方米,而 2010 年这一数字增加到 196.1 万亿立方米;1991 年全球探明的石油储量是 10 327 亿桶,2010 是 16 221 亿桶,同期美国探明的石油储量分别是 321 亿桶和 309 亿桶;加拿大分别是 401 亿桶和 1 752 亿桶;沙特阿拉伯分别是 2 609 亿桶和 2 645 亿桶。从供给角度看,不管是世界总量还是一个国家的能源长期都可变化。另外,从能源贸易上看,能源往往从较丰富的国家流向能源相对稀缺的国家,BP 年鉴显示 2010 年美国的管道天然气进口 122 亿立方米,出口 933 亿立方米。天然气的跨国流动改变了美国可使用的天然气总量,这种流动虽然没有改变美国的要素禀赋,但是却影响了美国的综合要素结构。对于有类似要素流入的国家,其也将改变该国的综合要素结构。

另外,除了由于要素流入直接带来的综合要素结构改变外,技术进步也将对综合要素结构产生影响。但是,技术进步相对于要素流入属于间接影响要素结构的因素。由于技术进步导致可以从一些废料中提取出可以使用的新原料,那么很显然这项技术进步就增加了一国或地区对该原材料要素的供给。张培刚在《农业与工业化》中指出,“我们对资源问题必须做动态的研究,这就是说,我们必须顾及生产技术的变化并将其引入讨论。”他以焦煤中炼出靛青(一种人造丝)举例说明这种技术的出现使得人造丝对蚕丝产生了替代。那么蚕丝的供给也将由于这项技术而产生变化。在全球化的背景下,综合要素结构变化的速度加快,一方面,生产要素包括的种类增加,尤其是技术、管理、品牌等高级要素的大量出现,带来了要素结构自身的多样化;另一方面,要素流动加剧,一般情况下FDI是其他生产要素流入的载体,FDI在近半个世纪里快速流动状况凸显了综合要素结构的变化。如图4.1所示,从1970年以来FDI流入整体呈明显的上升趋势,1990—1992年有一个小幅的下滑,但1993年之后出现了长达7年的持续快速增长,2001—2003年又开始回落,但是回落幅度仍然高于1997年的FDI流入水平。2004年开始全球的FDI流入量又开始大幅度提高,并超过了1993—2000年的增长水平,到2007年全球FDI流入量达到了历史峰值。2008年受国际金融危机的影响,FDI流入量也开始下滑,2010年后又开始呈现增长态势。虽然在最近40多年中FDI流入量出现了三次明显的回落,但是回落之后都开启了更高的流入,因此,整体而言从20世纪80年代后期FDI流入量出现加速上升趋势。FDI作为要素流动的载体,它本身既体现了资本要素的国际流动,同时也间接反映了其他高级易流动要素的国际流动。

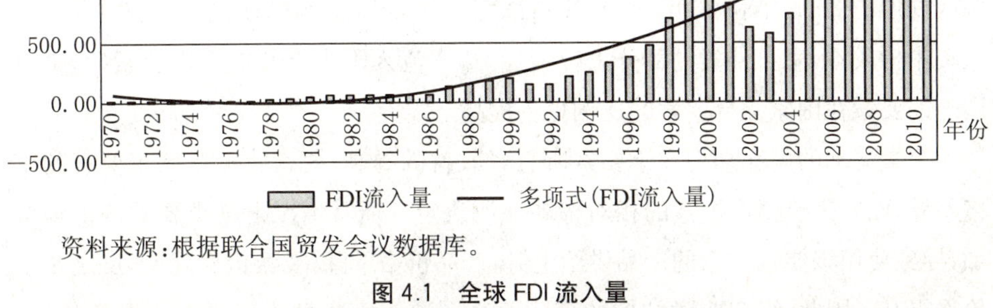

资料来源:根据联合国贸发会议数据库。

图4.1　全球FDI流入量

另外,从图4.2的FDI在全球的存量变化也可以看出,FDI存量的增长基本与FDI流量的波动相一致。2001—2003年存量增长几乎停滞,2008年甚至出现了负增长，然而从整体存量上观察，全球 FDI 从 1980 年的 0.7 万亿美元增长到了 2013 年的 25.46 万亿美元，增长了 36 倍，同期全球 GDP 从 12 万亿美元增长到 74 万亿美元，仅增长了 6 倍。FDI 存量一定程度上反映了生产要素的国际流动在全球的存量变化。

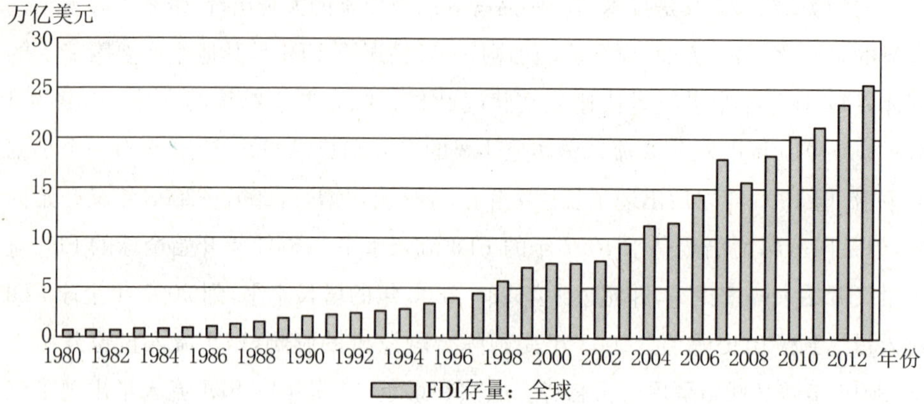

资料来源：联合国贸易与发展会议数据库。

图 4.2 全球 FDI 存量

FDI 加速流动的同时带动的是一系列生产要素的国际流动，国际直接投资对世界经济的影响体现在随国际直接投资而展开的生产要素的国际流动上。要素流动促进了东道国的技术进步，扩大了贸易，增加了要素总投入，促进了世界经济增长与发展。要素流入促进了要素总投入的扩大，同时也改变了东道国的综合要素结构。如图 4.3 所示，随着全球 FDI 流量的增加，FDI 流量占固定资本形成总额的比重从 20 世纪 90 年代中期快速增长，基本与 FDI 流量的增长同步。在 FDI 流量两次峰值的 2000 年和 2007 年，FDI 占固定资本形成总额的比例也达到了 20%。从资本构成看，来自外资的部分大幅增加，资本流入附带有其他生产要素后，来自国外的要素在国家综合要素的比例也将提高。

要素流动的内在动力在于要素所有者收益的提高，要素收益依赖于要素的价格差异，而要素价格由要素的相对稀缺性所决定。通常情况下某类要素的供给增加，导致使用该要素生产的产品供给上升，产品价格下降，要素价格降低，反之要素价格提升。因此，综合要素结构的变化改变了要素密集性进而影响了要素价格。表 4.1 显示了 1990 年东欧与工业化国家在人口数量与工资上的差距，总体上看发展水平相类似的国家在工资水平上也比较接近，但是每个国家由于自身人口数量

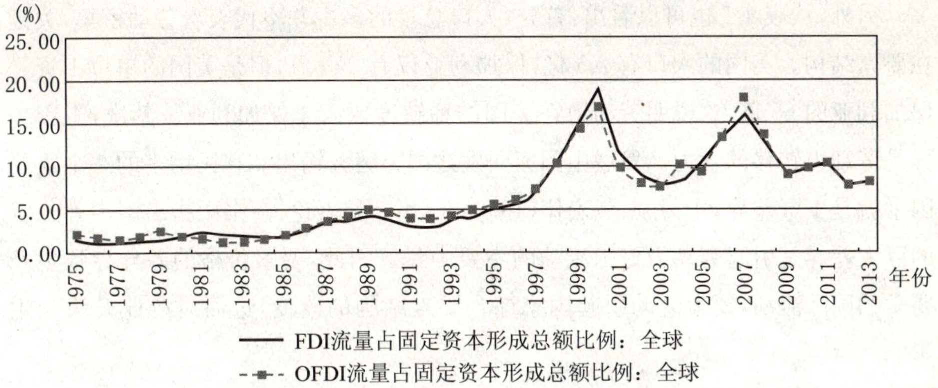

资料来源：联合国贸易与发展会议数据库。

图 4.3　FDI 与 OFDI 流量占全球固定资本形成总额的比例

的不同，人口数量并没有呈现出相似性，因此人口作为生产要素，更应该强调它在综合要素结构中的比例。

表 4.1　工资差距和人口(1990 年)

国　　家	每小时工资(美元)	人口(百万)
东欧		
波兰	0.7	38
匈牙利	0.7	11
捷克斯洛伐克	0.8	16
保加利亚	0.2	9
罗马尼亚	0.6	23
原苏联	0.9	222
东欧(合计)	0.9	343
工业化国家		
德国(西部)	11	61
法国	8	56
意大利	11	57
英国	8	57
欧共体	9	340
欧洲自贸区(合计)	13	25
西欧(合计)	10	365
美国	13	250
加拿大	13	27
澳大利亚	14	17

资料来源：Layard et al.(1992)。

另外,从表 4.1 也可以看出:首先,人口总量的多少并不代表着劳动密集,关键在要素结构。美国的人口有 2.5 亿,保加利亚仅有 900 万,但是美国的单位工资是保加利亚的 65 倍,这说明劳动力在美国的稀缺度要高于保加利亚。其次,工资差异是劳动力转移的动力。发展中国家向发达国家劳务输出和移民增多的一个重要因素就是工资差异,于刃刚、戴宏伟(1999)在《生产要素论》一书中指出国内外工资的巨大差异是引起劳动力跨国流动的主要力量。因此,要素价格的差异导致生产要素的国际流动,要素流动引起国家综合要素结构的改变,进而对产业升级产生影响。

4.1.2 要素禀赋与产业升级

生产要素无疑在经济中具有基础作用,但凡经济活动都需要相应的生产要素,无论是初级要素还是高级要素,不存在没有要素构成的经济行为。要素作用的普遍性当然也体现在产业升级上,其中要素禀赋或综合要素结构对产业升级起到最基础的作用。其最高可以追溯到斯密的绝对优势理论,某一产业的优势体现在它的劳动生产率上,一国应该发展在某种禀赋上具有绝对优势的产业。李嘉图的比较优势理论也含有这样的以相对成本为优势的产业发展思想,要素禀赋理论(H-O 理论)则详细地分析了基于相对要素丰裕度的比较优势,即该国发展有要素优势的产业。在这里可以认为,要素禀赋是指没有要素国际流动的情形,而综合要素结构是指存在要素国际流动的情形。林毅夫(2012)在《新结构经济学》中系统阐述了要素禀赋与产业结构升级的关系,认为产业结构升级应该建立在要素禀赋结构升级的基础之上,产业结构内生决定于要素禀赋结构。他将比较优势提高到国家发展上,提出比较优势战略。林毅夫认为中国经济能否继续 30 年或者更长时间的高增长的关键在于政府是否按照比较优势选择产业政策。苏东水(2010)指出一国的自然条件和资源禀赋一方面难以改变,另一方面又是国民经济发展的基础,对该国的产业结构的形式和变化有重要影响。一般情况下,那些自然资源丰富的国家的产业结构或多或少地具有资源开发型的特性。

要素作为生产过程中产品的最直接构成,要素禀赋状况对于产业升级有预先的指导作用,熊彼特的创新理论指出创新就是生产函数的变化,创新的作用要通过与生产要素的结合显现出来。另外,生产要素从劳动和土地的两要素发展到今天的八要素甚至更多,说明研究都发现了要素禀赋的变化过程。与要素禀赋变化相适应,也出现了一系列新的产业,比如生物产业、信息产业、互联网金融、新能源等,新兴产业往往代表着产业升级的方向。杰里米・里夫金认为由于支撑工业化生活的石油和其他化石能源正在日渐枯竭,以这些要素为基础的整个产业结构也将运转乏力,基于互联网发展的特点与现状,他提出互联网与可再生能源相结合可能是第三次工业革命的模式。第三次工业革命标志着以合作、社会网络和行业专家、技术劳动力为特征的新时代的到来。里夫金的第三次工业革命引起了学界的广泛争论,但是抛开其中的争议,不难看出第三次工业革命的提出也建立在要素禀赋变化的基础上。如果化石能源能够源源不断地供给,如果没有互联网这一新型要素的出现,第三次工业革命也将不会出现或者不会以这样的形式出现。波特(1990)在《国家竞争优势》中指出产业升级就是当国家的资本相对劳动与其他要素较为丰裕时,国家在资本和技术密集型产业中就会发挥比较优势。

但是,也有学者指出应该动态地看待要素禀赋,要素禀赋可能不是产业升级最关键的因素。高鸿业(1982)指出依赖现有要素禀赋进行生产安排的技术落后国家只能生产技术要求简陋的产品,从而使自己长期处于落后状态。洪银兴(1997)提出比较优势陷阱,他认为单纯依靠要素禀赋来确定贸易结构,以劳动密集型作为出口导向的国家将陷入比较优势陷阱。赵坚(2008)在批评了林毅夫"自生能力"的基础上,认为中国已经具有了自主研发的比较优势。比较优势要转换成竞争优势必须提高企业能力(即企业的组织能力),国家的产业政策应该以构建企业能力为导向。事实上,他不是完全反对依靠要素禀赋进行生产,而是不同意静止地看待要素禀赋。正如高鸿业教授所言:"比较成本学说是假设现有的各种条件不变的学说,而经济发展是改变现有的条件来使国民经济朝着有利方向转变的行动。"

因此,要素禀赋对产业升级的影响要动态、综合地去认识。要素禀赋的基础作用突出表现在通过发挥比较优势进行产业升级。但是,需要注意:首先,要素禀赋不是一成不变的,新技术可能被研发出来,劳动力、自然资源等都可能减少或者增多等;其次,要素禀赋发挥出竞争优势必须进行有效组合才能真正地推动产业升级。要素禀赋对产业升级的基础作用是要素流动下存在效应的基础,正是要素流动导致了要素流入国要素禀赋的动态变化,进而促进了产业升级。

4.1.3 综合要素结构改变产生存在效应

综合要素结构与要素禀赋的不同之处在于对要素分析的国际化与动态化。在经济全球化背景下，生产要素的国际流动比以前更加便捷和频繁。其中劳动力的国际转移已经成为经济全球化的一个重要标志和组成部分。移民的大幅增长也伴随着经济全球化的步伐，例如大规模的劳动合同迁移开始于20世纪70年代，大多数是亚洲劳动力向海湾地区以及美国、加拿大进行迁移，国际移民数量总数量也在大幅增加，2010年全球移民达到了2.13亿人，国际移民组织发布的《2010国际移民展望》指出由于来源于发展中国家劳动力供给的增加，到2050年国际移民数量将达到4.05亿。迁入移民的社会贡献直接影响到一个国家的生产制度、艺术、科学，以及社会分工。劳动力的国际转移改变了流入与流出国的劳动力供给结构，这些流入的劳动力进而影响该国的产业发展。移民高度集中在许多最脆弱的产业（如建筑业）及许多低附加值的行业，如制造业及休闲业中。移民有利于改善亚洲四小龙和美国的劳动力结构，进而改善了综合要素结构，推动了产业升级（亚洲“四小龙”在1997—1998年经济危机以前，经济结构依赖外籍员工；而美国是全球移民最多的国家，近20年来移民数量翻了一番，达到4 600万人，约占美国总人口的20%。）。

生产要素的国际流动改变着世界的综合要素结构，资本从发达国家流向发展中国家，发展中国家的一般劳动力向发达国家流动。根据《2012年世界投资报告》数据统计，2011年发达国家的直接投资流出量为1.24万亿美元，占全球FDI流出量的73%。《2011年世界投资报告》数据显示，2010年发展中经济体的直接外资首次接近全球总流入量的一半，其直接外资流出量也创造了历史最高水平，大部分资金流向其他南方国家。如图4.4所示，在2000年以前流入发达经济体的FDI远远大于转型和发展中经济体，但是2000年以后二者之间的差距不断减小，尤其是2010年流入发展中国家和转型经济体的FDI首次超过发达经济体，2012年、2013年这种趋势不断扩大，2013年二者的差额达到了3 200多亿美元。

改革开放后，国际直接投资也不断流向中国，以资本为载体的生产要素也开始源源不断地流入中国。如图4.5所示，20世纪90年代起，流入中国的FDI大幅增

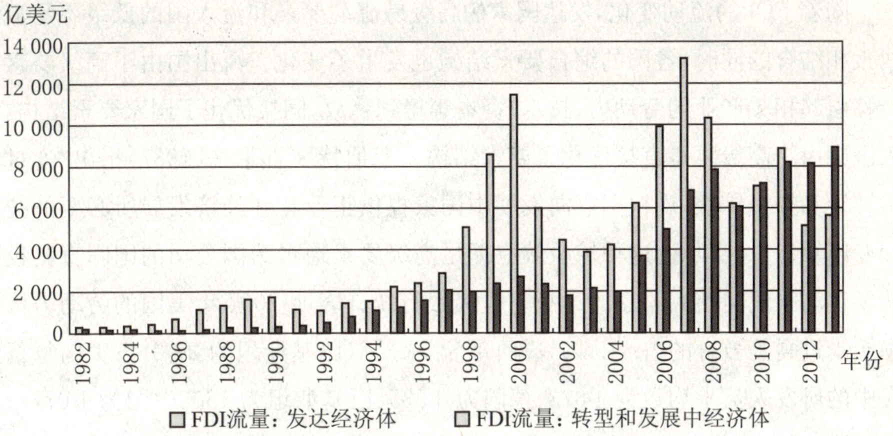

资料来源：联合国贸易与发展会议数据库。

图4.4 发达国家与转型和发展中国家的FDI流入量

加，在1999年和2000年的短暂回落后，2001年又进一步快速上升，FDI流量从1985年的19.56亿美元增加到2013年的1 239亿美元。与此同时，OFDI的流量虽有增长但始终低于FDI流量，尤其是2007年以前，FDI流量远远高于OFDI流量，中国的国际直接投资流动变现为典型的净流入。

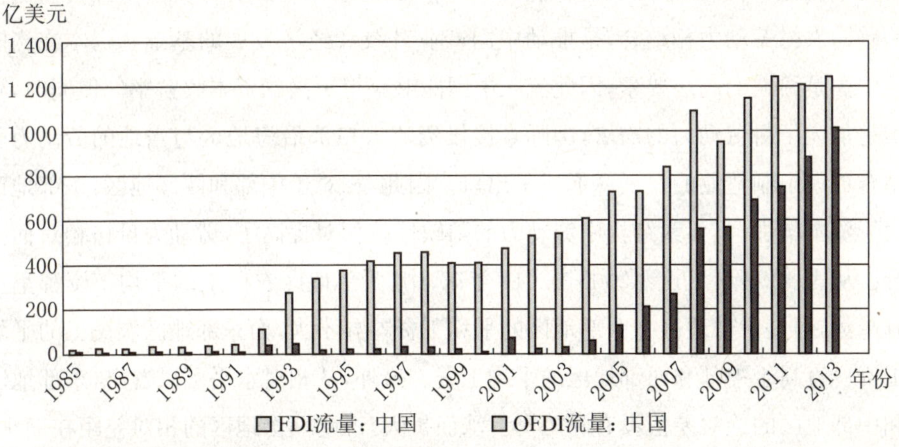

资料来源：联合国贸易与发展会议数据库。

图4.5 1985—2013年中国的FDI与OFDI流量

随着 FDI 的流动变化，发达国家的高级易流动要素和流入国的低级不易流动要素相结合的同时，各国的综合要素结构也发生了变化。流出国由于高级要素的转移引起相关产业的劳动力、技术、资本等得到释放，间接优化了国家要素结构，流入国则由于高级要素直接优化了要素结构。罗伯特·吉尔平(1987)指出“通过技术转让和知识扩散，霸权国家向发展中国家提供工业化和经济发展所必要的技术和专门知识”。实际上这种扩散效应即是高级要素通过跨国公司的国际直接投资从发达国家流向新兴国家的过程。世界银行统计表明 2007 年美国的劳动力构成中接受过高等教育的占 61.1%，墨西哥为 17.3%，巴基斯坦为 24.2%；美国每百万人中的研发人员平均数为 4 673、德国为 3 535、巴基斯坦为 160、中国为 1 077。可见，发达国家人才在劳动力中的占比高，研发人员的比例也较高，说明他们拥有更多的高级要素。生产要素的国际流动来自各要素价格差异的驱动，缓解了各国相应要素的稀缺性。这些有助于解释为什么发达国家和发展中国家在产品类型、产业结构上存在的差异。钱纳里等通过工业化模型指出，工业份额增加的原因是国内需求的变动、工业产品中间使用量的增加，以及随要素比例变动而发生的比较优势的变化。

要素流动改变了综合要素结构(即要素的稀缺性发生变化)，该变化通过要素的价格变化表现出来，并影响产业升级。中国通过开放吸引外资使得外资与国内闲置的农村劳动力相结合，是推动中国产业升级和经济发展的基础。资本在当时的中国是稀缺的高级要素，因此流入中国能够获得更高的资本收益率。但同时，资本也加大了对劳动力的需求，国际直接投资流入东部沿海地区与当地的劳动力相结合加大了制造业的发展并形成了出口。因此，相对于中部和西部地区，东部地区由于资本增加，其要素结构中劳动力的稀缺性就相对提高了，劳动力价格相对而上升。从表 4.2 所示：虽然 2008—2012 年东、中、西部地区农民工的平均工资都呈上升趋势，但是中部地区和西部地区的平均工资差异不大，而东部地区农民工的平均工资一直高于中部和西部地区的平均工资。另外，从相对水平可以看出，东部地区和中部地区的绝对差值没有随工资上涨而扩大，说明两个地区的相对差距在缩小。这可能是因为外资逐步向中国的中西部地区流入以及东部地区企业内迁等提高了中西部地区工资的相对水平。

表 4.2　中国东部、中部和西部地区农民工月平均工资对比　（单位：元）

	东部地区	中部地区	西部地区
2008 年	1 352	1 276	1 275
2009 年	1 422	1 350	1 378
2010 年	1 696	1 632	1 643
2011 年	2 053	2 006	1 990
2012 年	2 286	2 257	2 226

资料来源：国家统计局数据库。

外商直接投资的流入带来技术、品牌、人才等高级要素进入某一产业，直接影响了该产业的综合要素结构，同时也激发了本产业对国内生产要素的需求。外资流入中国的产业中，占比例最大的是制造业，而制造业也是对廉价劳动力需求最多的产业。因此外资流入后，制造业的综合要素结构中劳动力的比例下降，需求量上升，制造业劳动力的工资也将上涨。如表 4.3 所示，在制造业、服务业和住宿餐饮业这三个产业中，制造业是外资进入最多的产业，而服务业和住宿餐饮业外资进入较少。从整体上看，三个产业的农民工平均工资水平都在上升，但是制造业的平均工资一直高于其他两个产业，说明劳动力要素在制造业中更加稀缺。

表 4.3　不同产业农民工月平均工资对比　（单位：元）

	制造业	服务业	住宿餐饮业
2009 年	1 331	1 276	1 264
2010 年	1 582	1 520	1 511
2011 年	1 920	1 826	1 807
2012 年	2 130	2 058	2 100
2013 年	2 537	—	2 366

资料来源：国家统计局数据库。

产生存在效应主要来自两方面的动力，一是生产要素的国家/地区的价格差异，这类主要以 FDI、技术、劳动力的价格差导致跨国公司将生产进行跨国组合。比如首先依靠外来要素驱动，然后成功走向自主创新的日本汽车产业。汽车产业是资本和技术密集型产业，20 世纪 50 年代初，日本的汽车产业和欧美还有很大差距。1952—1960 年，日产、日野、新三菱重工等企业与国外公司开展合作，引进国外的先进技术，同时注重自主创新，科研机构与工厂紧密相连，将技术引进和消化、吸收相结合,带动了日本汽车产业自主发展并形成了出口能力。二是由于制度、机制创新对要素产生吸引力,即经济要素对生产要素的流动提供了保障。张幼文等(2013)将要素从生产要素、经济要素和全球化经济要素三个层次上进行划分,包括制度在内的经济要素和全球化经济要素有利于推动生产要素的国际流动。比如中国的深圳就是一座通过制度创新吸引要素流入的典型。1979 年以前深圳还是一个小县城,1979 年底由宝安县更名为深圳市,1980 年第五届全国人民代表大会批准了在深圳设立经济特区,深圳在制度创新上得到国家和政府的支持。1988 年国务院批准深圳在国家计划中实现单列,并赋予其具有省级的经济管理权限,为制度创新提供了基础。1990 年深圳证券交易所成立,2004 年深圳成为无农村城市,劳动力实现了快速升级。深圳的快速发展就得益于其所特有的制度优势,其政府行为相对内地具有更多的市场经济特征。

4.2 存在效应的数理分析

产业由生产相同或相似产品的企业群构成,因此对产品进行分析的传统国际贸易理论等也适用于对产业的分析。比较优势理论中的葡萄酒与棉花代表的就是两个不同的产业,要素禀赋理论的分析中通常以钢铁与小麦为例,也可认为是指两个产业的比较。本节借助这种分析方法,在传统贸易理论中基础上从要素流动视角分析要素流入对中国产业升级的影响。

4.2.1 生产要素充分使用的数理分析

假设生产要素在一国特定产业间可以自由流动,并且生产要素在两国被充分使用。要素流动可以改变一国的要素密集度,同时满足以下四个条件:

(1) 存在两个国家 $i(i=1, 2)$生产同质的产品,生产函数为 $Q_i=F_i(K_i, L_i)$,其中 Q_i 是每个国家的产出,K_i 和 L_i 是相应的投入并且劳动、资本在两国是同质的,两国的禀赋总量分别为 $\bar{L}$ 和 $\bar{K}$。令 $k_i=K_i/L_i$,若 $k_1>k_2$ 则 1 国生产该产品的产业相对于 2 国是资本密集型产业。

(2) 生产函数规模报酬不变，满足稻田条件即 $F(0)=0$，$F'>0$，$F''<0$；$\lim_{x\to 0} F(x)=0$，$\lim_{x\to\infty} F'(x)=0$。

(3) 市场是完全经济的，价格完全弹性。

(4) 要素和商品可以在两国的特定产业内可以自由流动，且流动成本为零。

由于生产函数的规模报酬不变，人均产出可以表示为：

$$f_i(k_i)=Q_i/L_i=F_i(K_i, L_i)/L_i=F_i(K_i/L_i, 1),\ k_i=K_i/L_i \tag{4.1}$$

那么总产出 $Q_i=L_if_i(k_i)$，资本和劳动的边际产品分别为：

$$\frac{\partial F_i(K_i, L_i)}{\partial K_i}=\frac{\mathrm{d}f_i}{\mathrm{d}k_i}=f'_i(k_i) \tag{4.2a}$$

$$\frac{\partial F_i(K_i, L_i)}{\partial L_i}=f_i(k_i)-k_if'_i(k_i) \tag{4.2b}$$

因此，要素的边际产品仅依赖于资本和劳动的相对比率 k_i。假定单位资本的成本以 r_i 表示，单位劳动的成本为 w_i，产品价格为 p_i，因为要素和商品可以在两国间完全自由流动，则 $r_1=r_2=r$，$w_1=w_2=w$，$p_1=p_2=p$。完全竞争下的均衡意味着要素的成本和边际产品的价值相等：

$$r=p_1f'_1=p_2f'_2\text{，则 } r=f'_1=f'_2 \tag{4.3a}$$

$$w=p_1(f_1-k_1f'_1)=p_2(f_2-k_2f'_2)\text{，则 } w=f_1-k_1f'_1=f_2-k_2f'_2 \tag{4.3b}$$

根据式(4.3)可知，两国的资本和劳动这种要素的边际技术替代率相等。该结果可以在埃奇沃思(Edgeworth)方框图内表示，如图 4.6 所示。O_1 和 O_2 分别表示两个国家，横坐标轴代表劳动，纵坐标轴代表资本，两国的等产量线分别由 Q_1 和 Q_2 表示，二者相切于 A 点，在此处两国达到了均衡状态。另外，射线 O_1A 和 O_2A 分别代表 1 国和 2 国的资本—劳动比，可以看出 O_1A 的斜

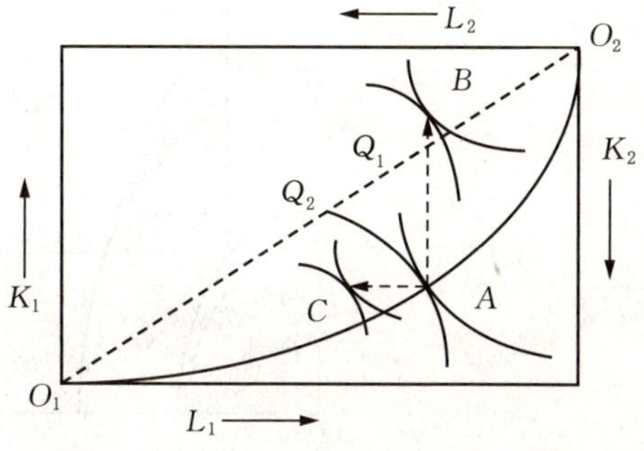

图 4.6　要素流动的埃奇沃思方框图

率小于O_2A 的斜率,因此 1 国的产业是劳动密集型,而 2 国的产业是资本密集型。如果两国达到均衡的契约线一直位于 Q_1Q_2 相连的虚线下方,则两国该产业的要素密集性不发生变化,1 国的产业始终是劳动密集型。

因为假设两国间没有要素流动障碍,当两国资本存在要素价格差时,比如 1 国的资本价格高于 2 国：$f'_1>f'_2$(由于 1 国劳动密集,2 国资本密集,通常情况下资本在 1 国的收益率高于 2 国),资本从 2 国流向 1 国,即从原来的 A 点向 B 点移动。如果 B 点在O_1O_2 的连线上方,那么就会出现要素密集度逆转,1 国的该产业从劳动密集型向资本密集型转型,2 国的该产业则变为劳动密集型产业。比如家电从发达国家流向中国等发展中国家。

当两国劳动存在要素价格差时,比如 2 国的劳动价格高于 1 国：$f_1-k_1f'_1<f_2-k_2f'_2$(由于 1 国劳动密集,2 国资本密集,通常情况下劳动在 2 国的收益率高于 1 国),劳动从 1 国流向 2 国,即从原来的 A 点向C 点移动。如果 C 点移动到了 O_1O_2 的连线上方,就会出现要素密集度逆转,1 国的该产业从劳动密集型向资本密集型转变,2 国的该产业则变为劳动密集型产业。

同理,对于要素流出国 2 国,如果要素流动导致均衡点超过 $O_1—O_2$ 连线,那么该国产业的要素密集度也将发生逆转。

发达国家通常要素禀赋接近,生产水平和发展阶段较高,接近满足生产要素完全使用的情形。比如生产要素在两个发达国家(*DC*1 和 *DC*2)之间流动,生产要素在两国都被充分使用,则要素流动则有助于要素密集性的变化。如图 4.7 所示,其中 I^K 表示资本密集型产业;I^L 表示劳动密集型产业。

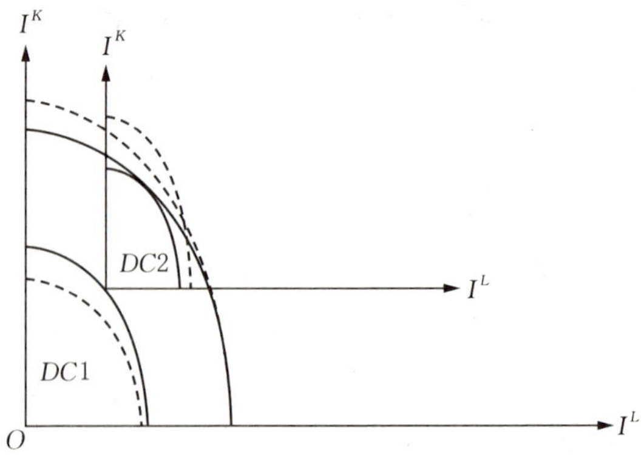

图 4.7　生产要素在发达国家间的流动

资本从一个发达国家 $DC1$ 流入另一个发达国家 $DC2$，而资本流动的目的在于逐利，新流入的资本与东道国的资本结合必然产生更大的产出。$DC2$ 国的生产可能性曲线扩张的程度大于 $DC1$ 国生产可能性曲线内移的程度，世界生产可能性曲线外移。从全球范围看，虽然两国的生产要素都被充分使用，但生产要素在发达国家间的流动，促进了世界生产可能性曲线的扩张。

4.2.2　生产要素未充分使用的数理分析

假设生产要素在两国没有被完全使用，则要素在不同产业间的流动将影响参与升级。西蒙·库兹涅兹在 1971 年提出产业升级与经济增长具有正向相关的关系，各国在不同收入水平上对应的产业结构特征也说明了增长与产业升级上的同向关系。因此，产出水平可以作为产业升级的替代变量。分要素在相同产业和不同产业间流动两种情况。

(1) 要素在同一产业内流动。令 p 表示产品价格；v 表示要素投入量；Δv 表示要素流入量；x 表示产出；$r(p, v)$表示收益函数；f 表示生产函数满足稻田条件 $f'>0$, $f''<0$，不同国家的生产函数不同；π 表示利润。

则 $r(p, v)=\max\{p \cdot x, (x, v)\in Q\}=p \cdot x(p, v)=p \cdot f(v)$；此处，$Q$ 为可行集。$\pi=p \cdot f(v)-w \cdot v$，利润最大化一阶条件为：

$$\frac{\partial \pi}{\partial v}=p \cdot f'(v)-w=0 \tag{4.4}$$

所以，$w=p \cdot f'(v)$。

但在同一产业内存在要素自由流动时，假设流动要素量为 Δv，产品价格保持不变 $\pi'=p \cdot f(v+\Delta v)-w \cdot (v+\Delta v)=p \cdot f(v+\Delta v)-p \cdot f'(v)(v+\Delta v)$；

有：

$$\begin{aligned}\frac{\partial \pi'}{\partial v}&=p[f'(v+\Delta v)-f''(v)(v+\Delta v)-f'(v)]\\&=p\{[f'(v+\Delta v)-f'(v)]-f''(v)(v+\Delta v)\}\end{aligned} \tag{4.5}$$

因为 $f'>0$, $f''<0$，所以当 $\Delta v>0$ 即要素流入时，$f'(v+\Delta v)-f'(v)>0$，

$-f''(v)(v+\Delta v)>0$，又 $p>0$，故 $\frac{\partial \pi'}{\partial v}>0$。因此，要素的不断流入将导致产出的持续增加，同样要素流出将导致产出减少。

如果要素非自由流动，假设流动成本函数为 $c(\Delta v)$ 且满足 $c'>0$ 即随着要素流入量的增加成本上升，那么此时的利润函数为：

$$\pi^2=p\cdot f(v+\Delta v)-w\cdot(v+\Delta v)-c(\Delta v) \tag{4.6}$$

对 Δv 求一阶导数的利润最大化条件：

$$\frac{\partial \pi^2}{\partial \Delta v}=p\cdot f'-w-c'=0,\ c'=p\cdot f'-w \tag{4.7}$$

由于要素流动的成本函数关于要素流入量是增函数，当要素流入量增加时其成本也上升，当要素流动的成本等于产品的边际收益与成本的差异时生产要素流动出于均衡状态。此时，要素流动能够带来的额外收益为零。

(2) 要素在不同产业间流动。

首先假定一个国家有两种产业(产业 1 和产业 2)，其中不妨令产业 1 是劳动密集型产业，产业 2 是资本密集型产业。根据式(4.3a)与式(4.3b)，这两个产业的资本和劳动的边际收益(*MR*)分别为：

$$\begin{aligned} &r_1=p_1 f_1'(k_1),\ r_2=p_2 f_2'(k_2);\\ &w_1=p_1(f_1-k_1 f_1'(k_1)),\ w_2=p_2(f_2-k_2 f_2'(k_2)) \end{aligned} \tag{4.8}$$

其均衡关系如图 4.8 所示：一国有两个产业 O_1 和 O_2，这两个产业的共使用资本存量为 O_1O_2，由于 $f'(k)$是减函数，所以两个产业边际收益曲线的斜率为负。

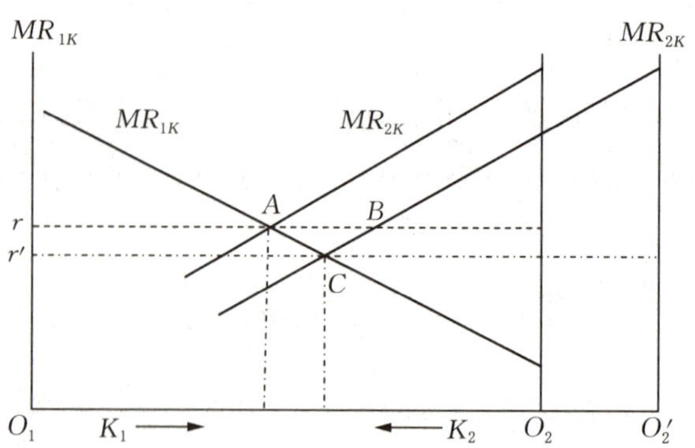

图 4.8　要素流动对资本配置的影响

在均衡条件下，两个产业的资本边际收益相等 $r_1 = r_2 = r$，MR_{1K} 与 MR_{2K} 相交于 A 点，此时亦不存在资本流动动力。

而当其他国家的要素流入本国时，该国的资本量增加资本总量从 O_1O_2 移动到 O_1O_2'。假设两个产业的产品价格保持不变，那么新的平衡将是 MR_{2K} 向右边平移（其等效于资本 MR_{1K} 在总资本扩张时在左边表示下的左移）相交于 C 点。可以看到 AB 距离与新增资本量相等，C 点介于 A 点与 B 点中间，说明新增资本在两个产业间都有了流入，分配的多少则看两个边际收益曲线的斜率绝对值的大小，斜率绝对值大（即倾斜程度大）的其资本收益较高，获得的资本流入也更多。同时，斜率绝对值小的资本边际收益低，获得的资本流入也少。

根据要素的边际报酬递减规律，边际资本收益高的为劳动密集型产业，而边际资本收益低的为资本密集型产业，因此当一国有资本流入时，这些资本往往流入劳动密集型产业，资本与劳动力结合创造更多的收益，促进了产业升级。

通常发展中国家存在闲置要素，资本从发达国家流向发展中国家满足要素未完全使用的情形。假设当资本从发达国家流向发展中国家时，由于发展中国家存在闲置的劳动力，所以资本的流入不但增加了资本投入，还激活了发展中国家的闲置劳动力，使得发展中国家的生产等可能曲线向外移动。同时，发达国家由于资本的流出本国的资本密集型产业的产出减少，但是由于发展中国家激发了新要素，所以世界的生产可能性曲线也扩大了。如图 4.9 所示，其中实线是两国的初始状况，虚线是资本附带其他要素从发达国家流向发展中国家后的状况。

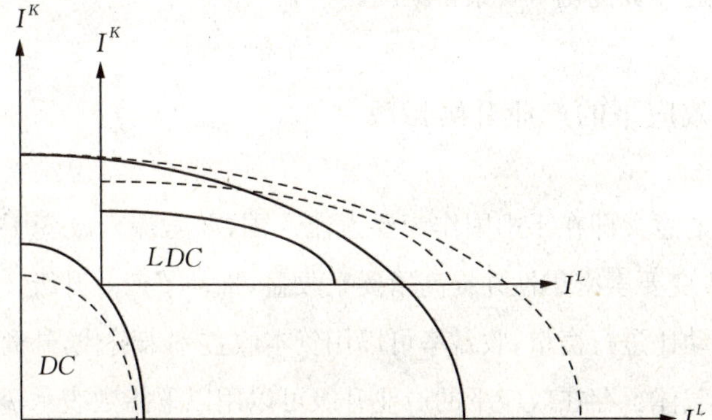

图 4.9 要素从发达国家流动到发展中国家

同理，当劳动力从发展中国家流动到发达国家，发达国家的富裕资本和流入的劳动力结合导致发达国家的生产可能性曲线大幅向外移动，发展中国家由于流出了正常劳动力和闲置劳动力导致生产可能性曲线小幅向内移动。综合考虑，世界生产可能性曲线与原来相比向外移动，促进了全球产出的增加。

综上，当两国相同产业存在要素价格差时，要素流向高价格国家，随着要素持续流入，两国的要素密集度可能逆转，要素流入有利于要素密集性的改善。另外，不论是单个产业还是两个产业要素流入有利于扩大产出，因此，要素流入促进了产业升级，而这种升级效应是由于要素流入本身而带来的，属于静态效应。

4.3 存在效应的实证分析

存在效应集中体现在要素流入带来的存量要素的变化而对产业升级的影响，而生产要素包括劳动力、资本、技术、品牌、管理能力、销售网络等多个方面。综合要素结构的变化带来了两方面的影响：一是改变原有的要素密集性，二是促进产出和利润的增加。从要素的经济属性上可以分为资本要素与劳动力要素，生产过程就是企业家用资金购买各种设备、技术、品牌等资本并支付劳动者报酬。因此从资本和劳动力两个层次分析要素密集度既具有理论意义又具有可操作性，中国产业升级即通过引进外资优化了要素密集度。

4.3.1 存在效应下的产业升级指数

存在效应的意义即在于中国作为要素流入国，要素流入改变了中国的综合要素结构，进而改变要素密集性并提高了要素收益，推动了产业升级。要素密集度可以用资本—劳动比进行衡量，收益率可以用资本收益率来替代，外商直接投资是一系列流入要素载体。存在效应下的产业升级可以用以下指数表示：

$$U_{it}=\left(\frac{K_i}{\sum_{i=1}^{n}K_i}\middle/\frac{L_i}{\sum_{i=1}^{n}L_i}\right)\times\left(\frac{R_i}{K_i}\middle/\frac{\sum_{i=1}^{n}R_i}{\sum_{i=1}^{n}K_i}\right) \tag{4.9a}$$

$$=\frac{R_i}{L_i}\middle/\frac{\sum_{i=1}^{n}R_i}{\sum_{i=1}^{n}L_i} \tag{4.9b}$$

$$=\frac{R_i\sum_{i=1}^{n}L_i}{L_i\sum_{i=1}^{n}R_i} \tag{4.9c}$$

其中，K_i 表示产业 i 的资本量，$\sum_{i=1}^{n}K_i$ 代表所有产业的资本总额，L_i 表示产业 i 的劳动人数，$\sum_{i=1}^{n}L_i$ 代表所有产业的劳动人数，R_i 表示产业 i 的利润总额，$\sum_{i=1}^{n}R_i$ 代表所有产业的劳动人数。$\frac{K_i}{\sum_{i=1}^{n}K_i}\Big/\frac{L_i}{\sum_{i=1}^{n}L_i}$ 表示了要素密集度，$\frac{R_i}{K_i}\Big/\frac{\sum_{i=1}^{n}R_i}{\sum_{i=1}^{n}K_i}$ 表示了资本的收益水平。根据式(4.9b)可见，产业升级指数与劳动收益率指数相似，这也与将要素分为资本与劳动两大类相一致，劳动收益率指数高一方面意味着该产业中由劳动创造的利润高；另一方面反映了单位劳动附着的资本收益的提升。这里以产业的资本与劳动的密集性和资本收益率表示存在效应下产业升级指数 U_{it} ：

$$U_{it}=\left(\frac{K_i}{\sum_{i=1}^{n}K_i}\middle/\frac{L_i}{\sum_{i=1}^{n}L_i}\right)\times\left(\frac{R_i}{K_i}\middle/\frac{\sum_{i=1}^{n}R_i}{\sum_{i=1}^{n}K_i}\right)=\frac{R_i}{L_i}\middle/\frac{\sum_{i=1}^{n}R_i}{\sum_{i=1}^{n}L_i}=\frac{R_i\sum_{i=1}^{n}L_i}{L_i\sum_{i=1}^{n}R_i}$$

其中，R_{it} 为资本收益；W_i 表示产业平均工资水平；L_i 表示产业就业人数；i 为产业类型。笔者从国家统计局数据库和万德数据库获取了 2003—2011 年的相关产业数据。产业分类采取统计局数据库的国民经济行业分类标准，其共包括 15 个行业即产业，每个大行业又包括具体的小行业，因为国民经济核算中关于行业分类上仍然有些不同，关于所有者权益的分类有 19 个行业，但其分类基本一致，因此进行合并和剔除后选取 10 个大类即 10 个产业进行分析。比如将采矿业、制造业和电力、燃气和水的供应合为工业，同时考虑到多组数据同时获得的可能性，舍去了地质勘查及水利业、国际组织、机关社团及其他等门类，保留了农林牧渔业、工业、建筑业、交通运输与仓储业、房地产业、信息技术服务业、社会服务业、教育文化广播业、卫生和体育福利业、科学研究与技术服务业等作为分析目标产业。产业收益总和 R_{it} 用相应产业的国有企业中股东所有者权益表示，其中所有者权益是总资产减去总负债，每年的所有者权益一定程度上反映了资本收益水平。产业就业人数 L_i 即所有同一产业的国有企业的从业人员数量。计算存在效应下的产业升级指数见表 4.4，可以发现整体产业升级指数波动不是很大，比较符合预期。另外工业、交通运输与仓储业、房地产业和社会服务业等指数相对较高，而农林牧渔业、信息技术服务业、教育文化广播业等数值较低，前者外资进入比例通常也高于后者。

表 4.4 存在效应下的产业升级指数

指数/年份	2003	2004	2005	2006	2007	2008	2009	2010	2011
农林牧渔业	0.260 5	0.255 2	0.288 5	0.211 9	0.250 0	0.201 9	0.221 1	0.180 0	0.199 9
工　业	1.743 6	1.663 2	1.573 9	1.545 8	1.551 1	1.572 5	1.512 3	1.317 0	1.333 8
建筑业	0.318 6	0.317 3	0.286 3	0.318 8	0.356 3	0.416 3	0.428 6	0.358 9	0.332 1
交通运输与仓储业	2.063 3	2.230 2	2.455 8	2.502 8	2.235 7	2.271 2	2.490 7	3.113 5	3.148 0
房地产业	2.265 8	2.465 9	2.447 3	2.945 1	2.273 3	2.788 0	2.635 9	3.100 3	2.953 3
信息技术服务业	0.311 1	0.302 7	0.284 4	0.300 3	0.158 0	0.162 6	0.125 6	0.198 0	0.162 3
社会服务业	0.951 5	1.030 9	1.165 1	1.150 9	1.362 1	1.192 1	1.296 2	1.608 0	1.609 6
卫生体育福利业	0.011 4	0.012 4	0.015 7	0.019 7	0.012 0	0.011 9	0.011 5	0.013 9	0.015 3
教育文化广播业	0.070 8	0.079 5	0.077 8	0.075 8	0.084 4	0.079 2	0.075 3	0.055 9	0.058 1
科学研究和技术服务业	0.245 6	0.184 5	0.242 8	0.232 6	0.173 1	0.161 9	0.171 2	0.239 7	0.271 6

4.3.2 模型构建

本书使用面板数据进行分析，其模型假定如下：

$$y_{it}=\alpha+X'_{it}\beta+\varepsilon_{it},\ i=1,\ \cdots,\ N;\ t=1,\ \cdots,\ T$$

方程的左边被解释变量 y_{it} 为产业升级指数 U_{it}，方程右边解释变量 X'_{it} 表示影响产业升级指数的一系列变量。α 为个体影响，它若作为未知的确定值，此时的模型为固定效应，也可以视为随机变量，进行随机效应模型检验。在固定效应中，α 可以分为每个个体都共有的截距项和各个个体对总体的偏离度；在随机效应中，α 分为常数项和一个随机变量。ε_{it} 为随机误差项。

自变量选取上，这里基于钱纳里在 1975 年根据 101 个国家的数据提出的"产业结构标准模式"，该结构方程适用于不同发展水平的产业结构。该方程指出不同的收入水平和人口适应不同的产业结构。公式为：

$$X=\alpha+\beta_1\ln y+\beta_2\ln^2 y+\gamma\ln n+\sum\partial_i T+\delta F \tag{4.10}$$

其中，X 是以表示经济发展过程中总量指标的一个方面，比如产业结构，y 是人均国内生产总值(GDP)，n 表示劳动力数量，T 表示时间趋势，F 表示净资源流入。

由于存在效应的逻辑在于要素流动与当地要素禀赋、要素结构相结合而产生的直接影响，因此，这里在借鉴产业结构标准模式的基础上，结合中国产业发展的具体特征，选取以下变量作为自变量：

首先，引入外商直接投资(FDI)指数。在钱纳里的模型中，F 即由进出口和国际直接投资构成，衡量商品与资本的变动对整体经济的影响。这里 FDI 代表了净资源流入，它也是引起存在效应的主要动力。这里用特定产业外商直接投资额与所有外商投资使用额的比值表示，即外资直接投资指数 $F=FDI_i/\sum FDI_i$。

其次，用产业资产占比来代替人均收入水平。对于产业发展来讲，产业资产的不断上升是该产业长期不断发展的重要体现和要求。特定产业的资产总额与所有产业资产的比值与人均收入的内涵相一致。产业资产水平仍然用 y 表示。

再次，n 用各个产业的年末从业人数表示。这里同样采取对数形式，以消除季节性影响。

另外，增加金融危机的影响。一方面，金融危机直接导致资金链断裂，部分企业将面临倒闭，工人失业、生产停滞，存在效应下的产业升级受阻；另一方面，政府为了治理或者缓解危机，往往采取一系列的干预措施，比如美国的量化宽松政策、中国的4万亿元大规模刺激等，这些干预导致资金配置发生了一些主观变化，通常是“国进民退”改变了原有的产业升级路径。金融危机用虚拟变量 Cs 表示，2008年、2009年时取1，其他年份取0。另外，由于产业升级指数中已经包含了劳动力因素，为了避免共线性，解释变量忽略了人口因素。

因此，该模型可以表示如下：

$$U_{it}=\alpha+\beta_1\ln y_{it}+\beta_2\ln^2 y_{it}+\gamma F_{it}+\Omega\ln l+\delta Cs_t+u_i+\varepsilon_{it} \tag{4.11}$$

4.3.3 实证分析

1. 变量的描述性统计

如表4.5所示，本书数据取2003—2011年共9年10个行业的样本，其中(1)产业升级知识最小值是0.011 3，最大值为3.148 0，均值为0.905 3，说明不同产业间存在一定差异，以其衡量产业升级是合适的。(2)人均收入对数的最小值为0.81，最大值为5.87，均值为3.327 3，说明人均收入存在较大差异，同时人均收入对数的平方波动更大。(3)实际利用外资额的最小值为0.000 1，最大值为0.834 5，均值为0.095 9，标准差为0.187 6，说明实际利用外资额有差异但波动不大，以其作为解释变量也是合适的。(4)劳动力数量最小值为−0.105 4，最大值为7.629 5，均值为4.650 5，说明劳动力在不同行业有较大差异，存在劳动力在不同行业间的流动。

表4.5 主要变量描述性统计

变量	样本量	均值	标准差	最小值	最大值
产业升级指数	90	0.905 3	0.986 0	0.011 3	3.148 0
人均收入对数	90	3.327 3	1.116 9	0.81	5.87
人均收入对数的平方	90	12.301 9	7.433 6	0.65	34.43
实际利用外资额	90	0.095 9	0.187 6	0.000 1	0.834 5
劳动力数量	90	4.650 5	1.922 3	−0.105 4	7.629 5
危机冲击	90	0.222 2	0.418 1	0	1

2. 实证结果分析

针对上述面板数据，用 Stata11.0 软件对式(4.10)分别做面板数据的混合回归模型、固定效应模型和随机效应模型回归，其实证结果如表 4.6 所示。

表 4.6　固定/随机效应面板数据回归结果

解释变量	被解释变量 U_{it}		
	混合回归	固定效应	随机效应
$\ln y_{it}$	0.034 9*	0.035 1***	0.034 5**
	(2.34)	(5.69)	(3.52)
$\ln^2 y_{it}$	0.126 6*	0.065 9***	0.065 3***
	(2.03)	(5.27)	(5.06)
F_{it}	1.371 8**	0.719 0***	0.754 4***
	(4.27)	(8.61)	(5.76)
$\ln l$	0.076 8	0.030 9	0.010 6
	(0.61)	(0.91)	(1.35)
Cs_t	−0.074 22	−0.025 1**	−0.022 9**
	(−1.14)	(−3.21)	(−2.93)
常数项	0.742 2*	1.345 4**	1.233 3**
	(2.63)	(3.71)	(3.60)
样本数	90	90	90
调整的 R^2	0.73	0.80	0.81

注：* 代表 10%水平上显著，** 表示 5%水平上显著，*** 代表 1%水平上显著。括号内为 t 值。

可见混合回归的各参数均不显著，而固定效应和随机效应模型的显著性相同，然后通过 Hausman 检验，适用固定效应模型。(1)验证了存在效应的合理性。*FDI* 比重每增加一个百分点将带来 U_{it} 上升 0.719 个百分点，外商投资对产业升级具有显著的促进作用。这也符合中国经济发展的事实，说明外商投资流入了大量的资本以及知识型劳动力、技术、品牌等于中国的廉价劳动、土地以及资源相结合，推动了中国产业升级。(2)人均收入的代理变量人均资产对产业升级指数的影响为正，说明随着企业资产的上升，资产推动资本要素收益上升，促进了产业升级。(3)劳动力数量对产业升级指数的影响不显著，这可能是因为一方面，中国的产业发展中低端劳动力较大，庞大的劳动力基数导致劳动力变化的不显著，另一方面，外资激发的是闲置劳动力，这类劳动力参与经济并没有明显体现在产业升级指数的两个方面。(4)金融危机冲击对中国的产业升级指数在5%的显著水平上有负面影响，金融危机冲击了国外环境进而间接影响了中国的产业发展。

根据上述分析再将产业升级指数 U 作为被解释变量，人均资产水平 Y 和外资占比 F 作为解释变量，进行面板回归分析结果见表4.7。

表4.7 面板数据固定效应的回归结果

解释变量	系　数	标准差	t 值	P 值
y_{it}	0.002 2	0.000 7	3.42	0.008
F_{it}	0.619 2	0.147 4	4.20	0.002
常数项	0.734 3	0.038 5	19.10	0.000
样本数:90		Prob $> F = 0.002\,9$	$R^2 = 0.69$	

从表4.7固定效应模型的结果可以看出：首先，外资比例仍然是产业升级指数上升的重要动力，外资对产业升级的影响作用最大，其次，人均资产水平对产业升级的影响也显著为正，说明产业发展与该产业的发展水平呈正向相关。该分析结果也与前面的分析相一致，说明中国的产业升级主要由外资推动，由于外资的存在激发了闲置劳动力，改变了综合要素结构，所以中国产业升级中具有明显的存在效应。

第5章
要素流动视角下产业升级的溢出效应

生产要素的国际流动除了通过影响要素投入量的变化对产业升级产生直接的一次性影响外，在流入后还产生诸多的二次效应。其中溢出效应在产业升级中也有重要的作用。全球化经济下跨国公司成为参与经济全球化的主角，国际直接投资成为要素流动的载体，在国外要素流入东道国后，这些新流入要素还对东道国的产业发展产生了溢出效应，要素流入通过溢出效应形成了产业升级的溢出效应路径。

5.1 溢出效应的相关研究

溢出效应是经济学研究的一个重要内容，它包括技术溢出、知识溢出、资本溢出等，属于投入之外的附带作用。因为一个企业或产业在进行某项生产时，不仅会生产出预期的结果，而且会对生产过程中参与的要素产生影响。简而言之，就是该生产具备了外部收益，溢出效应分为经济溢出效应和技术溢出效应等。Caves(1974)将外商投资企业进入东道国后产生的溢出效应分为生产率溢出(productivity spillover)和技术溢出(technology spillover)。胡祖六(2004)认为 FDI 对中国经济带来了技术转移，产生了外溢效应，技术包括专利、设计、新型产品，先进机器设备或新的工艺流程等。

5.1.1 正向溢出效应的研究

对正向溢出的研究主要从国际直接投资的资本积累产生的溢出和技术溢出这两个层面进行分析。潘镇(2005)认为外商直接投资的进入对中国的科技进步基本具有积极的作用,经测算外资对中国技术进步的溢出效应随时间推移不断提高。MacDougall(1960)在研究FDI的福利效应中将技术溢出作为一个重要现象进行了分析,认为FDI可以产生技术溢出,促进东道国经济发展。Koizumi和Kopecky(1977)从产业组织的角度研究了跨国公司的母公司向东道国的子公司进行技术转移带来的技术溢出,认为母公司对子公司的技术转移对子公司的技术进步产生了溢出。也即证明了跨国公司在主导要素流动的过程中存在溢出效应。Walz(1997)通过把FDI引入内生增长模型认为FDI的流入提高了流入地区的创新能力,而这种潜在创新能力的提高是通过知识外溢实现的。跨国公司对所属企业的员工进行培训在满足本公司发展的同时也为东道国储备了人力资源,尤其是跨国公司的管理能力对东道国人力资源的溢出效应比较明显,因为管理能力中包括了操作,而这正是发展中国家缺乏的。

Caves(1971)认为在任何市场条件下,外商投资企业进入东道国的某一产业都比当地企业进入表现出更强的竞争能力,外资进入有助于提高市场绩效。表明部分原因在于外资有更多的高级生产要素,在某产业上具有一定优势,有更强的盈利能力才进入东道国投资。Haddad和Harrison(1993)对摩洛哥的FDI进行了分析,提出FDI通过溢出效应促进了摩洛哥国内企业生产率的提高。Blomstorm和Sjoholm(1999)指出外资公司比内资公司有更高的劳动生产率,外资公司对内资公司有正的溢出效应。Lee(2006)认为流入的FDI与专利的引用、技术的临近效应等一样具有明显的溢出效应。江小娟和李蕊(2002)认为外资通过溢出效应促进了中国工业经济的增长和技术进步。杨丹辉(2005)证明了外商直接投资对中国的产业国际竞争力提高有积极的影响。刘平洋(2003)认为经济全球化对中国产业发展产生了深刻影响,从汽车产业、石油石化产业、电子信息产业、纺织产业、钢铁产业、建筑产业分别分析了外资与外贸对这些产业的国际竞争力的影响。张建华等(2003)在研究的基础上总结认为FDI的溢出效应存在四种类型:(1)示范模仿效应，因为跨国公司一般相对于东道国公司在技术上更加领先，跨国公司的行为对东道国公司具有示范作用，东道国的企业能够通过向跨国公司的模仿提高自身的技术水平。(2)竞争效应，一方面指跨国公司子公司与东道国争夺市场加剧竞争导致更高效地利用资源，另一方面指跨国公司的进入消除了东道国的大企业在某一行业的垄断，提高了国民福利。(3)联系效应，这种溢出指跨国公司在和当地公司的交易过程中，以及上下游企业发生前向或后向联系过程中产生的溢出。(4)培训效应，由于国外资本所具有竞争优势不能完全脱离人力资本而固化到设备机器上，所以必须利用当地工人并对其培训，培训提高了当地工人的生产效率从而产生了溢出。

李成刚(2008)研究了 FDI 对技术创新产生的溢出效应，指出我国东部和中部地区有明显的差异，东部地区更明显。对于供应商主导的产业和规模密集型产业，FDI 的创新溢出以后向为主；对于专业化供应型的产业，以前向溢出为主；对于以科学为基础的产业则以后向溢出为主，水平溢出效应为负。Feinberg 和 Majumdar(2001)对印度制药产业中的跨国公司进行研究发现，外资投资企业研发的流入对印度相关产业的技术进步有显著的促进作用。王红领、李稻葵和冯俊新(2006)基于 1998—2003 年中国的行业数据研究支持了 FDI 对国内企业的自主创新具有促进作用。外资流入东道国后对产业产生的一系列促进、溢出效应不仅是资本引起的，而且是资本进入后所附带的人才、知识、技术等要素产生的。

5.1.2　负向溢出效应的研究

在产生正向溢出的同时，也有研究认为外资流入阻碍了本国的技术进步和创新，即产生了负向溢出效应。FDI 对东道国的产业发展也存在负向溢出效应：(1)FDI 冲击了内资企业的市场份额。Saltz(1998)从理论上论证了发展中国家的 FDI 对经济增长有负作用，引进外资不利于国内产业的发展。Kokko(1992)认为 FDI 的进入使得内资企业放弃市场份额。Harrison(1994)认为 FDI 挤出了低效率的内资企业，不利于东道国相关产业的发展。Evans(1979)通过对巴西纺织业的研究发现，外资的进入导致大批的本地企业破产，不利于本国产业发展。(2)FDI 对东道国劳动力市场产生冲击，不利于人才培养。Sinani 和 Meyer(2004)指出外资企业进入东道国之后常常为吸引人才而采取高薪政策，导致人才从内资企业流向外资企业，从而产生智力流失（brain draining）的负面效应。跨国公司进入中国后也通过高薪吸引了大批技术人才。(3)FDI 不利于东道国企业的技术进步，Romer（1990）认为技术部门工作人员为寻求高工资向最终产品部门的转移，不利于企业的研发。Aitken 和 Harrison（1993）对委内瑞拉的一些企业数据进行了分析，研究发现外资抑制了东道国企业的研发。蒋殿春和夏良科（2005）分析了中国行业的面板数据认为，FDI 产生的竞争效应不利于国内企业的技术创新。冼国明和薄文广（2006）研究也认为 FDI 不利于国有大中型企业的技术创新。(4)外资导致东道国行业垄断、资源过度浪费。姜奇平（2004）认为外资并购对中国的经济造成了负面影响，它导致出现了行业垄断并使国有资产与本土品牌流失，重要产业与技术被外资控制。

5.1.3 溢出效应的测量

1. 验证劳动生产率、研发能力等指标

Blomstrom（1986）构建了以下模型：$e=F(\Delta y, \Delta FDI, X_1, X_2\cdots)$。其中，$e$ 是单位劳动产出与行业平均劳动产出之比，y 表示人均产出，FDI 反映了外资参与程度，X 包括人力资本、市场规模等解释变量。何元庆（2006）基于省际面板数据分析了 FDI 对技术效率、全要素生产率等的影响。王红领等（2006）用中国 37 个工业行业的面板数据进行分析，分别以科技活动经费占产品销售收入比重、科技活动人员占从业人员比重和专利申请数量代表衡量内资企业研发能力的变量，以企业规模、行业规模和哑变量为自变量。因此，其关系式可以写为：

内资企业研发能力 $=\alpha\times$ 外资进入程度 $+\beta_1\times$ 企业平均规模 $+\beta_2\times$ 行业投资规模 $+\beta_3\times$ 2003 年的哑变量 $+b+\varepsilon$。

2. 通过将外资引入生产函数，研究生产效率的变化

刘金钵、朱晓明（2004）利用柯布-道格拉斯生产函数将 FDI 引入函数，资本分为内资与外资，$Y=AL^{\alpha}K^{\beta}=A(K_F)L^{\alpha}(K_F+K_D)^{\beta}$，通过推理证明了外资有更高的投入产出率，$MPK_F>MPK$，即外资具有溢出效应。

严兵（2003）也通过将生产函数进行变形，把内资企业的生产函数表示为 $Y_H=$

$F(K_H, L_H, K_F)$，进一步变换有：$\Delta Y_H = H_K \times \Delta K_H + H_L \times \Delta L_H + F_K \times \Delta K_F$，两边同除以 Y_H 化简后有：

$$\frac{\Delta Y}{Y_H} = \alpha \frac{\Delta K_H}{K_H} + \beta \frac{\Delta L_H}{L_H} + \gamma \frac{\Delta K_F}{K_F},$$

其中，$\gamma = \frac{F_K K_F}{Y_H}$ 体现了外商投资的溢出效应。根据中国 1998—2003 年的行业面板数据作者进行验证，说明外资对中国的增长有溢出效应。

3. 构建动态模型

沈坤荣、耿强(2001)在内生增长模型的基础上引入中间品进行了动态化，分析将中间品作为生产函数的一个构成部分，构造如下生产函数：

$$Y_t = AH_t^a K_t^{1-a}, \ K = \left\{ \int_0^N x(j)^{1-a} \mathrm{d}j \right\}^{\frac{1}{1-a}}$$

其中，$x(j)$ 表示中间品，N 代表中间品种类，n 为内资企业制造，n^* 为外资企业制造，$N = n + n^*$。其分别从生产者均衡和消费者均衡求解出均衡增长路径，分析认为外商直接投资不但缓解了中国的资本短缺，还产生了技术溢出效应，在外资企业影响下东道国的生产效率提高且综合要素生产率得到提升。通过中国的数据验证了外商直接投资对中国人均 GDP 增长率提高有显著的促进作用。包群、赖明勇(2003)考虑了 FDI 对经济发展的滞后性，基于 Feder 的两部门动态模型将 FDI 的滞后项引入模型，分析认为外资产生溢出效应。其模型框架如下：$F = F(L_F, K_F)$ 为外资部门生产函数；$R = R(L_R, K_R, F)$ 为内资部门生产函数；$Y = F + R$ 为总产出。

其中，将国内部门进行变换后为 $R = R(L_R, K_R, F^*)$，引入理性预期后将外资部门的溢出因子表示为 $F_t^* = \theta F_t + (1-\theta) F_{t-1}$。然后在一定的假设下，进行转换得出产出增长率与内外资的关系，进而计算外资的溢出效应，并用数据进行了验证。

但是，这些研究中由于很难获得中国的资本存量和人力资本数据，往往采取一些代理变量，进而可能影响到结果的准确性。当然除资本之外还有其他生产要素产生溢出效应，传统的研究实际也是将 FDI 作为多种生产要素的载体，通过分析 FDI 间接分析其他要素的影响。本章从包括劳动力、资本、技术、品牌等更广泛的生产要素视角来分析溢出效应。由于受一些数据上的限制，不能全部使用进行计量模型的检验，通过案例分析，在理论上可对溢出效应做出更综合的解释。

5.1.4 要素流动视角下溢出效应的界定

钱纳里等指出生产在“生产环境”中形成，而生产环境的变化受一系列的市场与非市场的约束，通过投入产业的价值、数量或者质量的变化，改变生产的约束条件使生产环境发生变化并最终影响生产状况。在向新生产环境调整的过程中，这种生产环境的短期变化也能对全要素生产率产生重要的作用。所以，全要素生产率反映的不仅仅是由于新技术的使用带来效率提高而引起生产可能性曲线向外移动的效果，它还应当包括资本外溢、管理外溢、技术外溢等多种溢出效应产生的效率提高。上述溢出效应实际都表现为生产效率的提高，因此可以统称为“效率溢出”。所以，要素流动视角下的溢出效应指由于流入要素通过模仿、学习、培训、关联、竞争等多种渠道，产生了一直非自愿性的扩散，这些扩散既包括成本方面的又包括收益方面的，它们阻碍或促进了东道国企业生产效率的改变，从而带来产业升级。当然，如果产生了负面的影响就是负向溢出。通常情况下，要素流入给东道国带来的正向溢出大于负向溢出。一个国家的产业升级或者经济发展通常必然是基于正向溢出，溢出效应的路径如图 5.1 所示：要素流动通过企业、产业和国家（即微观、中观和宏观）三个层次产生了溢出效应。生产要素从国外流入后在企业层面通过模仿、学习等产生非自愿扩散，形成了溢出效应，促进企业生产效率提高。在产业层面则通过产业内的竞争效应和产业间的关联效应产生溢出，促进产业整体效率的提升，推动产业升级。在宏观层面则由于产业结构优化从整体上为国家产业发展提供引导，产生溢出效应。

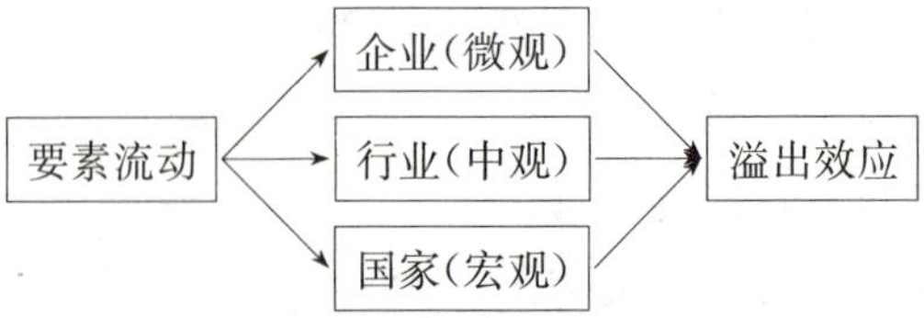

图 5.1 要素流动下的溢出效应

5.2　要素流动视角下溢出效应的微观机理

5.2.1　溢出效应路径的微观机理

生产要素国际流动的主体是跨国公司，要素流入最直接产生作用的也是企业，企业是构成产业的微观基础，要素流动下的溢出效应总体上包括以下四种渠道：示范模仿效应、学习效应、竞争效应和关联效应。其中，示范模仿效应和学习效应更多是基于企业这一微观层面，竞争效应和关联效应两种效应则是基于产业的中观层面。示范模仿和学习效应虽然是从 FDI 的角度提出的，但是它同样适用于要素流动的分析。如同 FDI 的流入一样，国外高级生产要素的流入对国内要素产生了溢出。FDI 既是生产要素的一种，又是生产要素国际流动的载体，对 FDI 的分析也深刻体现了要素国际流动产生的溢出效应。

1. 要素流入激发示范模仿效应

示范模仿效应（demonstration-imitation effect）是指东道国企业对来自其他公司的先进技术、管理能力、新产品等进行模仿来提高自身的技术、管理和产品差异性等带来的溢出，因此它也叫传染效应（contagion effect）。因此，产生示范模仿效应的一个重要前提是两家企业必须在某一种或者多种生产要素上具有效率差异，效率差异是示范模仿的基础。通常情况下，跨国公司相对于发展中国家的企业在技术、管理能力、产品特性等方面的优势更大，因此，发展中的东道国企业往往能够通过引进国外的战略投资者来提高自身企业的生产效率。

首先，从技术上看，发达国家的跨国公司比发展中国家的企业有更长的发展历史和更高的技术水平，同时发达国家的不同跨国公司间在同一类型的技术上也存在差异，技术上的示范模仿效应广泛存在于各种公司之间。东道国公司员工通过应用跨国公司的技术过程中的“干中学”能够学习新技能，通过长期积累并应用到东道国公司从而提高技术水平。另外，直接引进新技术将这种技术应用到新的生产流程中同时需要相应的配套设施和工人，东道国配套的设备、工人能够通过模仿进而产生溢出效应，提高企业的生产效率。Mansfield 和 Romeo（1980）研究证实美国的跨国公司在半导体上对于欧洲的企业具有示范模仿作用，促进了当地企业的技术进步。

其次，从管理能力上看，通常跨国公司具有全球视野，吸引了全球的高级人才使用先进的管理方法，导致跨国公司的管理能力往往高于东道国企业。在当前的经济中，管理能力越来越重要，它对于企业发展来说成为除技术以外最为重要的能力。管理和技术最大的区别在于技术进步通常需要研发、反复试验等，具有较长的周期，而管理能够在短期内提高企业的运营水平，通过优化组合人力资源，进而快速优化配置资源，提高生产效率。比如，跨国公司的进入可以向东道国公司示范扁平化管理、绩效管理等先进的管理方法和理念，进而对本地公司的管理产生影响，从管理能力上对东道国企业产生溢出效应。

再次，新产品也能对相关企业产生溢出效应。新产品能够赢得市场的关键往往在于能够迎合市场需求，其他企业看到新产品能够盈利就会在这种示范效应下开始模仿，新产品因此对相关企业产生一系列的溢出效应。在苹果手机出现之前，以诺基亚、摩托罗拉为首的手机市场仍然是以按键式的手机占领主要市场，但是在苹果手机推出后，其优越的性能将消费者紧紧吸引住了，苹果手机的市场份额不断增加。随着苹果公司盈利能力的增强，这种示范效应导致其他公司也开始模仿苹果公司大力开发触摸屏手机，与此同时，按键式的手机逐渐被市场淘汰。目前，绝大多数的手机以触摸屏为主，这种变化就是在对新产品的示范模仿效应下完成的。

2. 要素流入产生学习效应

学习效应（learning effect）也称作培训效应（training effect），指要素流入给企业的员工带了新的学习机会，即通过学习，员工的能力和素质提高了，进而提高了企业的生产效率。不同规模企业的学习效应不同，小企业由于其结构简单，人员便于管理，能够迅速制定并执行培训计划，学习能力可能更强，大企业的学习转导机制虽然慢，但是大企业有更多的与跨国公司合作的机会，接受培训和学习的机会也更多。另外，不同产权结构的企业学习效应不同，中外合资、合作的企业的溢出效应更明显。尤其在中国，国有企业不是从提高技术和管理水平去寻找企业生存发展之道，而是习惯性地依赖政府来解决企业危机。因此，在制度的保护下，国有企业产生学习和创新的动力弱于中小企业。因此，中国的中外合作企业的学习效应更强一些。

学习效应往往通过调研、培训、学徒制等渠道获得，其中最重要的渠道是公司培训。由于通过培训能产生学习效应，提高生产效率，现在的企业也越来越重视培训，通过培训能够迅速将技能、企业文化、管理方式等传授给员工，并在其所在的部门产生一定的溢出效应。因此，很多跨国公司都将人力资源的储备与开发和对外投资战略相结合，为了使海外投资本土化，跨国公司往往在东道国招收员工并对其进行相关培训，对于有发展潜力的员工还可能进行进一步的培训提拔。例如，三星公司为了培训优秀员工，制定了优秀员工海外培训计划，向员工宣传企业文化，提高归属感和忠诚度，并向员工培训新产品的前沿技术，以提高他们的工作能力。另一通信巨头摩托罗拉也非常重视对员工的培训，该公司规定每人每年必须有不少于40个小时的培训，每年都选派数百名中国的员工到其美国总部去参加技术会议、工程师设计会议以及技术培训等。为此，摩托罗拉还成立一个专门的培训部门——摩托罗拉大学，摩托罗拉产品的高品质和企业的高竞争力与其优秀的培训体系不无关系。因此，跨国公司进入东道国能够依靠其丰富的管理经验和先进的技术体系对东道国子公司的员工培训提高他们的工作技能，即对该产业的升级产生了学习效应。

5.2.2　要素流动下的微观溢出渠道

在经济全球化背景下跨国公司成为世界经济的微观主体，要素流动加剧，企业通过示范模仿效应和学习效应产生一系列的溢出，而这些溢出是通过生产要素流动而引起和完成的。新流入的高端劳动力、资本、技术和品牌等生产要素被应用于相关产业从而产生了溢出。

1. *劳动力*

劳动力是基本的生产要素之一，在生产中占有重要地位，虽然随着科技的发展，劳动力出现了新的变化和形势，但是在诸多领域尤其是服务业中，“人”这一要素仍然不可或缺。劳动力参与生产付出的是劳动，因此劳动力的差异集中体现在他们的劳动生产率上。劳动力的国际流动产生的溢出主要通过学习效应来实现，跨国公司往往比东道国劳动力有更高的生产效率。如图5.2所示，1978年改革开放以来，中国制造业的劳动生产率累计增长了近8倍，尤其是20世纪90年代初改革开放深化，大批外商投资涌入中国的制造业，制造业的劳动生产率呈 J 型曲线上升。跨国公司的进入与中国制造业劳动生产率的提升在同一时期进行，同时从 1990 年起中国的移民输出数量也大幅提升，根据世界银行数据库的数据，1990 年中国的净移民输出 23.63 万人，2012 年净输出 150 万人，移民输出从一个侧面反映了国内经济增长使更多人有能力、有机会到国外寻求发展。另外，在外劳务人员也有了很大的增加，根据中国商务部统计，2002 年在外劳务人员为 49 万人，而 2013 年底增加到了 85.3 万人。劳工流出反映了与国外相比，国内的工资水平还比较低，劳动力到国外能够获得更多的收益，同时通过参与国外投资项目也能产生学习效应。另外，对外劳务输出增多也反映了我国劳动力生产效率的提高。

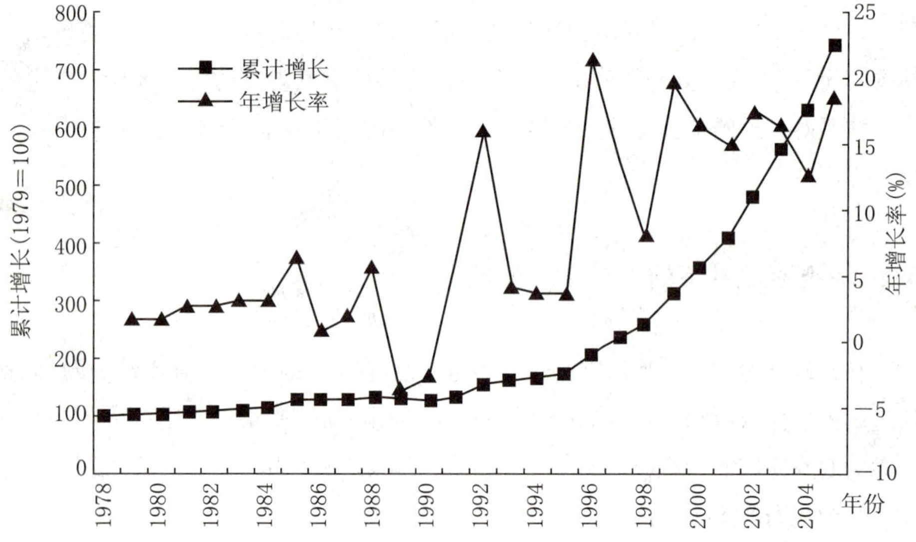

图 5.2　中国制造业劳动生产率增长(1978—2005 年)

另外，随着全球化的发展，不少企业将某些非核心的业务通过服务外包，将业务交给国外专业化的公司生产。服务外包是企业参与全球化的一种形式，通过服务外包，也能产生技术转移和人才的学习效应。从表 5.1 可以看出，从 2010—2012 年中国服务外包就业随着新增企业数量和合同执行金额在不断增加。

表 5.1　中国服务外包就业与合同执行金额

	新增从业人员数/人	新增受训人数/人	新增企业数/家	合同执行金额/亿美元
2010 年	781 045	239 411	3 756	198
2011 年	853 939	161 051	4 233	324
2012 年	1 106 799	263 393	4 220	466

资料来源：Wind 数据库。

2. 资本

经济发展的一个重要表现是资本的多样化。首先，资本的形式增加，出现了更多的机器设备以及新的资本形态；其次，金融的发展使得资本的流动更加便捷，定价更加市场化。资本的逐利性是跨国公司的国际投资迅猛发展的内在动力，对各国的资本形成了较好的示范效应，有利于资本价格在全球范围内的市场化和资源的高效配置。外资的流入无疑会给东道国资本的投资产生一定的示范，在这种示范作用下，与跨国公司生产类似和相关的企业会不断出现。跨国公司投资到中国的制造业同时也带动了中国尤其是沿海城市的私营企业的快速发展。如表 5.2 所示，2002 年起，中国的合作经营企业的 FDI 额不断增加，从 263.83 亿美元增加到 544.14 亿美元，同时私营企业的数量从 62.17 万户增加到 80.74 万户。

表 5.2　合作经营企业 FDI 与内资企业数

年　份	合作经营企业 FDI 额/亿美元	私营企业数量/万户
2002	263.83	62.17
2003	328.72	74.79
2004	402.41	77.88
2005	471.95	86.91
2006	544.14	80.74

资料来源：根据 Wind 数据库整理。

国外资本和中国的企业相结合后激发了合作企业的经营，创造了更多的产品和利润，为国内试图进入该产业的企业家形成了示范效应。在这种示范作用的影响下，新企业不断出现，企业数量呈现增加趋势。

3. 技术

经济发展在一定程度上是由科学技术推动的，科学技术是第一生产力，每一个经济长周期都由技术革命引起。科学技术对生产具有决定性的作用，但同时科学技术的形成时间往往比较长，对新技术的掌握也需要一定的时间。一项新技术的引入、一批高技能工人的加入往往对企业能够产生重要的影响，提升企业的生产效率。然而，如果新技术如果不能很好地与企业的现状相契合，也可能产生负面的溢出。IT 产业是一个技术更新非常快的行业，技术对这些企业通常有决定性的影响。通信业在中国的发展就源自国际产业链的转移，并给中国的通信业带来了技术溢出。20 世纪末通信设备在欧美市场近趋饱和，发展困难而中国则每年呈两位数增长，通信业向中国的转移既带动了全球通信业的发展，也提升了中国的通信技术。一方面，这些跨国公司为节约成本成立了中国的生产基地，比如西门子在上海建立了世界第三大 WCDMA 生产基地，索尼爱立信在北京成立其全球最大手机制造厂，同时这些跨国公司还纷纷将研发机构向中国转移。国外知名的电信运营商进入中国也将技术转移到中国，进而产生溢出效应，带动了中国通信设备、计算机及其他电子设备制造业的快速发展。如图 5.3 所示，1985 年以来，通信设备等制造业的营业收入大幅上涨。

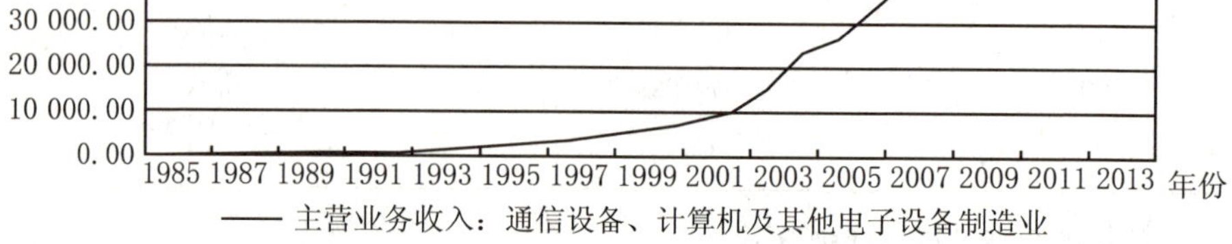

资料来源：Wind 数据库。

图 5.3 通信设备、计算机及其他电子设备制造业主营业务收入

跨国公司通过将国外成熟的技术转移到发展中国家而获得比在发达国家更高

的收益水平。同时对发展中国家的技术进步产生了示范作用，又通过“干中学”等学习效应，发展中国家企业的技术水平也得到了提高。

4. 品牌

除了技术因素，也有不少企业依靠品牌成为世界级的超级公司，比如可口可乐、麦当劳等。在信息化日益加剧的情况下，品牌对企业的影响越来越大。品牌作为一种高级生产要素，它和技术具有类似的特性，品牌前期需要大量广告投入等，但是成功后将获得丰厚的收益。卢政营(2004)认为品牌消费是一个重要趋势，在品牌消费的影响下品牌也形成了产业链，品牌延伸通过控制效应、增殖效应、优化效应和社会文化效应产生溢出。这些溢出效应使得创品牌成为求生存、谋发展的重要手段。根据王逸凡(2007)的研究，中国的品牌发展从1979—2005年经历了三个历程：1979—1991年是品牌发展的黎明期，1992—2000年是现代品牌的根植意识期；2001—2005品牌产品进入普通家庭；2006年以后，奢侈品品牌受热捧。品牌产生溢出效应的机制也在于其对于无品牌企业的示范作用，国内企业先为跨国公司贴牌生产，在品牌效应的影响下，增强了品牌意识，加大对自身的品牌培育。与此同时，中国本土企业的品牌意识也开始增强，如图5.4的创新产出指数所示，根据国家统计局社科文司的计算，以2005年为基期，2005—2013年每百家企业商标拥有量指数由100提高到了141，提升了40%。但分阶段看，2005—2010年是中国品牌的培育期，2011年其商标拥有率开始大幅提高，溢出效应显现。

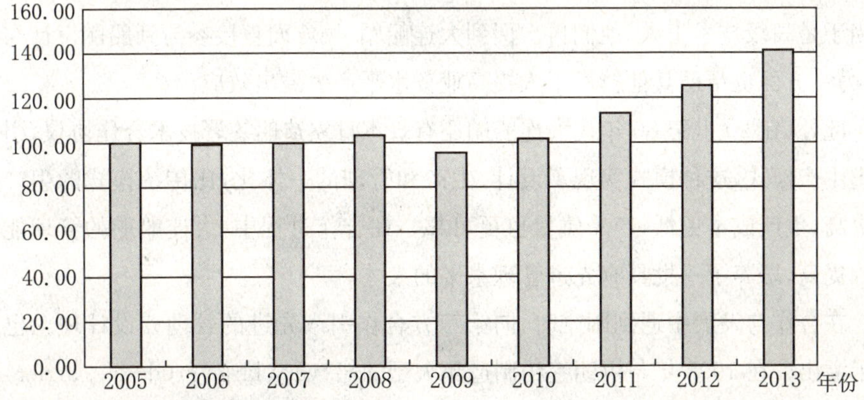

资料来源：国家统计局数据库。

图5.4　创新产出指数：每百家企业商标拥有量指数

5.2.3 案例分析

1. 大连船舶

中国的造船业在改革开放后也迎来了技术上的飞越，在全球的排名从 1982 年的第 17 名上升到 1994 年的第 3 名，2010 年在船舶订单量、建造量和未交付订单量的世界市场占有率三大指标上均超过韩国排名全球首位。取得快速发展和开放后引进国外技术密切相关，其中大连船舶重工集团有限公司（下面简称：大连船舶）的发展就是一个典型，它是中国首家跻身全球造船企业前五强的世界著名造船企业，被誉为“中国造船业的旗舰”。改革开放前，大连船舶是原苏联的援华项目之一，引进吸收了原苏联的设计和工艺，是我国最大的船舶制造企业。进入 20 世纪 80 年代，大连船舶又通过引进日本、韩国和欧洲的技术，吸收、转化，并迅速提高了技术水平和市场占有率。

通过与国外技术先进公司合作，引进国外的高级技术和人才，并使本企业员工模仿、学习等产生溢出效应是大连船舶取得技术进步的重要渠道。1984 年的大连船舶制造的 11.5 万吨穿梭油船就是与挪威的克纳森公司合作生产的，该合作由克纳森公司提供设计，克纳森的技术流入大连船舶，大连船舶的技术人员和工人在生产制造过程中通过“干中学”提高了对大型油船的设计和生产工艺。另外，大连船舶还派遣技术人员到挪威学习，学成回国后投入新船舶的制造中，这些回国人员也相当于是高级技术工人，他们再次回到大连船舶，一方面直接参与到船舶设计与制造，另一方面也帮助其他技术工人提高业务水平产生溢出效应。

此外，在 20 世纪 80 年代大连船舶还有日本日立造船签署技术合作协议，引进先进生产模式，这种模式实现了设计、生产和管理的一体化，比传统模式的生产效率更高，生产成本更低，产品质量也更可靠。在合作过程中，大连船舶的管理能力大幅提高，培养了一批具有先进管理水平的人才。

在合作与发展中遇到困难时，向第三方合作引入先进的管理和设计理念也产生了溢出。在 1998 年与伊朗签约制造超大型油船（very large crude oil carrier）的过程中，大连船舶遇到了一系列难题。但是通过与韩国海事技术咨询公司以及挪威船级社的合作，引进了先进的设计理念和设计方法，大连船舶奇迹般地提前完成了订单，打断了日本、韩国和欧洲在超大型油船的垄断。在这次合作中，大连船舶引进国外新技术对企业制造超大型油船产生了显著的溢出效应，其设计和研发能力在短期内大幅提高，2004年，大连船舶完全依靠自主设计、自主制造交付了“新金洋”号超大型油船。大连船舶的引进战略对公司的技术进步有很大的促进，通过对引进要素的吸收，提高了企业的创新和生产能力，很明显地表现出示范模仿效应和学习效应，而这两个方面的溢出是通过技术流入和人才流入实现的。因此，劳动力和技术是大连船舶产生溢出效应的渠道。

2. TCL集团

TCL集团是中国内地知名的家电生产商，其成立于1985年，为合资企业，前身是1981年成立的惠阳地区电子工业公司。TCL集团的发展历程鲜明地表现了资本溢出效应。首先，她从成立之初就是一家合资企业，香港地区的资本和管理对TCL的成长壮大产生了持续的影响。1993年TCL通讯设备股份有限公司在深圳证券交易所上市，成为中国第一家内地通信终端企业上市公司。1996年TCL兼并了香港陆氏公司彩电项目，这是内地首次使用内地品牌兼并港资企业。这次并购对于TCL提升彩电市场占有率具有重要作用，TCL王牌迅速升至全国三强。1999年TCL国际控股有限公司在香港地区上市，募资10.5亿港元，这次上市充实了TCL的资本实力。

TCL集团在技术突破上也曾通过合作引进国外高级生产要素，但与大连船舶不同的是，TCL先引入战略投资者，再用资本购买国外具有先进技术的公司，以此获取高技术，并通过模仿、学习效应推进技术进步。TCL在全球1/3的地区都有销售机构，2002年TCL集团引入了国际战略投资，并收购德国施耐德彩电业务。施耐德公司是德国的三大民族品牌之一，本次收购TCL出资820万欧元，获得了施耐德的销售网络、研发设备以及品牌，并在欧洲建立了生产基地。施耐德公司的高端生产要素也从德国流入中国，通过溢出效应促进了TCL研发能力的提升和品牌知名度的提高。2003年5月，TCL通过资本运作方式收购美国Go Video公司，2004年并购法国的彩电巨头汤姆逊公司和知名手机企业阿尔法特，但是遗憾的是后两者都没有取得应有的效果。与并购施耐德公司相比，TCL在2004年大跃进式的发展告诫我们，通过要素流入吸引国外高级要素也需要与企业自身现状紧密结合。巨额的并购资本并没有带来期望的收益，2005年，2006年TCL的业绩大幅下滑连年出现亏损，2007年才扭亏为赢。如图5.5所示，TCL集团的净利润与营业总收入比率变化可以看出，2005年和2006年TCL的利润出现了显著下滑，直到2007年才逐渐好转。目前，基于前期资本投入的溢出效应，TCL的盈利能力有所回升，但是并没有实现快速高增长。

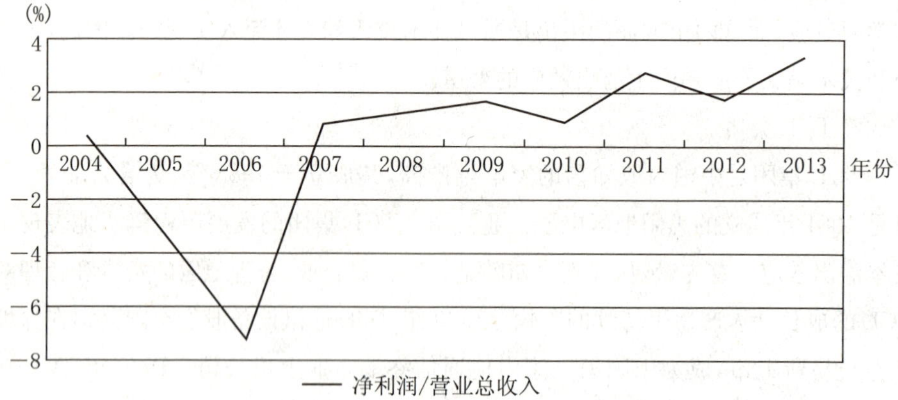

资料来源：Wind数据库。

图5.5　TCL净利润与营业总收入比率

TCL集团的要素引进战略失败一方面源于市场环境的变化，另一方面则在于跨国并购战略的失误：仅注重大规模扩张而忽视了要素流入对企业的溢出作用。汤姆逊和阿尔法特都是全球知名公司，有着深厚的研发基础和文化底蕴，但是TCL并没有有效吸收，而是照搬国内模式。在企业管理、运营决策以及销售方式上的整合困难，阻断了示范模仿效应和学习效应，不但没有带来技术进步，反而拖累了公司发展。

5.3　要素流动下溢出效应的中观机理

5.3.1　溢出效应路径的中观机理

在要素流动视角下除了从企业层面能够通过示范模仿和学习产生溢出效应促

进产业升级外，在中观的产业层次上即企业群与企业群之间也能够产生溢出效应。产业层次上的溢出主要是通过产业间的关联性和产业内的竞争实现的。

1. 要素流入增强产业关联效应

关联效应（linkage effect）是指由于跨国公司进入东道国的某一产业，它在推动本产业发展的同时，也会由于生产或销售的需要对其他产业产生影响。关联效应一般包括前向关联、后向关联和旁侧关联。要素流动下，在产业层次上，跨国公司进入东道国的某一产业通常对东道国的产业产生前向关联与后向关联。如图5.6所示，跨国公司进入产业O，其中产业A为产业O提供原材料、中间品，如果产业O扩张或者收缩并带动A产业的扩张或收缩就是后向关联；同时，产业O为行业B提供原材料、中间品，如果产业O的变动影响到了B产业就是前向关联。从产业链角度看A-O-B共同构成了一个产业链条，因此关联效应也称为链接效应。

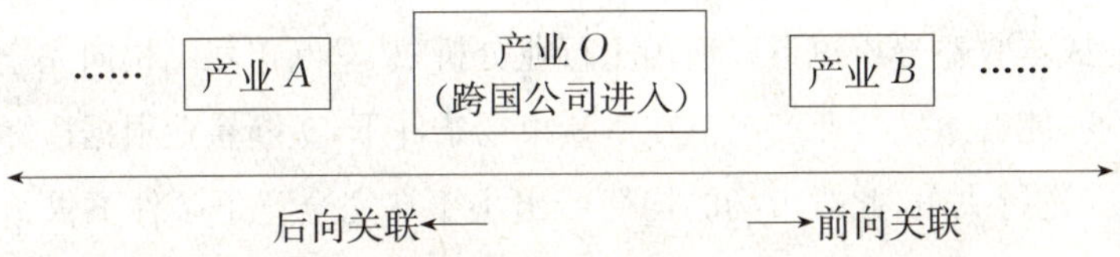

图5.6　产业关联效应

比如进入建筑产业的跨国公司就将会对其上游供应原材料的钢铁产业、水泥产业产生后向的关联效应，对其下游的房地产业、装饰业等产生前向的关联效应。Kotabe和Omura（1989）研究发现进入美国制造业的跨国公司通过在美国采购零部件进而对美国的制造业产生了正面的影响。实际上，跨国公司在制造业内产生了后向关系效应。Rodriguez-Clare（1996）认为中间品的增加有利于东道国生产效率的提高，当中间品的数目达到一定数量时则可以生产更复杂的专业化产品。在此基础上进一步提出关联系数，指由于跨国公司的进入引起的上游行业的劳动力变化量与跨国公司雇用的劳动数量之比，比值越大说明关联度越高。Javorcik（2004）分析了立陶宛内资企业在外资进入后的生产率变化情况，得出外商进入后与国内企业合资对产业发展产生了显著的后向关联效应，但是水平关联和前向关联并不显著。

2. 要素流入提升产业竞争效应

竞争效应(competition effect)是指由于跨国公司进入某一产业导致产业内竞争加剧而产生的溢出。竞争效应主要包括两个方面:一是跨国公司进入后,引进了新技术、新产品这些竞争优势会迫使本地企业加大研发进而促进本产业的竞争,提升了产业的生产效率。该升级表现为由众多企业构成的产业生产函数的变化,比如由 $Y=F_1(X)$ 变为 $Y=F_2(X)$,后者的生产效率高于前者。这里的竞争效应和示范模仿效应的差别在于,后者通过要素流入带来了某一企业内部生产效率的提升,而竞争效应是由于要素流入产生的产业内的大量的研发竞争,从而带动整个产业的技术进步。二是跨国公司可能打破东道国企业的垄断,原来本地的垄断产业变成了竞争产业,竞争加剧提高了生产效率。这两个效应实质是由要素流入带动一批企业发展后在整个产业内带来竞争效应,使市场结构从垄断向竞争转变,加剧了原有的竞争状态,市场结构的转变产生的溢出效应有利于提高产业竞争力。微观经济学理论也阐释了市场结构的变化对经济的影响,假设市场由同质的企业构成,则企业成本收益分析也可以适用于行业分析,从垄断市场结构向完全竞争市场结构的转变,能够激发行业产出。在垄断市场条件下,垄断企业根据边际收益等于边际成本来进行决策,此时市场的均衡产出小于在完全竞争条件下供给与需求相等处的产出。因此,市场结构的转变导致产业产能的扩张,对于整体产业而言产业出现了升级。

综上,要素流动是伴随着跨国公司的国际直接投资而完成的,跨国公司的全球投资带来要素流动在产业层面的冲击是通过企业实现的,这些企业群层次上的变化就产生了产业上的溢出效应,而这种溢出主要通过产业间关联效应和产业内竞争效应构成。

5.3.2 不同产业的溢出效应对比

1. 制造业

1978 年改革开放后,对中国经济的快速发展做出最大贡献的当属制造业,“中国制造”风靡全球。中国的廉价劳动力成为吸引跨国公司来华建厂的巨大吸引力,而劳动密集型的制造业成为吸引外资最多的产业,通常占到了实际利用外资总额的1/3以上。截至2013年，中国制造业签订外商直接投资的项目数占总签订项目数的28.6%，制造业实际利用外商直接投资金额占总投资金额的38.7%。制造业内又存在诸多的细分产业，包括纺织业、制鞋业、家具制造业、造纸业、印刷业、通用设备制造业、计算机、通信和其他电子制造业等。跨国公司进入制造业能通过关联效应、竞争效应等产生一系列的溢出，刺激制造业产出的快速增长。研究表明，除个别细分行业之外，外资直接投资的进入总体上对制造业具有促进竞争的作用，制造业的外资进入与市场势力之间存在U型关系，即外资进入初期有利于促进竞争但达到一定程度后反而会阻碍竞争。制造业对于中国的经济发展具有重要意义，走向工业化的道路与制造业的发展有很大的关联，溢出效应也为发展理论提供了佐证。

制造业在中国也取得了空前的发展，作为世界最大的制造国，中国制造业的附加值达到2.2万亿美元。前瞻产业研究院发布的《2013—2017年中国制造业SCM市场前瞻与投资机会分析报告》指出过去30年，制造业规模增长了18倍。比如，全球80%的空调、90%的个人计算机、75%的太阳能电池板、70%的手机和63%的鞋子产自中国。制造业在中国GDP的比重高达40%，并且直接为1.3亿人提供了工作岗位，这个数字在过去数十年一直保持相对平稳。外资对于制造业的发展有很强的刺激作用，是外资带动了中国制造业的发展。如图5.7可以看出中国的出口增速与制造业利用外资的比重大体呈同步变化，出口增长速度放缓程度比制造业利用外资比例稍小，说明外资在制造业中的一次效应即存在效应比较明显，但是二次效应中的溢出效应不是非常明显。

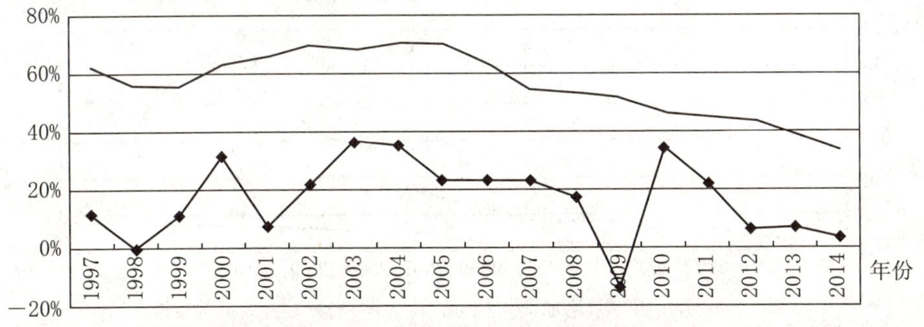

资料来源：国家统计局数据库整理。

图5.7 制造业外资占比与出口贸易增速对比

2. 汽车业

汽车业是一个产业关联度很高的产业，也一直是主要发达国家的支撑产业，美国、德国、日本等国的汽车业都有各自的跨国公司，其为母国经济发展贡献了巨大的作用。汽车的生产和制造要与众多的材料、工序、技术、信息等相结合，因此，汽车业可以说是世界上关联最复杂的产业。汽车业从上游需要钢铁、橡胶、玻璃、有色金属等原材料，需要焊、冲压、铸、热等相关加工设备以及配套的机械、电子、化工、建材、石油等行业，它们和汽车业构成了后向关联；同时，汽车业还与汽车及零配件的销售、金融、报销、租赁等服务业以及交通运输业有前向关联。有研究认为，一个以汽车业主导的产业链波及 34 个行业，波及效果达 3—5 倍。

汽车业在中国虽然重要，但没有发展到发达国家这样的水平和程度，在全球化的浪潮中，中国的汽车业也深受跨国公司的影响，跨国公司的进入加速了中国汽车业的发展。2002 年中国的汽车业实施了大规模兼并重组，众多知名跨国公司进入了中国市场。中国的三大汽车集团都不约而同地引入了外资，长春一汽集团与德国大众、日本丰田进行了合资；上海上汽集团和德国大众、美国通用进行了合资；湖北东风集团与标致雪铁龙、雷诺日产进行了合资。除了整车制造的合作，伊顿、米其林、博世等零配件跨国公司也大量进入中国，世界著名的汽车跨国公司几乎都在中国成立了独资或合资企业。

商品贸易是生产要素的间接流动，进口即代表着间接要素流入，通过进口某一产品然后通过吸收、学习也能产业溢出效应，提高要素生产效率。下图 5.8 显示了

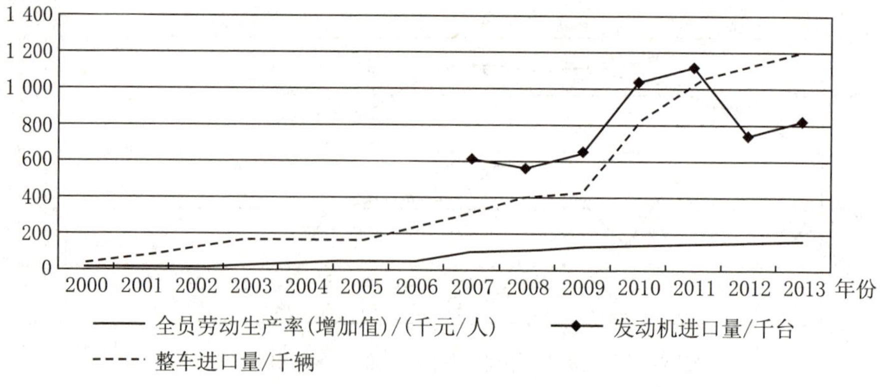

资料来源：Wind 数据库整理。

图 5.8 汽车业的进口与劳动生产率对比

从2000—2008年中国汽车整车以及发动机进口与汽车业劳动生产率，通过对比可以发现，整车和发动机的进口数量在该阶段大幅上升，但全球劳动生产率的增长幅度明显落后于进口的增长，说明进口产生的溢出效应较弱。另外，对三者的增长速度进行对比也发现了相似的变化。

在跨国公司进入的背景下，中国的汽车业并没有形成优势产业，但是依靠汽车产业的快速发展并带动了相关产业的发展，促进了中国经济增长。根据统计局数据，2003年中国的汽车总产量是444.39万辆，2009年突破1 000万辆达到了1 379.53万辆，2013年突破2 000万辆达到2 211.70万辆。同期，汽车业企业数量也发生了巨大变化：2003年全国共有5 063家汽车制造企业，2009年增长到12 398家，金融危机后稍有减少，2013年又达到了11 599家。

3. 金融业

经济发展阶段的转变在于产业结构的升级，从第一产业为主向第二产业主导的转变是工业化，从第二产业为主向第三产业主导的产业结构升级是现代化。而在第三产业中，金融占有举足轻重的地位，金融业在英国、美国经济中比例都较高，国际金融中心目前也都在发达国家的城市，比如伦敦、纽约、东京等。同时，金融业也是最为重要的服务业，一般包括银行业、保险业、证券业等，它虽是虚拟经济，但为实体经济提供融资和中介等服务并对拉动国内就业具有积极的影响。金融市场起着配置货币的功能，然而，金融业如果发展不合理，也容易产生金融危机甚至危及实体经济，因此发展中国家通常对金融业的开放持有保守态度。中国经济改革开放30多年，然而金融业的开放与其他产业相比仍较封闭，并没有形成比较优势，金融业对GDP的贡献度也明显低于制造业。

如图5.9所示，金融业在中国并没有像美国和英国一样形成支柱产业，从上图的第三产业增加值变化中可以看到2000—2014年，金融业增加值在第三产业总增加值中的比例虽然有所上升，但主要变化在于挤压了交通运输业，而与批发和零售业相比还有一定差距。金融业的增加值虽然增长迅速，但是对国民经济的贡献还不大，对经济的拉动作用还比较弱，2002年金融业对GDP的贡献率是2.76%，2010年为4.47%。

由于中国对跨国公司进入金融业存在限制，所以虽然金融业对其他行业发展有很好的关联效应，但是由于存在准入限制，国内的金融业有一定的垄断性质。外

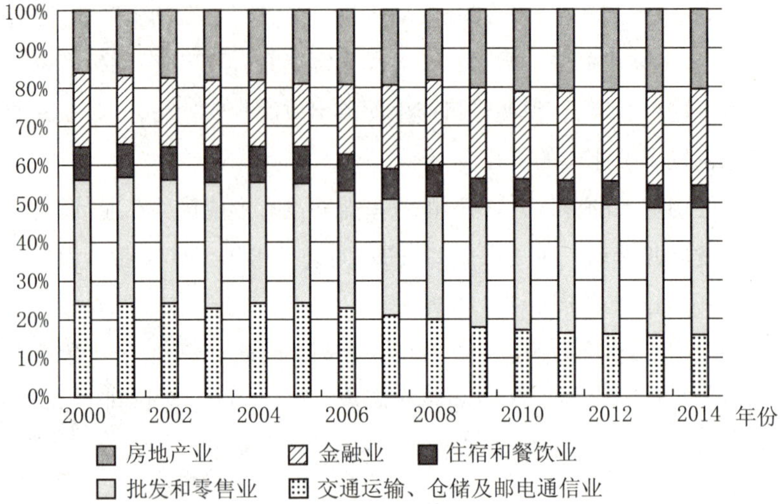

资料来源：Wind 数据库。

图 5.9　第三产业增加值对比

资虽有一定的进入，但其产生的效果并不与其投资相一致，并没有表现出像制造业那样明显的溢出效应。如图 5.10 所示，金融业外资合同项目与金融业增加值明显表现出两个阶段，第一阶段是 2002—2008 年，该时期二者大体呈负向相关，说明外资进入并非产生了溢出，反而挤占了国内金融业的份额。第二阶段是 2009—2011

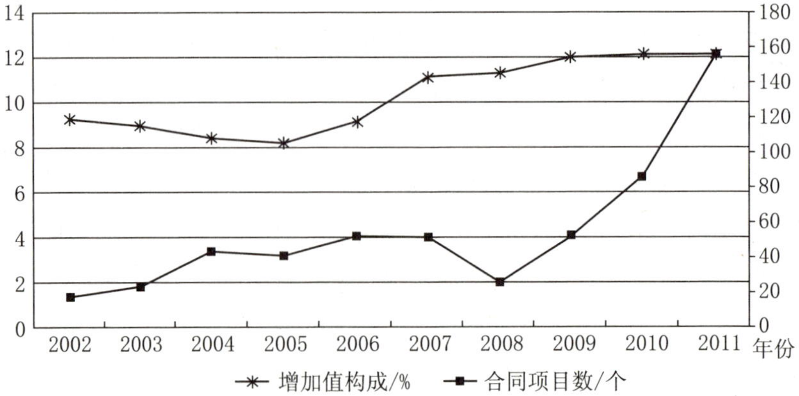

资料来源：Wind 数据库。

图 5.10　金融业外资合同项目数量与增加值变动情况

年，这段时期外资合同项目大幅提高，但金融业增加值增长非常缓慢。考虑到中国金融业的开放程度还不高，对外资的进入还有较多限制，外资与所附带的生产要素并没有深入国内金融产业，因此没有显现出溢出效应。

5.3.3 实证分析——对工业部门的考察

1. 模型的设定与数据说明

通过上面的分析发现生产要素的国际流动能够通过关联效应和竞争效应从产业层面产生溢出效应，溢出效应都表现为生产效率的提高，反映为产出的增加。假定技术可以分解，这里用新古典生产函数，引入关联效应与竞争效应：

$$Y_{it}=A_{it}F(K_{it},\ L_{it})=A_{it}K_{it}^{\alpha}L_{it}^{\beta} \tag{5.1}$$

其中，Y 表示该产业中内资的总产出，A 表示希克斯中性的技术进步，K 表示该产业内资的资本投入，L 表示该业内资的劳动投入，i 和 t 分别代表产业和时间，α 和 β 分别表示劳动和资本的产出弹性。

考虑关联效应和竞争效应，借鉴张海洋和刘海云(2004)的分析框架技术进步可以具体化为 $A_{it}=B_{it}e^{\gamma LE_{it}+\lambda CE_{it}+\delta T}$，其中，$B_{it}e^{\delta T}$ 表示技术的外生进步，B_{it} 恒等于 B 且每年以 δ 增长；LE 表示关联效应；CE 表示竞争效应。那么，生产函数可以写为：

$$Y_{it}=Be^{\gamma LE_{it}+\lambda CE_{it}+\delta T}K_{it}^{\alpha}L_{it}^{\beta} \tag{5.2}$$

两边取自然对数后加上误差项有：

$$\ln Y_{it}=\ln B+\delta T+\gamma LE_{it}+\lambda CE_{it}+\alpha\ln K_{it}+\beta\ln L_{it}+u_{it} \tag{5.3}$$

其中，γ 和 λ 分别反映了关联效应与竞争效应对产出增长的影响。

如果仅考虑关联效应则式(5.3)变为：

$$\ln Y_{it}=\ln B+\delta T+\gamma LE_{it}+\alpha\ln K_{it}+\beta\ln L_{it}+u_{it} \tag{5.4}$$

如果仅考虑竞争效应则式(5.3)变为：

$$\ln Y_{it}=\ln B+\delta T+\lambda CE_{it}+\alpha\ln K_{it}+\beta\ln L_{it}+u_{it} \tag{5.5}$$

数据分别采取以下形式：

借鉴何洁(2000)的分析，Y：工业企业分行业的工业总产值(当年价格)；K：工业企业分行业的总资产(当年价格)；L：用工业企业分行业从业平均人数。

LE：关联效应实际指外资企业进入某行业对上下游行业产生的关联影响，通常用就业人数的变化表示。Rodriguez-Clare(1996)用上游企业劳动力的变化与跨国公司雇用人数的比值表示关联系数。由于在行业层面缺乏外资企业的就业人数数据，本书采取分行业的城镇集体单位就业人数变化与所有单位就业人数的比值表示关联效应，该比值越大说明关联效应越强。

CE：竞争效应内在指本产业的垄断程度，外在表现为外资企业市场份额占有率的多少。这里用固定投资完成额中外商投资以及港澳台投资的年度完成额与内资企业的固定投资完成额的比例表示，该比例越高，表示竞争效应越强。

由于2007年中国的外资政策进行了调整，2007年取消了优惠政策，因此引入虚拟变量 $Open$ 代表开放政策。2007年"三免两减半"优惠政策取消前取"1"，2007年及以后取"0"。工业企业按行业分一共包括了39个行业，剔除没有就业变动的其他采选业，共选取38个行业作为产业划分。同时因为工业行业分类在2002年进行了调整，另外考虑到工业总产值数据截止到2011年，以及其他时间节点的一致性，这里取2004—2011年的年度数据，因此，该面板数据包括了38个截面，8年时间共304个样本。上述数据均来源于Wind数据库。

本书采用面板数据分析式(5.3)至式(5.5)进一步转化为式(5.6)至式(5.8)如下：

$$\ln Y_{it}=\ln B+\delta_t T+\gamma_{it}LE_{it}+\lambda_{it}CE_{it}+\alpha_{it}\ln K_{it}+\beta_{it}\ln L_{it}+\eta_t Open_t+u_{it} \tag{5.6}$$

$$\ln Y_{it}=\ln B+\delta_t T+\gamma_{it}LE_{it}+\alpha_{it}\ln K_{it}+\beta_{it}\ln L_{it}+\eta_t Open_t+u_{it} \tag{5.7}$$

$$\ln Y_{it}=\ln B+\delta_t T+\lambda_{it}CE_{it}+\alpha_{it}\ln K_{it}+\beta_{it}\ln L_{it}+\eta_t Open_t+u_{it} \tag{5.8}$$

2. 实证结果分析

(1) 面板数据的描述性统计。

首先对数据进行了量纲的调整，工业总产值 Y 和资产总额 K 单位都取亿元，劳动力人数 L 取万人。竞争效应变量 CE 和关联效应变量 LE 均为比值，前者在 0—3 之间，后者在 0—1.2 之间。用 Stata11.0 软件进行统计分析，其变量描述如表 5.3 所示：(1) Ln y 的最小值为 5.562 68，最大值为 11.067 69，标准差 1.158 628，均值为 8.848 187，说明不同产业的工业总产值存在差异，将其作为因变量是合适的。(2) ln k 的最小值为 4.682 779，最大值为 11.336 43，说明不同产业的资产总值差异较大，并存在波动性；Ln l 的最小值为 1.383 791，最大值为 6.708 67；CE 的最小值为 0.000 6，最大值为 2.662 2，均值为 0.208 855 6；LE 的最小值等于 0，最大值为 1.2，均值为 0.096 018 1 这些变量在取值上都有差异，适合作为解释变量进行分析。

表 5.3　变量的描述性统计

变　量	样本	均　值	标准差	最小值	最大值
Ln y	304	8.848 187	1.158 628	5.562 68	11.067 69
Ln k	304	8.688 23	1.152 332	4.682 779	11.336 43
Ln l	304	4.939 976	1.040 945	1.383 791	6.708 67
CE	304	0.208 855 6	0.293 734 4	0.000 6	2.662 2
LE	304	0.096 018 1	0.103 798 6	0.000 0	1.2
Open	304	0.5	0.500 824 4	0.000 0	1.000 0

(2) 实证结果分析。

对式(5.6)即假设同时存在溢出效应与关联效应做面板数据回归，由于面板数据模型存在混合效应、固定效应和随机效应三种，因此首先要进行判断。第一步，判断是否选择混合效应。首先，通过将固定效应与混合效应进行对比，F 检验的 P 值等于 0.000 0 固定效应优于混合回归，进而通过 LSDV 法，绝大多数虚拟变量显著($P=0$)，因此拒绝混合效应；然后将随机效应和混合效应进行比较，拒绝选择混合效应模型，通过 Breusch-Pagan 检验认为随机效应模型优于混合 OLS 估计。第二步，通过 Hausman 检验以确定在固定效应模型和随机效应模型之间采用那一种合适的模型，由于 Hausman 检验接受了原假设，因此选择随机效应模型。对式(5.6)的检验结果见表 5.4。

表 5.4 竞争、关联效应联立的检验结果

	系 数	标准差	t 值	显著性
ln k	0.670 867	0.049 516 4	14.46	0.000
Ln l	0.307 816 8	0.059 039 8	5.21	0.000
T	0.076 976 9	0.008 478 6	9.08	0.000
LE	0.313 179 8	0.101 856 7	3.07	0.002
CE	0.192 980 7	0.041 069 6	4.70	0.000
$Open$	0.030 789 6	0.020 896 8	1.47	0.141
常数项	0.675 337 5	0.293 176	2.30	0.021
R^2		0.903 7		
Wald 统计量		9 294.53 $p = 0.000\ 0$		
样本数	304	304	304	304

结果可以看出,(1)关联效应 LE 和竞争效应 CE 都是显著的,并且其系数均显著为正,说明在中国工业的升级中存在关联效应和溢出效应,这两个效应都促进了相关产业的发展。关联效应 LE 的系数为 0.313 179 8,竞争效应 CE 的系数为 0.192 980 7,说明由于外资流入并带动相关高级生产要素流入中国,通过关联效应和竞争效应促进了产业升级,由就业人员波动代表的关联效应和由外资占比代表的竞争效应都显著为正,表明外资流入通过刺激就业人员的流动产生了正向的关联效应并激发了产业经济,其中关联效应对产业升级的作用强于竞争效应。(2)资本 ln k 和劳动力 ln l 的系数显著为正,资本是对产出增长贡献最大的因素,这也符合我国产业发展的现状,仍然属于资本推动性的发展。(3)时间推移下外生的技术进步系数显著为 0.076 976 9,说明自然的技术进步效率比较缓慢。(4)优惠政策对于产出增长的影响不显著,这表明中国产业发展的决定性因素并不是优惠政策,其间接反映了全球化经济下跨国公司到中国的投资并不是为了获得优惠政策而是需要国外高级要素与中国廉价要素相结合,获取更高的要素收益。

同理,对式(5.7)、式(5.8)进行分析,即单独考察关联效应与竞争效应的影响。根据 Hausman 检验式(5.7)和式(5.8)均接受了原假设,因此采取随机效应模型,其结果合并入表 5.5。

表 5.5　关联效应、学习效应单独存在的检验结果

系　数	模型 5.7(关联效应)	模型 5.8(竞争效应)	稳健性检验
Ln *k*	0.797 163 2*** (16.74)	0.694 993 3*** (14.05)	0.703 365 6*** (13.29)
Ln *l*	0.206 154 1*** (3.67)	0.268 331 9*** (4.64)	0.325 556 6*** (5.23)
T	0.059 175 7*** (7.58)	0.075 451 2*** (8.82)	0.078 406 5*** (8.80)
LE	0.279 862 4*** (2.66)		0.307 102 1*** (2.94)
CE		0.184 614 6*** (4.44)	0.190 208 7*** (4.52)
Open	0.026 169 7 (1.21)	0.021 483 9 (1.02)	0.036 671* (1.68)
常数项	0.597 606 6** (1.99)	1.095 543*** (4.19)	0.701 478 7*** (2.31)
Prob>chi2	0.000 0	0.000 0	0.000 0
R^2	0.849 9	0.902 8	0.908 7
样本数	304	304	304

注:括号内为 *Z* 统计值,***, **, *分别表示 1%,5%和 10%水平上显著。

通过上表 R^2 可见,式(5.7)与式(5.8)的拟合程度都较好,结果基本符合预期,资本、劳动、关联效应和竞争效应的系数都显著为正值,资本仍然是推动产业增长的最重要的动力。另外,单独存在关联效应时,关联效应的系数显著为 0.279 862 4,说明由外资流入带动相关产业人员流动而产生的关联效应促进了相关产业的产出增长;当假定存在竞争效应时,竞争效应的系数为 0.184 614 6,说明以外资增加对某一产业的投入为代表的竞争效应促进了该产业的产出增长,即推动了产业升级。说明产业升级可以通过关联效应和竞争效应两条路径推动相关产业的升级。

(3) 稳健性检验。

稳健性检验的主要包括换用其他估计方法和采取相似解释变量重新回归两类方法。本节分析了 38 个产业的面板数据,但有些产业比如煤炭开采和选洗业、黑色金属矿采选业、有色金融矿采选业等产业上利用外资额度较小,而有些产业如化学原料及化学制品制造业、非金属矿物制品业等利用外资额度较大,因此剔除部分产业后再次进行回归发现,各个解释变量的显著性没有变化,ln *k*、ln *l*、*T*、*CE*、*LE* 的系数均在 1%的水平上显著,代表开放优惠政策的变量 *Open* 在 5%的水平上仍然不显著。

5.4 要素流动视角下溢出效应的宏观机理

要素流动的历史背景是经济的全球化，各国的经济发展都离不开全球化。从宏观层面，生产要素从国外流入也通过溢出效应影响了产业升级，形成了宏观上升级路径，这种溢出外在表现为产业结构优化导致对整体产业发展的引领作用。中国从 1993 年成为发展中国家中吸引外资最多的国家，2002 年超过美国成为全球吸引外资最多的国家，在外资带动其他生产要素流入中国的同时，中国的产业结构也发生了变化。

5.4.1 溢出效应路径的宏观机理

生产要素是企业进行生产的基础，要素流动从根本上影响了企业的生产并带来微观层面的溢出效应，企业效益的变化带动整个产业的竞争和产业间的关联效应，促进产业生产效率的提升。不适应国家综合要素结构的产业将由于效率低下而被高效率的产业淘汰，产业结构优化不但推动了经济增长，还改善了经济发展质量。因此，从宏观层面要素流入带来的溢出效应集中表现为产业结构优化带来的一系列正面影响。

要素流动下溢出效应的内在逻辑仍然是企业生产效率的提高，这种效率提高在国家层面上表现为产业结构的变迁。因为企业为了追逐更高的收益不断引进高级要素从而产生更大的溢出效应，并改变了企业的要素密集度，推动了企业转型，最终表现为产业结构优化。它可能是由于要素引进带来溢出效应的积累改变了企业的密集形态，比如从劳动密集型向技术密集型变迁，也可能是由于模仿其他企业的新产品或者新技术改变本企业的要素密集度。同时，在盈利的示范作用下还可能刺激其他产业的企业向该产业的转移，因此，该要素密集型产业开始发展并成熟。从宏观层面即表现为一国从第一产业主导向第二产业主导，再到第三产业主导的结构变迁。当然，这一切的传递成功都必须要求要素是能够自由流动的，即要有自由化的市场制度作为保障，否则将可能出现扭曲，并将产业结构变迁引上错误的道路。

而宏观溢出效应的机理如图5.11所示，它是在图5.1的基础上，将从微观到中观再到宏观相结合起来。产业结构优化将对国内产业的发展产生指引作用，企业收益与产业结构形成正向推动。产业结构优化为企业发展提供了良好环境，产生溢出效应。

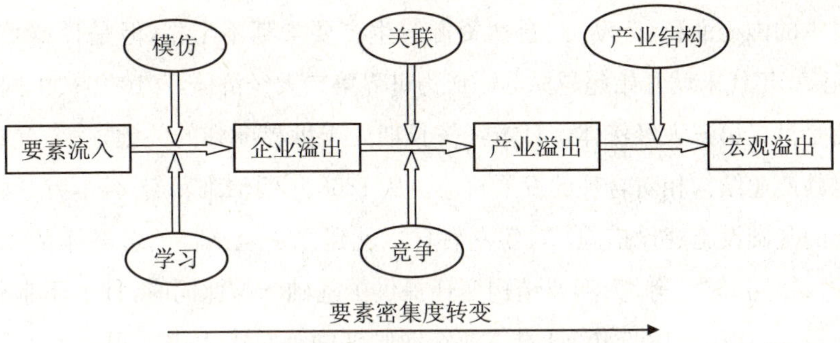

图5.11 要素流动视角下宏观溢出机理

从表5.6可以看到，中国的三次产业构成也与三次产业的劳动生产率大致呈同向变化，在1985—2001年期间，第二产业在三次产业构成中占主导地位，而与此同时第二产业的劳动生产率也在全要素生产率中占大部分，这说明产业结构的变迁内在与劳动生产率的变化相一致。中国在这一阶段的经济发展中，第二产业的效率相对第一、第三产业更高，因此这种变化最终共同推动了全要素生产率的提高，其内在也受溢出效应的影响。

表5.6 中国的三次产业构成与劳动生产率占比

年份	三次产业产值构成%			全社会劳动生产率构成%		
	第一产业	第二产业	第三产业	第一产业	第二产业	第三产业
1985年	28.00	43.00	29.00	10.77	48.9	40.33
1990年	27.00	42.00	31.00	11.0	48.0	41.0
1995年	20.00	49.00	31.00	10.5	56.5	33.0
1996年	20.00	50.00	30.00	10.9	56.8	32.3
1998年	18.00	49.00	33.00	10.15	57.09	32.76
2000年	16.00	50.00	33.00	8.67	59.15	32.18
2001年	15.00	51.00	34.00	7.99	60.17	31.84

资料来源：杨建文等：《产业经济学》，学林出版社2004年版，第169—171页。

5.4.2 国外产业结构变迁

1. 日本的产业结构变迁

日本的国土面积、劳动力、自然资源等生产要素都不丰裕，但是日本 GDP 从 20 世纪 70 年代末就开始超越原苏联成为世界第二大经济体，2010 年被中国超越，但仍然是世界第三大经济体。日本经济长期处于世界前列的关键，一个重要的因素即是其产业结构相对合理的发展轨迹。从 1868 年明治维新起，日本就开始实施一系列的基础设施建设措施，20 年左右日本就建立了全国性的金融体系、邮电系统、公路、铁路、航空等，为产业结构变迁提供了基础。与此同时，日本还非常重视技术和教育，1870—1885 年，日本工业企业聘请的外籍工人占工程技术人员总数的 40%，随进口机器而流入的外国雇员的工资平均占通产省年度支出的 42%。进入 20 世纪，日本在继续发展交通等基础产业的同时大力发展银行、证券等金融业。二战后，日本产业结构从交通向传统服务业、信息产业转型升级。日本的产业结构变迁大致如表 5.7 所示。在 19 世纪后 20—30 年的基础设施积累之上，20 世纪起

表 5.7 日本三次产业的产值与就业比重变化

年份	第一产业		第二产业		第三产业	
	产值(%)	就业(%)	产值(%)	就业(%)	产值(%)	就业(%)
1885 年	45.0	70.1	15.0	—	40.0	29.9
1895 年	43.0	65.3	18.0	—	39.0	34.7
1905 年	33.0	69.5	21.0	15.5	46.0	15.0
1915 年	27.0	62.5	33.0	19.5	40.0	18.0
1925 年	28.0	52.4	28.0	23.6	44.0	24.0
1935 年	19.0	48.7	36.0	23.0	45.0	18.0
1947 年	36.0	54.2	28.0	22.6	36.0	23.3
1955 年	24.0	41.0	28.0	23.5	48.0	35.5
1965 年	13.0	24.6	35.0	32.0	52.0	43.4
1975 年	7.0	13.8	36.0	34.1	57.0	52.1

注：因统计口径不同，仅为了大致说明趋势而列表。

资料来源：李江帆：《中国第三次产业发展研究》，人民出版社 2005 年版，第 348 页。

日本的第二、第三产业的比重开始上升，尤其是第二产业比重大幅提高，二战以后在信息产业的带动下，第三产业开始快速发展。因此，日本的产业结构有清晰的从第一产业向第二产业再向第三产业主导的轨迹。

对比2000—2012年日本三次产业的发展特征，也可以明显看出服务业占主导，如图5.12所示，从2000年开始日本的农业增加值占GDP的比重一直在1.5%以下，工业增加值的占比也从31%下降到25%，而同期服务业增加值占GDP的比重则从67%上升到73%。日本的产业结构从2000—2012年仍然表现为从第一二产业向第三产业转移的特征。对比表5.7我们可以发现，这种变化特征是一个长期趋势。

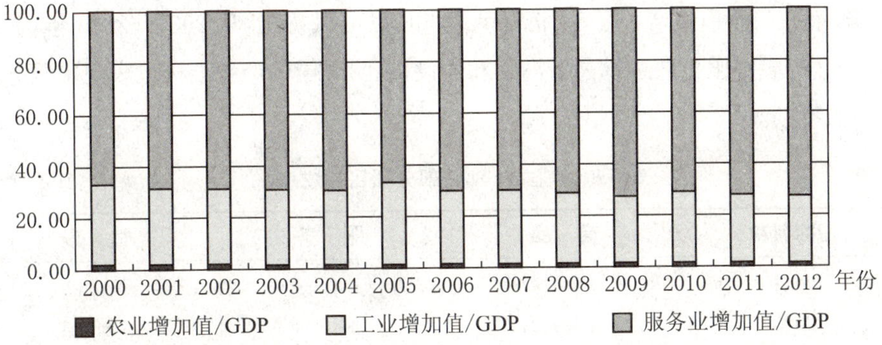

资料来源：Wind数据库。

图5.12 日本三次产业增加值分别占GDP的比重

2. 美国产业结构变迁

美国作为世界最大的经济体，其经济发展往往也引领着世界经济的趋势。美国的产业结构自然也与世界历次的科技革命紧密相连。美国经济的现代化开始于18世纪末，比英国晚了30年，但是美国在积极引进技术的同时大力开展发明创造，在这一时期形成了机械化，农业机械化大力推动了棉花和小麦的种植。第二次工业革命期间，美国的铁路和汽车工业作为主导产业带动了工业化的大发展，煤炭、钢铁、蒸汽机等重工业以及造纸、纺织、印刷等轻工业都处于世界领先水平。第三次工业革命期间，以计算机、互联网为主体的革命将产业从资本密集型推向了技术密集型、知识密集型。新业态的出现导致生产性服务业比重增加，服务业在美国经济中的地位越来越重要。到 20 世纪 80 年代中期,美国服务业在总产值占比和从业人数都超过了 70%。

美国的产业结构同样也验证了配第一克拉克定律,1947 年美国的三次产业产值比例约为 10∶30∶60,此后第一产业占比逐步下滑,到 1991 年降低到 3%以下并持续在这个水平以下。而第二产业在 20 世纪 50 及 60 年代从 30%上升到 35%,其中制造业占到了 GDP 的 1/4,从 1970 年起第二产业开始下降,进入 21 世纪降到了 20%左右。与此同时,第三产业的比重在快速提升,1957 年、1985 年、2009 年分别超过了 60%、70%、80%。在产业结构变迁的过程中,美国的劳动生产率也出现了增长。根据乔晓楠和张欣(2012)的计算,1947—1965 年美国的三次产业劳动生产率基本持平,1965—2010 年有大幅提高,其中第三产业最慢增长了 10 倍,第一产业最快增长了 13 倍。从表 5.8 也可以看出,从 2001—2013 年,美国的 GDP 构成中服务业远远高于商品和建设,表明美国的产业结构也表现出服务占比高的特点。

表 5.8 美国的 GDP 部分项目构成(现价) 单位:10 亿美元

指标名称	商 品	服 务	建 设
2001	3 394.9	6 189.6	1 040.7
2002	3 427.2	6 498.6	1 054.4
2003	3 522.0	6 851.2	1 139.0
2004	3 711.1	7 287.7	1 278.2
2005	3 891.3	7 765.3	1 438.9
2006	4 109.0	8 237.5	1 511.4
2007	4 294.3	8 717.7	1 468.3
2008	4 217.1	9 133.9	1 369.2
2009	4 059.9	9 217.0	1 141.1
2010	4 397.3	9 519.2	1 047.9
2011	4 636.1	9 821.6	1 060.3
2012	4 897.2	10 101.6	1 164.4
2013	5 114.8	10 412.0	1 241.3

资料来源:根据 Wind 数据库整理。

3. 韩国的产业结构变迁

韩国和日本在要素禀赋上比较相似,也是国土面积小、资源匮乏、人口密度大的国家，但是韩国的快速发展又与中国经济发展历程有相似之处。韩国的产业结构在政府政策的推动下实现了升级，推动了韩国从劳动、资本密集型产业向技术和知识密集型产业的转化。20世纪60年代的“出口导向”战略，20世纪70年代的“重化工业化”战略产业结构依次从制造业为主向重工业为主变化。20世纪80年代又提出“产业结构高度化”的政策目标，韩国的产业结构在第二产业占比基本不变的情况下，实现了第一产业占比下降，第三产业占比上升，如表5.9所示。韩国产业结构与其他国家的变化不同的地方在于其第二产业并没有在产业结构变迁中发生重大变化，一个重要的原因可能就是韩国推出了发展重工业的战略规划。第二产业保持了相对稳定的状态，而造成第一产业向第三产业的转移。

表5.9　韩国三次产业结构变化

	第一产业	第二产业	第三产业
1992年	7.4	43.4	49.1
1993年	6.7	43.5	49.8
1994年	6.5	43.0	50.5
1995年	6.2	43.2	50.6
1996年	6.0	41.3	52.8
1997年	5.4	41.1	53.4
1998年	5.1	40.7	54.2
1999年	5.2	40.2	54.5
2000年	4.9	40.8	54.4
2001年	4.5	39.3	56.3
2002年	4.1	38.4	57.5
2003年	3.8	39.1	57.2
2004年	3.8	40.6	55.6
2005年	3.3	40.4	56.3

转引自李程：《韩国产业结构变迁动因分析》，南开大学经济学院2007年版，第9—11页。
资料来源：http://kossis.nso.go.kr/韩国统计数据局。

如图5.13所示，在韩国产业结构升级的过程中，外商直接投资也在不断增加。韩国的FDI净流入从1992年的7.3亿美元增长到1999年的93亿美元，8年间净流入扩大了12.7倍。与此同时，第三产业占GDP的比重增加了5.4%，是1992—2005年期间增长最快的一个时期。

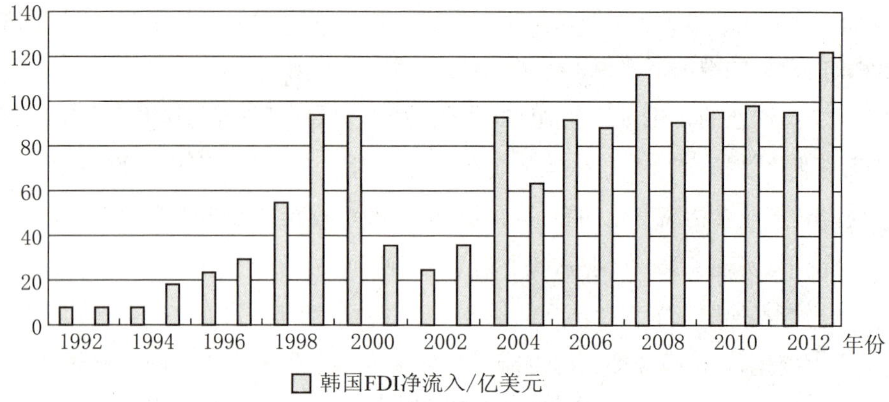

资料来源：世界银行数据库。

图 5.13 韩国 FDI 净流入

5.4.3 实证分析

1. 模型框架

根据宏观溢出原理，要素流动改变了产业结构进而产生了溢出效应。如果要素流入产生了正向的影响，即促进了产业结构的优化，存在溢出效应，反之就是阻碍了产业结构优化，没有溢出效应。因此，根据时间序列数据用协整检验验证解释变量与被解释变量是否存在稳定的关系即可。

协整关系指一组向量 $y_t=(y_{it}, y_{2t}, \cdots, y_{kt})'$ 有 k 个分量，如果满足所有的分量都是同阶单整的 $I(d)$，并且存在一个非零的向量 β 导致 $\beta' y_t \sim I(d-b)$，其中 $d>b>0$，就说 y_t 是协整的，β 为协整向量。对协整的分析有基于回归残差的协整检验和基于回归系数的协整检验两种，一般涉及向量较少时用回归残差分析，比如 DF 检验、ADF 检验等，而对于向量较多时用回归系数检验，比如 JJ 检验。这里我们分析要素流动对中国的产业结构升级的影响，通常情况下生产要素国际流动应该包括劳动力、资本、技术、品牌、销售网络等多种生产要素，但是一方面考虑到数据的可获得性，另一方面考虑到劳动力、技术、品牌等一般都随资本一起流动，所以这里以外商直接投资作为要素流入项的代理变量，考察产业结构优化与要素流入之间是否存在协整关系。产业结构优化用第三产业占总产值的比例来表示，记

作 S，根据刘伟和李绍荣(2002)的研究，中国经济增长从产业结构看主要由第三产业拉动，并且第三产业结构的扩张会降低第一、第二产业结构的经济规模的正效应。要素流动中比较容易测量的是资本流动，这里用 FDI 占固定总投资的比例表示，记做 F，那么分析即变为：

$$S_t = \beta_0 + \beta_1 F_t + u_t \tag{5.9}$$

2. 资料来源与回归分析

资料来源于中国统计局网站 1992—2012 年的年度数据，其中，$F_t = e_t \cdot FDI_t / I_t$，$e_t$ 为年度人民币对美元汇率的年度平均价，FDI_t 为实际利用外商投资额，I_t 表示全社会固定资产投资完成额。由于涉及的变量较少，所以这里用 ADF 检验做协整检验分析。

第一步，通过单位根检验确认时间序列的平稳性。单位根检验发现原序列 S_t 和 F_t 都是非平稳的，一阶差分之后两个序列在 5%的置信水平上都是平稳的，其中 S_t 的 P 值是 0.015 7，F_t 的 P 值是 0.019 1，因此都是 $I(1)$序列。对式(5.9)进行 OLS 回归，回归方程如下：

$$S_t = 0.413\,849 + 0.373\,071 F_t + \hat{u}_t \tag{5.10}$$

$$Se = (0.008\,697)(0.067\,789)$$

$$t = (47.586\,11)(5.503\,377) \quad R^2 = 0.770\,917$$

其中 F_t 的系数为 0.373 071，说明 FDI 占固定投资的比例每增加 1%，对第三产业的产值占 GDP 的构成会增加 0.373 071%，即存在正向的溢出效应。

第二步，对上面的回归结果的残差进行单位根检验。将残差 $\hat{u}_t$ 作为一个新的变量进行单位根检验，结果如表 5.10 所示。

表 5.10　单位根检验

			t 统计量	P 值
	ADF 统计量		−4.511 915	0.000 4
显著性水平	1%	检验临界值	−2.816 740	
	5%		−1.982 344	
	10%		−1.601 144	

残差单位根检验结果显示，残差 $\hat{u}_t$ 在 1%的显著性水平上拒绝存在单位根的原假设，说明其不存在单位根，残差序列是平稳的。也就表明 S_t 和 F_t 之间存在协整关系如式(5.10)所示，协整向量为(1，−0.373 071)。也即验证了溢出效应对中国产业升级宏观层面上的存在性。

另外，为了使分析更加全面，针对美国数据又进行了回归，由于美国移民数据较全并且移民占全部美国人口的比例常年在 1.5%以上，因此在式(5.9)中加入了劳动力变量，即：

$$S_t = \beta_0 + \beta_1 F_t + \beta_2 L_t + u_t \tag{5.11}$$

其中，S_t 为服务业增加值占 GDP 的比重，F_t 为 FDI 占固定投资的比重，L_t 为移民占总人口的比重。所有时间序列均为一阶单整即 $I(1)$，OLS 回归结果为：

$$S_t = 0.766\,585 + 0.324\,412F_t - 1.536\,449L_t + u_t \tag{5.12}$$

回归结构说明资本流入有利于美国服务业的发展，而移民对服务业的发展却是不利的，可能是由于移民到美国的劳动力以低劳动力水平为主，所以不利于服务业的发展。残差序列平稳，如表 5.11 所示，残差序列在 5%的显著性水平是平稳的，即式(5.12)的协整关系存在。

表 5.11　单位根检验

			t 统计量	P 值
	ADF 统计量		−2.691 062	0.015 1
显著性水平	1%	检验临界值	−2.937 216	
	5%		−2.006 292	
	10%		−1.598 068	

本章从微观、中观和宏观三次层次，系统分析了要素流动视角下要素流入对产业升级的溢出效应。中国经济发展正是得益于积极融入全球化，并成为全球吸引外商直接投资最大的国家，要素流入对中国经济的表现最为明显。其中，溢出效应也是要素流入促进产业升级的重要路径，因此，本章的实证分析也主要基于中国产业发展现实。在微观层次上分析要素流动视角下企业通过示范模仿和学习效应实现要素流入的溢出。在中观层次上，由于产业间存在关联和竞争，外资为载体的要

素流入能够通过对产业上下游的关联效应产生溢出，同时要素流入加剧了产业的竞争，也提高了产业的生产效率带来了溢出效应。要素流入的上述影响最终导致一国产业结构的改进，产业结构优化形成良好的外部环境，从宏观层面促进了产业升级。

第6章
要素流动视角下产业升级的规模效应

规模报酬不变是经济学分析中的一个重要假设，指当生产要素的投入同比例增加或减少时，产出也发生相同的变动。然而现实中规模报酬不变的情形并不常见，但规模报酬不变的假设随着经济发展也不断受到质疑。尤其是随着经济全球化的深入，人才流动、绿地投资、跨国并购、技术转移等形式的生产要素国际流动加剧，对传统的生产函数带了冲击，规模报酬递增逐渐成为研究的重点。而这种规模效应也同样反映到产业升级上，由于规模扩张带来生产成本的下降，又进一步刺激生产，进而产生规模效应。要素流动从企业生产函数的规模报酬递增传递到产业层面，推动了产业升级。

6.1 规模效应概述

6.1.1 规模效应的定义

规模报酬又称生产报酬，在微观经济学与宏观经济学中的定义虽有差异，但实质都是指对投入与产出之间关系的一种描述。规模报酬在微观经济学上衡量企业在生产过程投入产出的变化，属于企业的长期性质之一，规模报酬有递增、不变和递减三个类型，当所有的投入品都等比例的增加时，如果产出增加的倍数超过了投入增加倍数就称存在规模报酬递增；如果产出增加的倍数与投入增加倍数相同就是规模报酬不变；如果产出增加的倍数小于投入增加倍数则称作规模报酬递减。

规模效应实际指规模报酬递增的情况，与规模报酬相对应还存在规模经济的概念，规模经济也是从成本的角度进行定义，通常用成本—产出弹性(E_C)来计量。$E_C=(\Delta C/C)/(\Delta Q/Q)=MC/AC$，当$E_C>1$时，规模不经济，当$E_C<1$时，规模经济。规模经济就是通过扩大生产的规模，在降低生产成本的同时提高收益。假设成本函数为$C(q)$，产量为q^*，如果存在一个很小的正数ε，当满足$1<\delta<1+\varepsilon$时，有$C(\delta q^*)<\delta C(q^*)$，则产量$q^*$是规模经济的。可见，规模效应也即规模经济，规模经济与规模报酬递增有相同的含义。

经济增长是宏观经济学理论中重要组成部分，其中索洛增长模型的分析也建立在柯布—道格拉斯生产函数的基础上，即令$Y=AK^{\alpha}L^{1-\alpha}$。其中，资本和劳动的指数和为1即意味着规模报酬不变，资本和劳动同比例增加将带来产出等比例的增加。如果生产函数$Y=AK^{\alpha}L^{\beta}$中，$\alpha+\beta>1$则会出现规模报酬递增。但是，在新增长理论即内生增长模型中，放松了技术外生的假设，规模报酬递增被引入技术进步的分析框架。罗默(P.Romer)的分析模型通过在新古典模型中引入知识，由于知识的可重复性，非排他性为从规模报酬递增的角度提供了研究方法。

例如，当没有资本时，生产函数为：$Y(t)=A(t)(1-a_L)L(t)$。其中，a_L表示投入新知识生产的劳动力，新知识的生产函数为$\dot{A}(t)=B[a_L L(t)]^{\gamma}A(t)^{\theta}$，它的增长率就是技术进步即$g_{\dot{A}}(t)=\dfrac{\mathrm{d}A(t)/\mathrm{d}t}{A(t)}$，技术进步的增长率则为$\dfrac{g_{\dot{A}}(t)}{g_A(t)}=\gamma n+(\theta-1)g_A(t)$，两边同乘以$g_A(t)$，有：$g_{\dot{A}}(t)=\gamma n g_A(t)+(\theta-1)g_A^2(t)$。

所以，可见技术进步的规模报酬取决于θ的大小，当$\theta>1$时，知识存在规模报酬递增；$\theta=1$时，规模报酬不变；$\theta<1$时，规模报酬递减。因此，规模效应实际上等同于规模经济，意味着规模报酬递增，它衡量的是投入与产出间的关系(即由于生产函数存在某种特质使得同比例增加各类生产要素带来产出更大比例的增加)。

6.1.2　规模效应的差异

因为规模报酬存在三种情况，所以规模效应的存在就需要一定的条件，如果规模报酬不变抑或递减，那么就不存在规模效应。对规模效应的分析也存在一定争议，规模效应也并不是完全同时成立的，比如李勇坚(2003)指出总体经济的规模报酬递增和个体经济是不同的，个体不存在规模报酬递增但并不妨碍总体的规模经济(例如内生增长模型中的 AK 模型)。因此，从本质上讲，经济增长是一个规模报酬递增的过程，但从生产函数的形式 $Y=AF(K, L)$ 来看，如果存在规模效应，那么必须至少具备以下条件当中的一个，一是技术进步是递增的，二是对于各投入要素来说至少有一个边际报酬是递增的。因此，对规模效应还可以主要从以下三个层次进行分析：

第一，国家层面的规模效应。有研究认为大国存在规模效应，而小国不具备这样的性质。白旻(2009)指出大国具有规模效应，其分析从经典模型入手假设一国的劳动力由进行研发和生产的两类人构成，$L=L_A+L_Y$，L_A 表示参与研发的人数，L_Y 表示参与生产的人数。技术进步由参与研发的人数所决定，其参与率为 $\gamma_A=\dfrac{L_A}{L}$，那么技术进步就是 $\hat{A}=\dfrac{L_A}{\mu}=\dfrac{\gamma_A L}{\mu}$，其中，$\mu$ 表示一项发明需要投入的劳动力数量。如果 γ_A 和 μ 保持不变，那么总的劳动力 L 多的国家其技术进步就更大，因此，大国与小国相比更具有规模效应。但是，如果存在知识劳动的边际报酬递减，则可能又不存在规模效应，也有学者对规模效应存在质疑，如琼斯的批判(Jones's Critique)即认为经济增长中不存在规模效应。如果考虑个人产品的创新对他人的负面效应，如琼斯等在知识产品的生产中引入边际递减效应，$\hat{A}=\gamma_A LA^{\sigma}(\sigma<1)$，则技术进步 $g_A=\dfrac{n}{1-\sigma}$，其中 n 为劳动增长率，此时技术进步的规模效应不存在了。而对于一个国家是否存在经济发展的规模效应具有争议，从大国后发优势的角度来看，具有规模效应可能是一个发展中大国取得成功的重要因素。在全球化背景下，一个国家的经济发展离不开世界，因此，一个国家产业升级的规模效应通常通过国际贸易或者国际投资利用全球市场扩大了生产规模而表现出来。金砖国家的快速发展就是在全球化加速的背景下，贸易与投资的繁荣，规模效应通过国际贸易与国际投资协同其他因素进一步推动了东道国的经济发展。2013 年中国的进出口总额为 25.83 万亿元，GDP 为 56.88 万亿元，进出口相当于 GDP 的 45.4%，国际贸易对中国经济增长有广泛的影响。金砖国家的贸易量拉动了国内经济的发展，扩大了市场，并通过规模效应进一步推动了经济增长。

第二,产业层面的规模效应。规模效应同规模经济一样也分为内部规模效应与外部规模效应,其中,内部规模效应是指由于企业内部机制的改变导致成本的下降,而外部规模效应指由于整个产业的规模扩大带来了整个产业产出的更大比例的增长。但是,由于不同产业在投入上有较大的差别,因此有人认为规模效应仅存在于不同的产业中,比如汽车制造业就存在规模效应而家政服务业则不容易产生规模效应,原因在于汽车制造是资本密集型产业,随着其扩张能够获得更高的产出,而家政服务是劳动密集型产业业,该产业严重依赖于个人的劳动,通过等比例扩大投入难以获得更多的产出,就不易出现规模效应。于良春和姚丽(2006)指出航空产业具有规模效应的特点,一方面,航空业是一个固定成本占比很高的产业,随着运输数量的增加,单位成本将坚守,另一方面,航空公司扩大机队规模对于购买成本和维修成本都会大大减少,这两方面都导致航空产业存在规模效应。袁桂秋和张玲丹(2010)用数据包络分析法对我国制造业的上市公司进行分析,认为该行业存在规模经济效应。并且规模经济效益具有路径依赖,产品竞争力越强,行业景气度越高,越能形成规模经济。因此,行业的规模效应主要看产业的规模扩张是否有利于行业成本的下降,进而带来产值的上升。

第三,企业层面上的规模效应。企业的规模效应也叫内部规模效应,是由于企业规模的扩大而带来成本的降低与产出的大幅上升,它与溢出效应的差别在于溢出效应是由于要素流入带来的示范模仿效应以及学习效应等,导致技术进步产生溢出效应。马克思在扩大再生产理论中指出扩大再生产有内涵式扩大再生产和外延式扩大再生产,其中前者指由于生产效率的提高,后者指生产规模扩大如厂房等的扩建。而企业的规模效应即是外延式的扩大再生产,而溢出效应则相当于内涵式扩大再生产。通过形成大规模的生产实现更有组织的分工,降低了企业成本,进而扩大产出。因此,对于一个企业在发展初期应该采取的是外延式规模效应,而随着发展的推进应从外延式规模效向内涵式规模效应转变。焦国华、江飞涛和陈舸(2007)用包络数据分析法对中国的57个大中型钢铁企业的效率和规模进行分析,发现多数大型或特大型钢铁企业的效率并不高,规模并不是影响我国钢铁企业经营发展的关键,我国的钢铁联合企业的规模效率并不明显。郝清民和孙利红(2002)同样利用包络数据分析法研究指出我国只有首钢、上钢一厂和上钢三厂存在规模效应,其他钢铁企业均不存在规模效应。实际上,一方面,企业的规模效应存在一定的合理区间，在一定的规模范围内才存在规模效应，超过这个合理的范围将导致规模报酬递减，因此，企业为了产出的增加会考虑合理地控制生产规模。另一方面，企业为了加强对市场的控制、获取垄断利润，也会存在扩大规模的动机，比如在零售领域的沃尔玛、在计算机领域的微软、在汽车领域的通用等都依据其强大的规模效应降低了生产成本，对新进入者形成了进入壁垒，同时也获得了更大的利润。

综上所述，规模效应在国家、产业和企业三个层面上有不同的表现特征。从国家角度看，通常后发大国存在规模效应的可能性较大，而小国产生规模效应的可能性较小。从产业层面看，虽然行业的规模效应属于外部规模经济的领域，但是不同行业的规模效应也是不同的，一般成本较大、投资周期较长的重工业或者制造业存在规模效应，而主要依靠劳动力的服务业则其行业效应较小。从企业角度看，单个企业在不同的发展阶段，不同的规模阶段直接影响着规模效应，在发展初期企业的规模相对较小，这时扩大规模有利于产出更大比例的扩张，而在企业过小或者企业发展壮大达到一定的阶段后，随着其规模扩张反而存在负效应。因此，规模效应通常在大国、特定产业甚至个别企业中体现出来，其虽然在不同的层次表现有所差异，但最终都体现为某国或地区经济规模的扩张，即地区性的规模效应。

6.1.3 规模效应的测量方法

规模效应的实质是随着投入的扩张而生产成本下降，随着投入的增加，产出以更高的速度增长，产出增长比例大于要素投入的增长比例。规模效应的理论分析不难理解，实证研究的难点在于如何精确度量。规模效应的测量方法主要可以划分为指标法、函数估计法和非参数法。

1. 指标法

指标法是指通过建立一个或者一系列的指标来判断是否存在规模效应，该方法的优点在于简单明了，缺点是不够科学、欠全面。

(1) 利润率。

该指标有两种对比方法：一是将同一时期的不同产业进行分类，对比这些不同产业的利润率，得出利润率高的产业规模效应大；二是将同一产业的不同时期进行对比，看在不同时期对应规模的利润率。该方法可能受经济周期、产业垄断等因素的干扰，所以虽然操作简便但是准备性欠佳。

（2）生存分析法。

该分析方法从市场占有率间接论证规模效应，认为一个企业能够在市场中生存下来，并且其市场占有率不断提高则说明该企业的规模是最优的，而如果市场份额下降则说明其规模是不合适的。该方法首先需要对行业内的企业按规模进行分类，然后计算不同规模类型企业的市场占有率，如果这一规模企业群的市场占有率不断提高则说明这些企业存在规模效应，否则就不存在规模效应。该方法分析单一产业比较简便，不太适合分析不同产业的规模效应。

（3）统计平均成本法。

规模效应在于长期平均成本的下降，该方法就是从定义出发，通过大量的企业或产业数据进行统计分析，寻找企业在短期的最低成本并形成长期平均成本，从而寻找长期平均成本变化情况，根据长期平均成本的变化情况确定企业是否存在规模效应。该方法在理论上最为精确，但操作起来较为繁琐并且对数据的全面性要求极高，通常用于某一些企业的分析中。

2. 函数估计法

函数估计法指通过构建生产函数或者成本函数，对函数的形式进行估计，然后分析函数是否存在规模效应。该方法与指标法有相对较强的理论基础，但是缺陷在于对函数估计的精度要求较高。

（1）生产函数法。

生产函数法是通过投入与产出数据估计生产函数的形式与系数，进而确定是否存在规模效应。一般使用线性生产函数、柯布-道格拉斯（C-D）生产函数、固定替代弹性（CES）生产函数、里昂惕夫生产函数等。用生产函数来分析规模效应的关键是看产出与投入之间的弹性 E。以单一要素为例，假设生产函数为 $f(x)$，x 为投入要素，则规模效应可以用规模弹性 $E(x)$表示：

$$E(x)=\sum_{n=1}^{N}\frac{\dfrac{\partial f(x)}{f(x)}}{\dfrac{\partial x}{x_n}}=\sum_{n=1}^{N}\frac{\partial f(x)\cdot x_n}{\partial x\cdot f(x)} \tag{6.1}$$

如果 $E(x) > 1$ 则说明存在规模效应。而当投入要素为两要素时,引入转换函数 $\varphi(x, y) = D_i(y, x) - 1 = 0$,其中 $D_i(y, x)$ 为投入距离函数,化简有:

$$E_i(x, y) = -\frac{F_i(x, y)}{\sum_{m=1}^{M} \frac{\partial F_i(x, y)}{\partial y_m} y_m} \tag{6.2}$$

这里以 C-D 生产函数为例,其一般形式为 $q = A \prod x_i^{a_i}$, $i = 1, 2, 3, \cdots, n$, q 为产量,x 为投入要素,A 与 a 为系数,两边取自然对数有:

$$\ln q = \ln A + a_1 \ln x_1 + a_2 \ln x_2 + \cdots + a_n \ln x_n \tag{6.3}$$

若 $\sum_{i=1}^{n} a_i > 1$,则说明存在规模效应;若 $\sum_{i=1}^{n} a_i \leqslant 1$,则不存在规模效应。

(2) 成本函数法。

成本函数法是从投入角度分析,通过对比成本与产出之间的关系证明规模效应是否存在。通常采取用柯布-道格拉斯(C-D)函数、超越对数(Translog)成本函数,常替代弹性(CES)成本函数、变替代弹性(VES)成本函数等。成本函数分析的关键是通过推导成本与产出间的弹性 E 来判断规模效应是否存在。即

$$E = \sum_{i=1}^{n} \frac{\partial \ln C}{\partial \ln Y}$$

如果 $E < 1$,则说明存在规模效应;如果 $E \geqslant 1$,则说明不存在规模效应。

这里以超越对数成本函数为例。该函数形式因具有良好的弹性、易估算并且允许规模报酬变化而被广泛使用。超越对数成本函数是在 CES 成本函数的基础上进行泰勒级数展开后获得的,它的形式与 C-D 函数形式相近,如果不考虑交叉项即等同于 C-D 函数。在用超越对数成本函数的规模效应分析中,应用较多的是银行业。

徐传谌等(2002)、孙秀峰等(2005)、徐文斌(2011)都用超越对数成本函数分析了我国银行业的规模效应。

徐传谌等采用"中介法"的投入产出指标建立如下超越对数成本函数:

$$\ln TC = \alpha + \sum_{i=1}^{2} \beta_i \ln Y_i + \sum_{j=1}^{3} \delta_i \ln I_j + \frac{1}{2} \sum_{i=1}^{2} \sum_{k=1}^{2} \varphi_{ik} \ln Y_i \ln Y_k + \frac{1}{2} \sum_{i=1}^{3} \sum_{k=1}^{3} \gamma_{ik} \ln I_i \ln I_k + \frac{1}{2} \sum_{i=1}^{3} \sum_{k=1}^{2} \eta_{ik} \ln I_i \ln I_k + \varepsilon$$

其中，TC 为总成本，Y_1 为贷款总额，Y_2 为存款总额，I_1 为银行资金来源的平均价格，I_2 为银行费用与存款总额的比值，I_3 为固定资产投入的价格。银行规模效应即表现为存贷款总额的变动对成本变动的影响。

$$\begin{aligned} E=\sum_{i=1}^{2}\frac{\partial \ln TC}{\partial \ln Y_i} &= \beta_1+\varphi_{11}\ln Y_1+\frac{1}{2}(\varphi_{12}+\varphi_{21})\ln Y_2 \\ &+\eta_{11}\ln I_1+\eta_{21}\ln I_2+\eta_{31}\ln I_3+\beta_2+\varphi_{22}\ln Y_2 \\ &+\frac{1}{2}(\varphi_{12}+\varphi_{21})\ln Y_1+\gamma_{12}\ln I_1+\gamma_{22}\ln I_2+\gamma_{32}\ln I_3 \end{aligned} \tag{6.4}$$

经过数据计算，发现我国商业银行中绝大多数银行的 $E<1$ 即说明存在规模效应，并且国有银行的 E 值要高于股份制银行，说明国有银行的效率低于股份制银行。

3. 数据包络分析法

数据包络分析法（data envelopment analysis，简称 DEA 分析法）是运用线性规划的方法来计算生产效率，它与前面的方法相比属于非参数估计法。DEA 方法是通过衡量各个决策单元（decision making units，DMU）的投入与产出以决定生产效率，这些 DMU 的效率组合构成了整体生产效率，因此它不需要知道生产前沿函数的具体形式，并可以自如地调整投入产出项，适用范围也比较广。DEA 方法实质是判断要分析的 DMU 是否处于由 DMU 群所确定的生产前沿面上。即一个 DMU 有 m 个投入项目 $x(x_1, x_2, \cdots, x_m)^T$ 和 n 个产出项目 $y(y_1, y_2, \cdots, y_n)^T$，则 (x, y) 就构成一个决策单元，集合 $T=\{(x, y) \mid x$ 投入，y 产出$\}$ 构成了生产可能性集。

DEA 法有如下特点：第一，它不需要建立具体的生产函数关系，投入产出项目选择灵活。因为它是基于 DMU 对比的分析，所以可以在不估计生产函数的基础上，根据研究需要科学地选择投入项与产出项的组合判断组合，可以比用函数估计更灵活地接近现实情况。第二，操作性强、简便。由于它是基于决策单元做出判断，所以不同的企业或者行业能够选择不同投入与产出项目进行对比分析。

规模效应测量方法对比见表 6.1。

表 6.1 规模效应测量方法对比

对比项目	指标法	函数估计法	数据包络分析法
样本数量	较多	较多	少
是否建立函数关系	否	是	否
多投入多产出	简单	复杂	简单
敏感性分析	—	可行	可行
噪　音	—	较敏感	高度敏感
主观因素的影响	大	大	小

6.2 要素流动视角下规模效应的影响机理

规模效应在企业、产业和国家层面都有不同表现形式，所以对规模效应的影响因素在这三个层面上也存在差异。国家或地区层次的规模效应是通过产业和企业层次实现的，企业的规模效应也叫内部规模效应，产业上的规模效应叫外部规模效应，而国家层面的规模也可以通常为企业自身以外的外部规模效应，所以从企业内部和外部两个层次分析规模效应的影响因素。在要素流动背景下，生产要素从国外的流入是东道国通过规模扩张促进产业升级的路径之一。

6.2.1 规模效应路径的内在机理

规模效应产生的根本是平均成本的下降，企业发展的目标在于利润最大化，企业的利润来自收入扣除各种成本后的剩余。企业的成本按性态可以分为固定成本、变动成本和混合成本，其中，固定成本是在一定时间和业务范围内，总额不受企业经营业务量变化的成本，比如机器、厂房、保险费等；变动成本指那些其总额随着经营业务量的变化而同比变化的成本，包括直接材料费、产品包装费、按计件的工资等；混合成本指那些既有固定成本性质又有变动成本性质的成本，这类成本通常有一个最低水平，超过这个水平其随着业务的增加而增加，包括电话费、水电费等。从成本角度，具有规模效应的企业通常是固定成本比较高的企业，随着产出的增加单个产品的平均成本降低,导致产值超过投入同比例地扩张。因此,此时的规模效应区域就在企业长期平均成本曲线下滑的部分。国外高级生产要素的流入有利于优化生产成本,同时新要素的投入也扩大了生产,对于刚刚起步发展的产业意义重大。

长期平均成本减小的动力在于较大的固定成本由产量与变动成本的同时增加来分摊,另一方面在于产业处于发展初期。随着经济的发展,成本也在不断细化,尤其是变动成本的范围越来越大,在固定成本不变的前提下,通过调整那些变动成本来实现平均成本的降低也成为企业实现规模效应、提高竞争力的重要手段之一。比如,企业可以通过降低组织成本、库存成本、采购成本等可变成本一方面实现规模效应,另一方面也提高企业在行业中的地位,同时提高行业的进入门槛。比如,格兰仕作为中国最大的微波炉供应商,根据行业研究分析报告的数据,2013年格兰仕占据了微波炉市场80%以上的份额。它的成功秘诀很大程度上就是降低生产成本,最大化地发挥规模效应,大幅降低微波炉的市场价格;其不但为新进入者制造较高的进入门槛,而且还能淘汰一批现有竞争者。

生产要素的国际流动充分揭示了现阶段经济全球化的本质特征,从要素流入来分析规模效应就是将一个企业、产业、国家的发展置于全球化的分析框架内。要素流入总的包括生产要素、经济要素与全球化经济要素的全面流动,规模效应则是企业、产业、国家的发展从小到大的过程中通过要素投入的增加带来更大产业的生产特征。要素流入改变了生产要素国际流动的方向、结构,必然直接或间接地影响规模效应的发生。

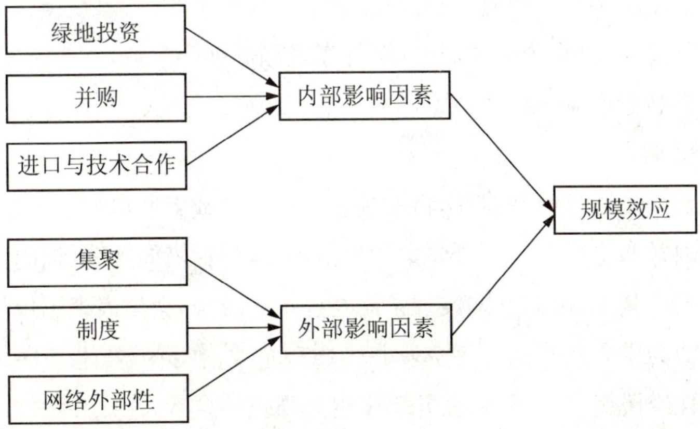

图6.1　规模效应的产生机理

因此,在经济全球化的背景下规模效应整体上就是通过上述两个方面、六种途径发挥作用(见图 6.1)。从生产投入扩大的角度,绿地投资、并购和知识、技术、品牌等新要素的增加直接扩大了一个企业或者产业的要素投入量的扩张,进而产生内部规模效应;而在外部则受到产业集聚、政策制度和网络外部性的影响,间接地为企业降低成本提供了基础,产生了外部规模效应。

6.2.2 规模效应的内部性影响因素

规模效应首先需要生产规模的扩张,因此必须有生产要素投入的增多,全球化背景下,要素流入从生产的角度直接增加了要素供给,刺激了产出的增多。这种从生产上直接刺激规模效应的影响属于内部性因素,主要包括以下三个方面。

1. 绿地投资

20 世纪 70 年代起国际直接投资开始迅速发展,国际直接投资包括绿地投资和跨国并购两种形式。绿地投资属于实物投资,通过独资或者合资的形式直接将生产要素带入东道国。跟随绿地投资项目的还包括人才、管理、技术等生产要素,这些投资对于东道国是新增资本,附带的其他生产要素也属于高级要素。绿地投资是从产业发展的角度而言的,其新进资本直接增加了该产业的要素投入,这些新进投入直接就导致本产业规模效应的产生。实质上对于多数企业或者产业来说,它在从小到大的发展过程中,必然存在规模效应。规模效应具有阶段性,发展中国家多数产业都处于起步阶段时,只有真正有了规模的扩张,才有规模效应可言。当然,跨国公司通常具有全球战略眼光,选择东道国的朝阳产业,从产业发展阶段看,外资流入也有利于产生规模效应。

2. 跨国并购

跨国并购是指通过兼并、收购将一国企业的资产或者股份购买下来,进行实际的控制。跨国并购也是获取生产要素的重要形式,包括横向并购、纵向并购和混合并购三种形式。其中,横向并购实现了同类公司的融合,突出表现了规模效应。曹凤岐(1999)认为横向并购是优势企业并购弱势企业,在新的技术条件下通过扩大生产实现最佳经济规模。当然,在并购中也有强强结合者,通过并购带动该产业走向更高水平。扩大企业规模是企业发展的重要动因,扩大规模不但有利于发挥规模效应，还有利于企业在市场中地位的提升，形成一定的垄断，获得超额利润。横向并购产生规模效应主要有两方面的原因：第一，横向并购导致同质生产要素的叠加，规模效应首先需要达到一定的产出规模才能发挥出来，横向并购是增加要素投入、扩大生产规模的一个简单途径。第二，横向并购有利于系统化、专业化，虽然参与并购的公司间在生产上比较同质，但通常也有较大差别，比如强弱并购中弱势企业有生产要素但是管理能力可能不够，通过并购可以实现管理的系统化，达到规模效应；而在强强结合中则可能存在技术差异，由于并购的发生可能导致双方在技术上取长补短，实现规模报酬递增。纵向并购则通过该产品的上游或者下游企业并购而有利于降低采购成本、管理费用等平均成本，实现规模效应。

3. 进口与技术合作

国际贸易实际上是生产要素跨国的间接流动，进口是输入国外产品，其可以补充进口国产品结构和要素禀赋的不足。另外，技术合作也是输入高端生产要素的途径，通过与跨国公司或者发达国家科研机构的合作，国外的先进技术流入东道国也有利于其生产规模的扩张。随着经济发展，新的业态、新的生产要素也不断出现，知识、技术、品牌等作为新的生产要素在经济中的作用也非常重要。知识经济不断改变着传统的经济模式，知识、技术、品牌等与劳动、资本、土地等传统生产要素最大的区别就是其明显的规模效应。这些要素带来规模效应的根本原因在于知识具有非竞争性，新生产对知识的使用并不会减少原有生产对知识的应用。

随着网络技术的快速发展，知识的传播比以往更加迅速，进口和技术合作的形式也将更加多样化，通过网络就能够将高级要素的核心——知识——便捷地从一个地方传递到另一个地方，知识发挥规模效应也更容易实现。在电子商务快速发展的今天，虽然销售渠道发生了重大变化，但是规模效应仍然存在。以电商为例，由于商品信息获取渠道从商场变成了网店，所以市场对于不同的电商就有了根本的区别。只有那些拥有大量的点击量，广受消费者关注的电商才有发挥规模效应的空间。互联网的发展使信息交换成本降低的同时也导致数字贸易大幅增加，尤其是高新技术产业能够更便捷地利用网络实现进口和技术合作。对于企业经营来说，降低研发成本、组织成本等固然重要，但通过进口和技术合作引进新的高级生产要素是实现规模效应的渠道之一。另外，降低平均成本是实现规模效应的一个关键，但对于不同产业而言，还需要其他不同的辅助条件。

纵观企业发展史，规模效应是企业发展壮大的手段，并购也是各色企业成长的必由之路。正如乔治·斯蒂格勒(1989)指出的，在美国没有一家公司不是通过某种形式的兼并而成长起来的。20 世纪 90 年代以来，跨国并购中横向并购占的比重最大，无论是在传统产业还是在新兴产业，横向并购都占主导地位。它涉及几乎所有的传统产业的各个领域，包括汽车、石油、食品等制造业，也包括电信、金融等服务业。因此，并购对于规模企业规模效应的发挥作用重大。

6.2.3 规模效应的外部性影响因素

1. 集聚

集聚或者说聚集既表现在人类的生活当中，又是产业经济中的一个重要现象，在要素流入加剧的背景下，产业集聚越来越成为经济发展的重要途径。徐康宁(2003)认为产业聚集也是产业在区位上的集聚，实质是生产要素的聚集。同一产业的要素为什么聚集可以用经济学一般原理中的规模经济来解释。他分析认为 FDI 具有明显的聚集效应，跨国公司在选择区位时，规模经济是首要的考虑条件，其次是基础设施状况、劳动力的聚集状况、政策与政府支持、产业服务体系等。集聚与规模效应相互促进，通过集聚增加了企业合作。惠宁(2006)认为产业集聚是专业化分工产生的报酬递增的一种空间表现形式，集聚带来了区域经济的规模报酬的提高。金煜等(2006)对中国的地区工业集聚进行研究，认为经济开放促进了工业集聚，沿海的集聚作用强于内地，工业集聚与规模报酬递增存在正反馈作用。

2. 制度

根据制度经济学的分析，制度是经济增长的内在动力。制度因素在规模效应中同样发挥了举足轻重的作用，中国经济从 1978 年改革开放起的扩张性增长就得益于制度的改善。制度因素与传统生产要素的区别在于它构成了生产组合发挥最大效应的保障，制度往往作为一种外在因素，为企业的内部规模效应建立良好的外部条件。交易费用理论指出企业存在的关键在于降低交易成本，企业规模的一个决定性力量就是成本的降低。制度经济学家道格拉斯·C.诺斯也认为有效率的经济组织是西方世界兴起的原因，规模经济是制度安排的结果，国家对私产的保护、股份制公司的出现等都能产生规模效应。另外，制度变迁理论也强调了国家在经济制度结构中的作用，而国家就是制度的制定者，通过制度设计降低社会交易费用而实现规模经济。李鹏(2003)认为生产过程由技术确定后，制度将影响实际生产量，并提出制度效率 E，其由基本制度效率和具体层次制度效率构成：$E_i = f(B^{\alpha}, P^{\beta})$，其中 B 表示基本制度效率，P 表示具体层次制度效率。α 和 β 代表效率指数，其值在 0—1 之间，数值越大表明制度效率越高。然后将制度效率引入生产函数有 $Q_t^i = f(Q_t, E_i)$，分析认为制度促进了规模效应。

特殊制度在发展中国家的产业发展更显示了巨大的作用，优惠政策成了吸引外商投资，引进高级生产要素的重要手段。中国经济改革开放后 30 多年的发展，就得益于中国对外资采取的一系列优惠政策，比如对外资企业在企业所得税上给予前两年免征，三到五年减半的直接优惠，这些特殊制度推动了要素流入，激发了产业发展的活力。

3. 网络外部性

互联网的发展颠覆着传统的生产、生活模式，互联网通过有线或无线的网连接将人连接在一起，同时一个产品的生产从采购到销售都可以通过网络迅速地完成。网络在拉远人的生活距离的同时又将生产活动拉近，这种网络的便捷性能大幅降低成本，形成规模效应。从规模效应的角度，经济就是造成规模以便获取规模经济的收益，从这个意义上讲网络经济就是互联网与信息技术得到广泛应用而获得规模效应最大化的经济。网络在创造规模效应的同时，也可能替代规模效应，陈宏民(2007)认为网络外部性是产品在消费领域的特征而规模经济是生产领域的特征，二者之间存在替代效应，因此他提出综合规模效应指数，试图从生产和消费两个角度分析规模效应。网络的外部性引发的规模效应主要得益于其降低了传统的信息成本、交易成本，包括获取知识的信息成本、运输的信息成本、市场信息的成本等大幅降低，直接提升了投入要素的产出。

综上，规模效应既受要素流入因素的直接影响，也受集聚、制度等间接因素的外部影响，但是需要强调的是无论是内部规模效应的影响因素还是外部规模效应的影响因素，这些因素之间并不是完全隔离的，进行区分的目的在于更清晰地罗列出规模效应的各种影响因素。比如并购的同时也能带来平均成本的下降，制度因素也可能是产业集聚的重要原因等。

6.3 基于 DEA 方法的规模效应分析

从规模效应的测量方法对比中可以看出，DEA 方法有诸多优势，因此本节运用 DEA-Tobit 两阶段法分析要素流动视角下要素流入的规模效应。由于不同产业的规模效应最终体现为本地区整体规模效应上，所以地区的规模效应是分析整体规模效应的有效替代。中国各个省的发展存在差异，要素流入通过规模效应促进产业升级体现在各个省经济发展的规模效应上。

6.3.1 DEA 方法简介

DEA 方法最早可以追溯到 1957 年 Farrell 提出的用非预设的生产函数来评估效率，首次提出了用生产前沿计算生产效率，从而建立了 DEA 方法的雏形。该方法采取线性规划用多个决策单元(DMU)构成决策群分析生产前沿，判断决策是否在生产前沿上，进而推断其效率水平。目前，DEA 方法广泛应用于经济、军事、医疗、工程技术等多个领域，主要包括规模报酬不变和规模报酬可变两种模型。

1. CCR 模型(CRS)

1978 年运筹学家 A.Charnes、W.W.Cooper 和 E.Rhodes 首次提出用一个称为数据包络分析(DEA)的方法来估计部门的相对有效性，因此他们的这个模型也被命名为 CCR 模型。该方法假设规模固定不变，因此也叫规模报酬不变模型(the constant returns to scale model, CRS)通过多个投入与产出数据用线性规划法来寻找产出最大或者投入最小的有效前沿(efficiency frontier)，凡是落在生产前沿上的决策单元(DMU)都认为是最优效率的，其效率值记作 1，凡是没有落在生产前沿上的都认为是无效率的，效率值在 0—1 之间。

CCR 模型假设有 n 个 DMU，每一个 DMU 中有 m 项投入 $X_j=(x_{1j}, x_{2j}, \cdots, x_{mj})^T$ 和 s 项产出 $Y_j=(y_{1j}, y_{2j}, \cdots, y_{sj})^T$，具体如表 6.2 所示。

表6.2　决策单元、投入、产出

DMU	0	1	2	…	n
投入	X_0	X_1	X_2	…	X_n
产出	Y_0	Y_1	Y_2	…	Y_n

决策单元 DMU_0 的最大相对效率值为：

$$\max \quad h_0 = \frac{U^T Y_0}{V^T X_0} \tag{6.5}$$

$$\text{s.t.} \quad \frac{U^T Y_j}{V^T X_j} \leqslant 1, \ (1 \leqslant j \leqslant n)$$

其中，$U^T=(u_1, u_2, \cdots, u_s)^T$ 为产出的权重系数，$V^T=(v_1, v_1, \cdots, v_m)^T$ 为投入的权重系数。

从式(6.5)可以看出，CCR模型实际上是在其他的投入产出率(效率值)不大于1的前提下，求解决策单元 DMU_0 的效率值 h_0 最大的投入产出权重数 U^T 和 V^T。该模型是一个分式规划，运用 Charnes-Cooper 变换转化成线性规划问题。

$$T = \frac{1}{V^T X_0}, \ \omega = TV, \ \mu = TU$$

将上述 Charnes-Cooper 变换代入式(6.5)进行转化为新的线性规划有：

$$\max \quad V_P = \mu^T Y \tag{6.6}$$

$$\text{s.t.} \quad \omega^T X_j - \mu^T Y_j \geqslant 0$$

$$\omega^T X_0 = 1$$

$$\omega \geqslant 0, \ \mu \geqslant 0$$

其对偶形式为：

$$\min \quad V_d = \theta \tag{6.7}$$

$$\text{s.t.} \quad \sum_{j=1}^{n} X_j \lambda_j \leqslant \theta X_0$$

$$\sum_{j=1}^{n} Y_j \lambda_j \geqslant Y_0$$

$$\lambda_j \geqslant 0, \ j = 1, 2, \cdots, n, \ 0 \leqslant \theta \leqslant 1$$

在上述线性规划中,θ 反映了资源配置的效率,它代表决策单元 DMU_0 的效率值,θ 越大,说明资源配置越合理,当 $\theta = 1$ 时,说明 DMU_0 是 DEA 有效的,而当 $\theta < 1$ 时说明 DMU_0 不是 DEA 有效的。

2. BCC 模型(VRS)

1984 年 R.D.Banker、A.Charnes 和 W.W.Cooper 给出了一个被称为 BCC 的模型,该模型引入规模报酬递增。CCR 模型是在规模报酬规定的前提下进行分析的,但是有时决策单元处于规模报酬递增或者递减的状态,因此 CCR 模型就将不适用。因此,Banker、Charnes 和 Cooper 于 1984 年在 CCR 模型的基础上对权重进行了修改,增加了凸性条件的约束即 $\sum \lambda_i = 1$,放松了规模报酬不变的假设,形成了规模报酬可变的包络数据分析模型,被命名为 BCC 模型,也称规模报酬可变模型(the variable returns to scale model, VRS)。

$$\min \quad V_d = \theta \tag{6.8}$$

$$\text{s.t.} \quad \sum_{j=1}^{n} X_j \lambda_j \leqslant \theta X_0$$

$$\sum_{j=1}^{n} Y_j \lambda_j \geqslant Y_0$$

$$\sum_{j=1}^{n} \lambda_j = 1$$

$$\lambda_j \geqslant 0,\ j = 1,\ 2,\ \cdots,\ n,\ 0 \leqslant \theta \leqslant 1$$

这里同样用 θ 来判断是否存在效率,θ 越大说明资源配置越合理,当 $\theta = 1$ 时说明 DMU_0 是 DEA 有效的,而当 $\theta < 1$ 时则是非 DEA 有效的。CCR 模型与 BCC 模型的区别如图 6.2 所示:CCR 模型的技术效率包括的空间高于 BCC 模型,BCC 模型对数据包容得更紧凑一些,因此它的观察点更接近于效率边界。

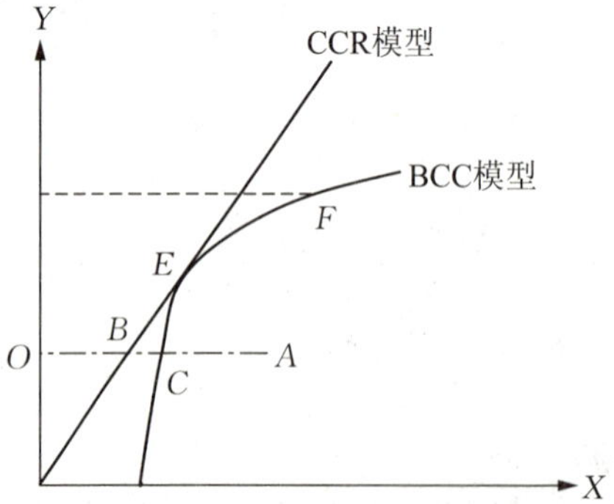

图 6.2 CCR 模型与 BCC 模型对比

在图 6.2 中 CCR 衡量的是规模报酬不变的生产前沿面,它测算出来的是所有的技术效率(TE),而 BCC 衡量的是规模报酬可变的生产前沿面，将技术效率进一步分为纯技术效率（PTE）和规模效率（SCE）。如果生产点在 A 则 $TE_{CCR}=OB/OA$；$PTE_{BCC}=OC/OA$；$SCE_{BCC}=OB/OC$，可见技术效率 TE 是纯技术效率 PTE 和规模效率 SCE 的乘积。规模效率就反映了是否在最合适的投入规模下生产，它与 CCR 模型中配置效率相似。如在 E 点左边增加投入能带来产出较大幅度增加，因此是规模报酬递增的。而在 E 点的右边增加投入能带来产出的增长幅度小于投入的增长，故是规模报酬递减的。E 点则是对于生产的投入是最合适的。

6.3.2　数据说明与评价结果分析

1. 构建决策单元

DEA 分析实际可以看作一个"黑箱"分析，而每个决策单元就相当于一个黑箱，因此构建决策单元是进行 DEA 分析的基础。决策单元最重要的要求就是同构，它们的输入与输出要基本上遵循相似的过程，通常将同一行业中的不同企业构成一组决策单元，例如对银行业的 DEA 分析是分别将中国银行、工商银行、交通银行等企业作为决策单元。而在分析宏观经济时通常以各个省（州）、市作为 DMU，因此本书选取我国的省、直辖市、自治区作为决策单元，但考虑到一方面香港、澳门和台湾地区数据的缺失，另一方面这三个地区经济发展和内地与有不同，故选取北京、天津、河北、山西、内蒙古、辽宁、吉林、黑龙江、上海、江苏、浙江、安徽、福建、江西、山东、河南、湖北、湖南、广东、广西、海南、重庆、四川、贵州、云南、西藏、陕西、甘肃、青海、宁夏、新疆 31 个省级别行政区（分别依次用 1，2，3，…，31 表示）作为 DEA 分析的决策单元。从地区的规模效应间接反映了全国产业发展的规模效应。

2. 建立输入输出指标与数据

DEA 分析的一个特点就是可以进行多投入多产出的分析，但是在进行指标选取时注意输入与输出并不是随意选取的，既要符合定性要求（输入与输出存在同向关系即输入的增加有利于促进输出的增加），又要符合定量要求（输入的数值要尽量小，输出的数值要尽量大）。这里选取两个输出变量 Y_1（选取各省 GDP）和 Y_2（各省的财政收入）；5 个输入变量分别是 X_1（各省的全社会固定资产投资额）、X_2（城镇就业总人数）、X_3（专利申请数量）、X_4（外商投资总额）、X_5（物价指数）。考虑数据的整齐性，这里选取 2001—2010 年的数据进行分析。

3. DEA 结果分析

本书通过 DEAP2.1 软件进行分析，对上述的 2 个输出变量和 5 个输入变量采取规模报酬可变的 VRS 模型计算出技术效率，也叫综合效率（crste）、纯技术效率（vrste）和规模效率（scale）。表 6.3 中可以看出从 2001—2010 年，整体规模效率为 1 的省份总数在 15 个左右，2001—2003 年有 16 个省，2004—2006 年有 15 个省，2007—2009 年有 14 个省，2010 年有 15 个省，在 310 个规模效率值中等于 1 的有 188 个。将表 6.3 中 2001—2010 年的规模效率求平均值（如图 6.3 所示）：大部分省份的规模效率平均值接近于 1，主要有宁夏、吉林、辽宁、江西、陕西、湖北和安徽的规模效率较低，低于 0.93。另外，分析结果体现了以下几个特征：第一，从 10 年跨度看，人口多与人口少的省份都有规模效率为 1 的情况。在总数保持稳定的同时，又有北京、内蒙古、河北、山东、河南、贵州、新疆 6 个省、自治区直辖市的规模效率从 2001—2010 年一直保持为 1。这 7 个地区分布在整体上可以分为两类，一类是经济体量大并且劳动力充足，比如北京、山东、河南、河北，它们属于大输入大输出类型；一类是经济体量小但资源丰富，比如内蒙古、贵州、新疆，属于小输入小输出类型。第二，个别省份规模效率出现交替性变化。在这 10 年间有些地区的规模效率降低了，比如江苏、浙江、福建等；有的地区的规模效率上升了，比如上海、山西等；也有地区间隔性地出现规模效率为 1 的情况，比如云南、西藏等。第三，从整体

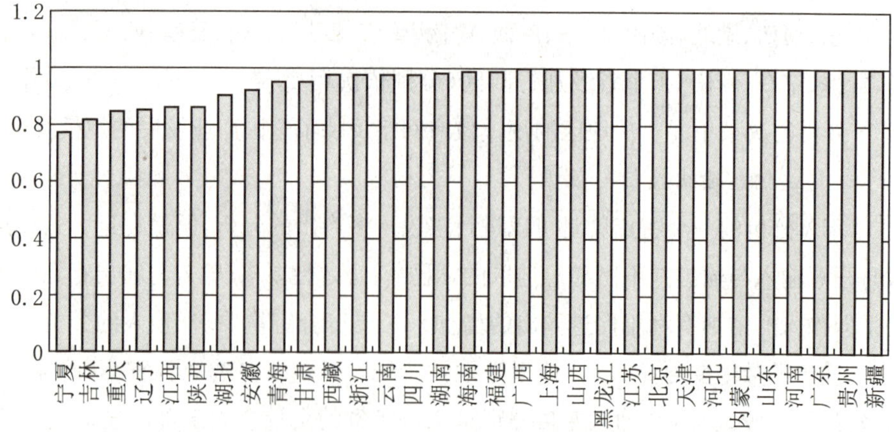

图 6.3　各省级行政区 2001—2010 年规模效率平均值

表6.3　各省综合效率、纯技术效率和规模效率情况表

地　区	2001年				2002年				2003年				2004年				2005年			
	crste	vrste	scale	type	crste	vrste	scale	type	crste	vrste	scale	type	crste	vrste	scale	type	crste	vrste	scale	type
北　京	1	1	1	—	1	1	1	—	1	1	1	—	1	1	1	—	1	1	1	—
天　津	0.895	0.981	0.912	irs	0.825	0.989	0.834	irs	0.856	0.992	0.863	irs	0.91	1	0.91	irs	0.985	1	0.985	irs
河　北	1	1	1	—	1	1	1	—	1	1	1	—	1	1	1	—	1	1	1	—
山　西	0.913	0.998	0.915	irs	0.971	1	0.971	irs	1	1	1	—	1	1	1	—	1	1	1	—
内蒙古	1	1	1	—	1	1	1	—	1	1	1	—	1	1	1	—	1	1	1	—
辽　宁	0.997	1	0.997	irs	0.97	0.998	0.972	irs	0.882	0.985	0.896	irs	0.799	0.979	0.816	irs	0.819	1	0.819	irs
吉　林	0.836	0.982	0.851	irs	0.801	0.98	0.817	irs	0.857	0.993	0.863	irs	0.854	0.985	0.867	irs	0.777	0.99	0.785	irs
黑龙江	1	1	1	—	1	1	1	—	1	1	1	—	1	1	1	—	1	1	1	—
上　海	1	1	1	—	0.947	0.981	0.966	irs	1	1	1	—	1	1	1	—	1	1	1	—
江　苏	1	1	1	—	1	1	1	—	1	1	1	—	1	1	1	—	1	1	1	—
浙　江	1	1	1	—	1	1	1	—	1	1	1	—	1	1	1	—	1	1	1	—
安　徽	1	1	1	—	1	1	1	—	0.993	0.999	0.994	irs	0.97	0.987	0.983	irs	0.89	1	0.89	irs
福　建	1	1	1	—	1	1	1	—	1	1	1	—	1	1	1	—	1	1	1	—
江　西	0.956	1	0.956	irs	0.899	0.984	0.914	irs	0.861	0.994	0.867	irs	0.786	0.985	0.798	irs	0.791	0.99	0.798	irs
山　东	1	1	1	—	1	1	1	—	1	1	1	—	1	1	1	—	1	1	1	—
河　南	1	1	1	—	1	1	1	—	1	1	1	—	1	1	1	—	1	1	1	—

续表

地区	2001年				2002年				2003年				2004年				2005年			
	crste	vrste	scale	type	crste	vrste	scale	type	crste	vrste	scale	type	crste	vrste	scale	type	crste	vrste	scale	type
湖北	0.813	0.991	0.82	irs	0.811	0.982	0.825	irs	0.845	0.987	0.856	irs	0.84	0.978	0.859	irs	0.853	0.981	0.87	irs
湖南	1	1	1	—	0.996	0.996	1	—	0.986	0.994	0.993	irs	0.964	0.989	0.975	irs	0.936	0.992	0.943	irs
广东	1	1	1	—	1	1	1	—	1	1	1	—	1	1	1	—	1	1	1	—
广西	1	1	1	—	1	1	1	—	1	1	1	—	1	1	1	—	1	1	1	—
海南	0.961	1	0.961	irs	0.892	1	0.892	irs	1	1	1	—	1	1	1	—	1	1	1	—
重庆	0.818	0.973	0.841	irs	0.801	0.986	0.812	irs	0.871	0.994	0.877	irs	0.902	0.995	0.907	irs	0.854	1	0.854	irs
四川	1	1	1	—	1	1	1	—	1	1	1	—	0.985	0.995	0.989	irs	0.989	0.999	0.99	irs
贵州	1	1	1	—	1	1	1	—	1	1	1	—	1	1	1	—	1	1	1	—
云南	1	1	1	—	1	1	1	—	1	1	1	—	1	1	1	—	0.893	1	0.893	irs
西藏	1	1	1	—	1	1	1	—	1	1	1	—	1	1	1	—	1	1	1	—
陕西	0.742	0.98	0.757	irs	0.724	0.99	0.732	irs	0.716	0.981	0.73	irs	0.776	0.993	0.781	irs	0.785	1	0.785	irs
甘肃	0.988	0.991	0.998	drs	0.942	0.993	0.949	irs	0.972	0.998	0.974	irs	0.988	1	0.988	irs	0.914	0.99	0.923	irs
青海	0.849	0.972	0.873	irs	0.814	0.978	0.832	irs	0.876	0.989	0.886	irs	1	1	1	—	1	1	1	—
宁夏	0.711	0.979	0.726	irs	0.623	1	0.623	irs	0.682	0.986	0.692	irs	0.719	0.988	0.728	irs	0.649	1	0.649	irs
新疆	1	1	1	—	1	1	1	—	1	1	1	—	1	1	1	—	1	1	1	—
平均	0.951	0.995	0.955		0.936	0.995	0.94		0.948	0.966	0.951		0.951	0.996	0.955		0.94	0.998	0.941	

续表

地区	2006年				2007年				2008年				2009年				2010年			
	crste	vrste	scale	type	crste	vrste	scale	type	crste	vrste	scale	type	crste	vrste	scale	type	crste	vrste	scale	type
北京	1	1	1	—	1	1	1	—	1	1	1	—	1	1	1	—	1	1	1	—
天津	1	1	1	—	1	1	1	—	1	1	1	—	1	1	1	—	1	1	1	—
河北	1	1	1	—	1	1	1	—	1	1	1	—	1	1	1	—	1	1	1	—
山西	1	1	1	—	1	1	1	—	1	1	1	—	1	1	1	—	1	1	1	—
内蒙古	1	1	1	—	1	1	1	—	1	1	1	—	1	1	1	—	1	1	1	—
辽宁	0.859	1	0.859	irs	0.728	0.985	0.739	irs	0.799	1	0.799	irs	0.82	0.982	0.835	irs	0.818	0.996	0.821	irs
吉林	0.733	1	0.733	irs	0.714	0.986	0.724	irs	0.762	1	0.762	irs	0.81	0.987	0.82	irs	0.782	0.985	0.794	irs
黑龙江	1	1	1	—	1	1	1	—	1	1	1	—	1	1	1	—	0.981	0.992	0.989	irs
上海	1	1	1	—	1	1	1	—	1	1	1	—	1	1	1	—	1	1	1	—
江苏	1	1	1	—	1	1	1	—	0.994	1	0.994	irs	1	1	1	—	0.992	0.993	0.999	drs
浙江	0.953	1	0.953	irs	0.916	0.99	0.925	irs	0.91	1	0.91	irs	0.945	1	0.945	irs	0.992	0.992	1	—
安徽	0.81	1	0.81	irs	0.78	0.992	0.787	irs	0.878	0.997	0.881	irs	0.919	0.999	0.92	irs	0.953	0.999	0.954	irs
福建	1	1	1	—	0.963	0.993	0.97	irs	0.953	1	0.953	irs	1	1	1	—	1	1	1	—
江西	0.836	1	0.836	irs	0.864	0.991	0.872	irs	0.849	0.996	0.852	irs	0.797	0.99	0.805	irs	0.775	0.996	0.779	irs
山东	1	1	1	—	1	1	1	—	1	1	1	—	1	1	1	—	1	1	1	—
河南	1	1	1	—	1	1	1	—	1	1	1	—	1	1	1	—	1	1	1	—

续表

地区	2006年				2007年				2008年				2009年				2010年			
	crste	vrste	scale	type	crste	vrste	scale	type	crste	vrste	scale	type	crste	vrste	scale	type	crste	vrste	scale	type
湖北	0.898	0.99	0.907	irs	0.933	0.99	0.943	irs	0.931	0.996	0.935	irs	0.939	0.99	0.949	irs	0.917	0.996	0.92	irs
湖南	0.968	1	0.968	irs	0.988	0.989	1	—	1	1	1	—	1	1	1	—	1	1	1	—
广东	1	1	1	—	1	1	1	—	1	1	1	—	1	1	1	—	1	1	1	—
广西	1	1	1	—	1	1	1	—	1	1	1	—	1	1	1	—	0.961	0.997	0.965	irs
海南	1	1	1	—	1	1	1	—	1	1	1	—	1	1	1	—	1	1	1	—
重庆	0.806	0.992	0.812	irs	0.812	0.986	0.824	irs	0.791	0.994	0.796	irs	0.775	1	0.775	irs	0.826	0.994	0.83	irs
四川	0.924	0.992	0.931	irs	1	1	1	—	0.928	1	0.928	irs	0.928	0.976	0.95	irs	0.986	0.999	0.987	irs
贵州	1	1	1	—	1	1	1	—	1	1	1	—	1	1	1	—	1	1	1	—
云南	0.836	0.993	0.842	irs	1	1	1	—	1	1	1	—	1	1	1	—	1	1	1	—
西藏	1	1	1	—	1	1	1	—	0.711	1	0.711	irs	1	1	1	—	1	1	1	—
陕西	0.804	1	0.804	irs	0.852	0.99	0.861	irs	0.956	1	0.956	irs	1	1	1	—	1	1	1	—
甘肃	1	1	1	—	1	1	1	—	0.974	0.993	0.98	irs	0.917	0.986	0.93	irs	0.837	0.985	0.85	irs
青海	0.975	0.999	0.976	irs	0.942	0.966	0.974	irs	1	1	1	—	0.951	1	0.951	irs	0.941	1	0.941	irs
宁夏	0.644	0.998	0.646	irs	0.799	0.983	0.813	irs	0.874	1	0.874	irs	0.823	0.996	0.826	irs	0.853	0.982	0.869	irs
新疆	1	1	1	—	1	1	1	—	1	1	1	—	1	1	1	—	1	1	1	—
平均	0.937	0.999	0.938		0.945	0.995	0.949		0.946	0.999	0.946		0.956	0.997	0.958		0.955	0.977	0.958	

的规模效率分布看,东部沿海地区高于中西部地区。北上广在多数年份为规模有效,陕西、甘肃、宁夏、青海等多数年份规模效率低于1。因此,从数据分布以地区规模效应分析是合适的。

最后,从规模效率的类型即规模报酬(一表示规模报酬不变、drs表示规模报酬递减、irs表示规模报酬递增)可以发现,在310个分析结果中仅有甘肃省2001年和江苏省2010年是规模报酬递减,处于规模报酬递增有120个,规模报酬不变的188个。说明在2001—2010年我国绝对大部分省份的规模报酬不变和递增,整体规模效率水平较好,进一步加大投入有利于这些省份规模效率的提高。我国的经济发展在2001—2010年仍处于规模扩张阶段,要素流入增加了规模报酬。

6.3.3 规模效应影响因素的实证分析

用DEA模型通过投入和产出测算出了规模效率值,但是并不没有考虑其他不能控制的影响因素,还需要进一步分析是什么因素影响了规模效率的变化。因此,这里运用DEA-Tobit两阶段分析法,分析规模效应的影响因素。该方法是第一阶段用DEA计算出规模效率值,第二阶段以第一阶段的效率值为因变量,外生影响因素为自变量,用受限回归模型Tobit模型进行分析。例如,平新乔和魏军峰(2001)用Tobit模型分析了汽车行业对规模效率影响的因素,韩华为和苗艳青(2010)基于DEA-Tobit两阶段法分析了我国地方政府卫生支出效率的影响因素。宁自军(2007)用DEA-Tobit两阶段法分析了江浙两省引进FDI的效率差异。

1. Tobit模型的原理

Tobit模型的因变量在取值上受到限制,因此也被称为受限因变量模型。并且根据不同的限制情况有多种表示形式,按照受限因变量可以分为简单因变量模型、审查因变量模型、样本可分割的转换回归模型、保护指标内生变量的迭代模型和非市场均衡模型。Tobit模型的审查因变量标准模型如下:

$$y_i^* = \beta' x_i + \varepsilon,\ \varepsilon \sim N(0, \sigma^2) \tag{6.9}$$

$$y_i = \begin{cases} y_i^*,\ y_i^* > 0 \\ 0,\ y_i^* \leqslant 0 \end{cases} \tag{6.10}$$

式(6.10)则为左审查(截取)Tobit 模型,更一般的有在任意点进行左边和右边审查,即:

$$y_i = \begin{cases} c_1, & y_i^* \leqslant c_1 \\ y_i^*, & c_0 < y_i^* < c_1 \\ c_0, & c_0 \leqslant y_i^* \end{cases} \tag{6.11}$$

其中,c_0 和 c_1 分别代表两个审查点。

对于上述方程,OLS 估计通常出现较大偏差,故用极大似然估计审查回归模型的参数,对数似然估计如式(6.12)所示。

$$\begin{aligned} \ln L = & \sum_{i \in y_i = c_1} \ln F[(c_1 - \beta' x_i)/\sigma] + \sum_{i \in c_0 < y_i < c_1} \ln F[(y_i - \beta' x_i)/\sigma] \\ & + \sum_{i \in y_i = c_0} \ln F[(c_0 - \beta' x_i)/\sigma] \end{aligned} \tag{6.12}$$

面板 Tobit 模型比截面或时间序列的 Tobit 模型都要复杂,但仍然建立在两步法的基础上,该模型的基本结构为:$y_{it}^* = X_{it}\beta + \alpha_i + \varepsilon_{it}$, $y_{it} = \max(0, y_{it}^*)$; $i = 1, 2, \cdots, N$, $t = 1, 2, \cdots, T$,其中,α_i 为不可观测且不随时间变化的个体异质效应,X_{it} 为影响因素的变量。

2. 数据的选取

(1) 因变量。在 DEA 分析中的规模效率是在 0 与 1 之间的值,适合于作受限因变量模型中的因变量,其分为规模报酬递增、递减和不变。如前文分析本节中 310 个样本结果中仅有两个为规模报酬递减,部分数据在规模报酬不变时取 1,部分规模报酬递增,适合作为 Tobit 因变量。

(2) 自变量。在用数据包络分析求解规模效率时,我们主要考虑了国内因素,即每个省级行政区本身的因素,从投入与产出角度分析规模的合适度。这里从外部非控制因素分析其对规模效率的影响,因此以外部因素作为解释变量,内部因素作为控制变量。

解释变量:*FDI* 为外商直接投资(实际利用外资金额);*OFDI* 为非金融类对外直接投资流量;*EX* 为出口额;*IM* 为进口额。

控制变量:*GDP* 为人均 GDP;*L* 为就业人数;*OPEN* 为开放度(进出口占 GDP 比重)。

规模效率用 S 表示，则 Tobit 分析方程为：

$$S = C + \beta_1 FDI + \beta_2 OFDI + \beta_3 EX + \beta_4 IM + \gamma_1 GDP + \gamma_2 OPEN + \gamma_3 L \tag{6.13}$$

上述数据取各省级行政区从 2001—2010 年的年度数据，资料来源于 Wind 数据库整理。

3. 实证结果分析

本书用 Stata11.0 软件进行分析，其结果如表 6.4 所示。

表 6.4　规模效应的 Tobit 分析结果

自变量	模型 1		模型 2	
	系　数	标准差	系　数	标准差
FDI	0.004 372*	0.002 712 9	0.007 129 5**	0.003 090 5
$OFDI$	−.042 186 2**	0.019 259 8	−.057 152 6***	0.021 628 2
EX	0.002 814 2***	0.000 716 2	0.003 199 2***	0.000 777 1
IM	−.004 188 2***	0.001 149	−.002 821 9***	0.001 193
常数项	0.206 146 3	0.211 042 9	0.309 474 3*	0.250 731 8
GDP			0.250 731 8**	0.008 594 8
$OPEN$			0.037 205 7***	0.014 493 4
L			0.000 024 2*	0.000 107 5
Prob>chi2	0.001 1		0.001 8	
对数似然比	−141.09		−136.09	
样本	310		310	

注：* 表示在 10%的显著性水平上显著，** 表示在 5%的显著性水平上显著，*** 表示在 1%的显著性水平上显著。

从分析结果可以看出规模效应受外部经济的影响，解释变量的系数与预期相符。模型 2 中加入控制变量后比没有控制变量的情况下，所有的解释变量都为显著，并且比模型 1 的显著性提高，具体影响关系为：(1)规模效率受外商直接投资的影响显著，外资流入与规模效率正向相关。因为截面由 31 个省级行政区构成，说明外资流入对省级区域上具有规模效应，省级规模效应需要通过产业规模扩张的配合，因此间接地说明了外资流入对产业扩张的规模效应。实际利用外资系数的显著性也符合预期以及中国经济发展的基本特征，外资流入激发了闲置劳动力并带动相关产业的规模扩张,推动了产业升级。(2)对外直接投资对规模效率有负向影响,说明我国的对外直接投资主要还处于资本带出去而缺乏高级要素流入的阶段,因此 *OFDI* 产生了不利影响。(3)出口对规模效率的影响都为正,而进口对规模效率的影响为负。这是因为贸易中包括一般贸易和加工贸易,一般贸易在中国的出口中的比例上升,2010 年一般贸易占比过半,一般贸易促进了规模效率的提高。而进口主要用于加工后再出口或非生产性进口,进口没有很好地带动国内的产业发展,因此反而对规模效率有负面影响。(4)控制变量中开放度、人均 GDP 以及就业系数为正。说明开放度的提高有利于促进规律效率,也与预期相同,人均收入的上升有助于通过扩大需求来提升规模效率,就业人数在 10%的水平上显著,就业通过生产要素投入量的提高来推进规模效率的提升。

综上,外资流入对规模效率的提高有积极作用,即生产要素的直接流入促进规模效应进而推动了产业升级。而出口也能通过扩大生产促进规模效率,说明中国经济的产业规模效应也得益于融入全球化。

扩大规模是企业实现发展的重要途径,规模效应是经济发展中重要的因素,也是经济增长的来源之一。在产业升级中规模效应也发挥着关键的作用,通过适宜规模的扩张,促进了产业生产效率的提高,因此,规模效应也是产业升级的体现之一。本章分析了要素流动视角下生产要素从国外的流入通过规模效应推动了中国的产业升级。在回顾了规模效应内涵的基础上,指出了经济全球化下产业发展的规模效应来源。考虑到各个产业投入与产出的差异性,本章从区域的角度间接分析了要素流入通过规模效应带动中国的产业升级。因为各个省份相对的产业构成比较稳定,所以区域层面间接分析产业有一定的合理性,能够近似说明产业升级问题。本章在实证分析中采取 DEA-Tobit 两阶段法,首先采用数据包络分析求解出各个地区的规模效率,然后通过 Tobit 模型分析经济全球化下,要素流入对规模效应的影响。此外,本章证明了以外商直接投资为载体的要素流入有助于促进规模效应,规模效应是中国融入经济全球化,借助外部生产要素实现产业升级的重要途径之一。

第7章
要素流动视角下产业升级的财富效应

供给和需求是经济运行中同一问题的两个方面，经济之所以能够持续健康发展，就在于经济中的各个环节能够良好地衔接在一起，厂商和家庭构成了最基本的循环。在经济全球化背景下，要素流动就是这一循环顺利进行的重要体现，它同样也既影响了供给方也影响了需求方。在前几章的分析中，要素流动视角下的存在效应、溢出效应以及规模效应都是从供给的角度指出要素流入促进了中国的产业升级。而本章从财富积累出发，分析由于要素流动带来财富增加并推动产业升级。

7.1 财富效应的相关理论

7.1.1 财富效应的定义

从要素驱动到财富驱动体现了经济增长的动力转换，财富驱动相对于要素驱动是更高形式的增长驱动方式。在要素流动的全球化背景下，要素流入也通过财富效应驱动了产业升级。要素流入国通过要素流入刺激经济发展在经历存在效应、溢出效应和规模效应的同时，财富也在不断积累，当财富达到了一定程度也就具备了直接从国外购买高级要素的能力，也具备了依靠内需拉动产业发展的基础，进而产生了财富效应。财富效应与收入效应类似，收入效应是经济学中的一个常见现象，在微观经济学、宏观经济学、国际经济学中都有涉及，在微观经济学中收入效应是指由于价格变化引起的实际收入的变化从而影响消费和产出的均衡，通常与替代效应一起出现。某种商品的价格下降，消费者的实际收入提高，即使在名义收入不变的情况下也能提高均衡产出。它与替代效应共同构成了价格变化引起消费者需求变化进而影响均衡变化的组成部分。在微观经济理论中，对替代效应主要从斯勒茨基替代效应和希克斯替代进行了说明，斯勒茨基替代是在价格变化后收入不变的前提下产生的消费替代，希克斯替代是在价格变化后效用不变的前提下产生的替代。这两种替代效应下的收入效应内涵是一致的，即表示为由于实际收入的变化产生的消费需求的变动。

在宏观经济学中，收入效应则主要包括以下两个方面：一是财政政策带来的收入效应，主要指政府减少对个人的征税使得个人的收入增加进而对经济产生影响；二是货币政策产生的收入效应，由于政府采取紧缩的/宽松的货币政策降低/提高通货膨胀导致实际收入的上升/降低，或者通过影响利率水平，提高/降低利率使得预期收入增加/减少，扩大/减少消费从而对经济产生影响带来了收入效应。因此，从宏观层面是指由于国家的宏观调控政策对企业或居民名义或实际收入产生的影响。

在国际经济学中，收入效应主要指关税或者补贴导致进出口产品价格的变化，影响国内价格变化，进而类似在微观经济中的分析，由于价格变化引起实际收入的变化带来了收入效应。比如，一国对A商品提高关税的税率则将导致A商品进口价格的上升并带动国内与A商品类似的同类商品的平均价格，同时如果A商品是中间投入品或者原材料，就会带动相关最终产品的价格，这样就会降低国内居民的实际收入。

综上，收入效应是指由于商品价格的影响导致实际或名义收入的上升或者提高，从而影响了需求，对经济中的各个环节产生了一系列的影响。因为需求的影响是全面的，收入的提高或者降低就意味着需求能力的强弱，它是经济内生增长的重要动力之一，因此分析收入效应对于研究产业发展的影响非常必要。而财富效应有着更广泛的内涵，被应用最广泛的是金融领域，众多学者研究对股票市场是否存在财富效应进行了研究，股市的强弱影响居民的资产价格（即财富的多少），进而影响居民的消费。李学峰和徐辉（2003）指出由于股价或分红的变动引起货币余额的变化从而导致消费者开支的变化就是财富效应，其包括财富增加效应、减少效应和转移效应等形式，并研究认为我国的股票市场存在微弱的财富效应。股票市值或分红增加导致居民的账面财富增加，从而提高了消费倾向，加大了支出。在国际直接投资理论中，财富效应通常指由于汇率变化引起外国投资者的财富存量相对价格的变化,从而在不同国家进行资本的再配置。崔远淼(2007)研究认为汇率变化引起的财富效应主要体现在跨国并购上,当本币存在升值预期时,汇率将通过财富效应导致FDI流入增加。我国由于人民币低估和汇率升值预期的双重作用产生了财富效应。这里财富主要指资产,在研究国内经济时财富效应指本国居民资产变化的影响,而对于外商而言,则是外商资产的变化对投资的影响。因此,财富效应可以理解为,由于财富积累的增加,这些财富存量将对经济的相关领域产生一系列的反馈效应,推动相关产业发展。在产业层面,财富效应主要指由于一个产业的整体财富总量的上升,对本产业的再投入进一步扩大,从而有基础获取更多的先进要素,促进产业升级,导致产业升级从要素投入驱动向财富驱动的转变。

7.1.2 财富效应的特征

财富效应与收入效应在本质上是相同的,它们都是通过所能支配的购买力来根据自身的需要购买各种要素实现主动升级,这种购买对产业升级产生了积极影响,我们称实现了一个反馈即财富效应。存在效应、溢出效应或者规模效应仅仅从生产函数的某一个方面影响产出,而财富效应从产出转化为财富后再由购买影响产出,这种促进是全面的,既包括对最终产品的购买(比如汽车、手机、电脑等),也包括对中间产品的购买(比如发动机、外壳、芯片等),从各个层次影响生产的扩张。财富效应主要包括以下三个特点。

1. 财富效应是存量影响

财富与收入的最基本区别在于财富是存量、收入是流量,每年的收入不断积累,构成了财富。通常对于企业和居民而言,收入是最主要的积累财富的来源,相类似的企业则主要依靠营业收入、当年的收入扣除支出后的剩余就成为本年度的财富积累。除此之外,利息、资产的增值都是财富积累的组成部分。因为流量的收入还有为支付当期生产的运营成本,仅仅以所剩余的净利润来支持企业进行质的提高存在困难,故很自然地利用每期不断的财富积累,以存量推动更多流量的产生是一个经济体和产业持续发展的重要动力。

2. 财富效应强调名义值

收入效应主要是由于价格的变化引起实际收入的变化,影响消费与生产而产生。因此,收入效应更强调相对值的变动,使人们相对收入提高的价格变动就能促进消费,反之则不利于消费。在相对收入变化的过程中实际收入提高了,因此,一种商品的价格下降,导致能购买的总商品数量增加,实际收入上升的情况下消费者为了效用最大化必然也增加消费。而财富效应由于是存量,很难以某一时刻的价格作为对比,在长期物价保持稳定的前提下,以存量为基础的决策通常也具有更强的战略性,因此,在财富积累的过程中虽然要考虑价格的变化,但最重要的还是名义财富总值的提高。在正常情况下,财富效应也只有在财富积累到一定规模时才能发挥出来。

3. 财富效应需要以时间积累为基础

财富的积累并不是短期能够完成的,只有经历前期的积累之后才能发挥财富效应。马克思认为是资本驱动了财富,其在《1844 年经济学哲学手稿》中指出工人生产资本,资本生产工人,资本发现并驱使劳动成为财富的源泉。在经济发展的初期,原始资本往往作为购买用于生产的最基本的生产要素,并没有富余的资本用于进一步的研发以推动产业升级。经济增长从要素驱动到财富驱动的升级也可以看到,最初的经济驱动方式也往往依靠生产要素,通过投入要素的增长来推动经济发展,要素收入的提高不断转化为财富积累。所以,对于落后国家而言一开始是不可能采取财富驱动发展经济的,只能先结合自身要素禀赋的特征,采取要素驱动发展经济。而对于产业发展初期发展起来的产业通常也是与国内要素禀赋相符合的,产生的是要素驱动型产业发展路径。随着产业资本的不断提高,产业的产值和在国民经济中的重要性都会提高,产业也就具有了依靠财富效应发展的条件。比如,中国的出口加工业在改革开放以前并没有优势,而随着开放的扩大,出口加工业的规模不断扩大,成为拉动出口和经济的重要力量。出口加工业产值的扩张所积累的财富,为产业转型升级创造了基础。

7.2 要素流动视角下财富效应的机制

随着国外要素流入对产业升级的推进,产业发展到一定阶段积累了一定财富,产业的财富在积累的同时也促进了国民经济的发展，从产业和整体国民收入两个层面共同推动了产业升级。从改革开放后中国经济发展的轨迹可以看出，财富效应推动了产业升级和消费升级。这两种宏观层面变化的基础在于企业和居民财富的上升，而这二者都来自要素收益的提高。因此，要素流入下财富效应推动产业升级的微观基础是要素收益提高，宏观上表现为产业升级和消费升级，三者构成了一个循环（如图 7.1 所示）。

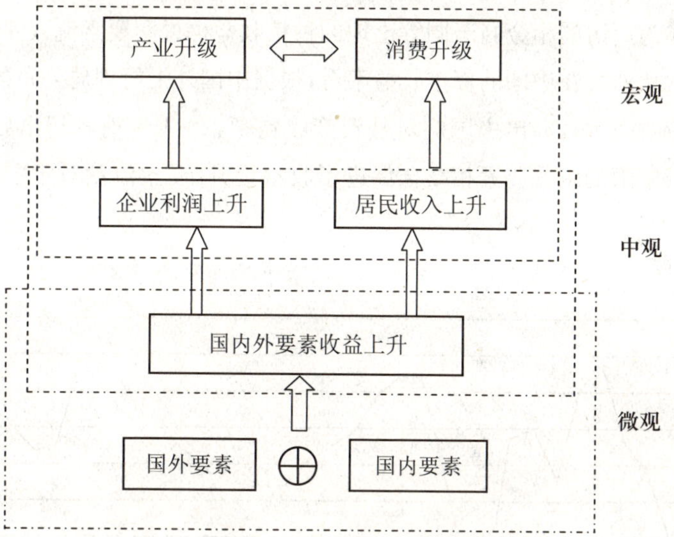

图 7.1　财富效应的机制

7.2.1　要素流入激发闲置生产要素

从图 7.1 可以看出，财富效应在微观层面上依赖于要素流动下国内外要素收益的上升。对于东道国的国内要素，由于国外要素的流入与国内闲置的生产要素相结合，比如外资与农村闲置劳动力、城市的闲置土地相结合，这部分国内要素从几乎没有收益到获得了工资与土地租金。正是外部要素流入激活了内部生产要素。与此同时，对于国外要素，其流入是为了获得更高的要素收益，由于东道国的劳动力、土地等价格相对于其他国家更便宜，国外要素的流入通过生产、销售之后也能够获得比在其他国家更高的要素收益。

经济全球化背景下要素流动加剧，中国在1978年启动的改革开放正是为了适应全球化，通过开放政策，使国外资本、技术、高端劳动力等流入中国与中国的闲置劳动力相结合，激发中国的闲置要素。闲置要素被激发并投入生产，获取了收益，从而为通过闲置要素积累财富创造了条件，收益的提高为发挥财富效应提供了基础。而且它带来的流入要素收益的提高也是跨国公司在全球进行要素组合的根本动力，也推动了跨国公司的快速发展。从图7.2可以看出，中国的劳动力工资增速明显小于GDP增长速度，说明中国的发展有压低劳动力收益的可能。将土地租给外资企业作为厂房的租金高于同等土地的种粮收益也说明要素流入使得国内要素收益上升。从外资在中国的资本收益率看，根据中国外汇管理局公布的数据，外资在华资产收益率远远高出中国的对外资产收益率，2011年前者超出后者1倍多。因为外资与中国的闲置要素相结合促进了收益提升，要素流动对于中国和外资是双赢的。

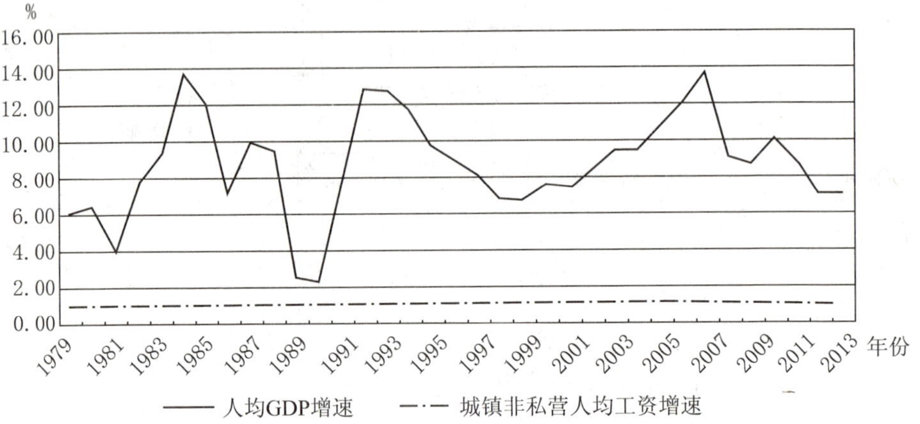

资料来源：Wind数据库。

图7.2 中国人均GDP增速与城镇非私营人均工资增速对比

国内与国外生产要素收益的提高是企业和居民得以积累财富的基础，持续的这种收益上升就形成了越来越多的财富。中国的人均收入从1978年的615元上升到2013年的51 483元，增长了82倍多，年平均增速为8.7%；同期世界经济的平均增长速度是3.5%，远超世界经济的平均速度。而此时跨国公司的收入大幅提升，以美国非银行跨国公司的海外子公司销售收入为例，该项从1997年的2.35万亿美元增加到了 2008 年的 6.08 万亿，年均增速高达 9%。正是要素收益的加速上升为企业和居民的财富积累创造了基本条件，这种财富才形成了潜在的强大的购买力和投资的资金来源，为产业升级和消费升级奠定了基础。因此，要素收益提高是财富积累的基础，而也只有财富积累的不断提高，才能使得财富效应发挥出来。

从表 7.1 可以看出，外资流入中国的东部地区增加了劳动力需求，东部地区的工资水平明显高于中部和西部地区，农村闲置的劳动力从中西部地区向东部转移。从图 7.3 则可以发现实际利用外资额度基本与外出农民工呈同向变动，地区的工资差异成为农民工流动的重要因素，而工资差异开始于外资流入。

表 7.1　中国东部、中部和西部私营单位年平均工资　　单位：元/年

指标名称 / 年份	东　部	中　部	西　部
2008	18 980	13 845	14 751
2009	19 840	15 402	16 234
2010	22 708	17 252	18 640
2011	26 800	20 677	22 313
2012	31 579	23 761	26 252
2013	35 847	27 149	30 454

资料来源：国家统计局数据库。

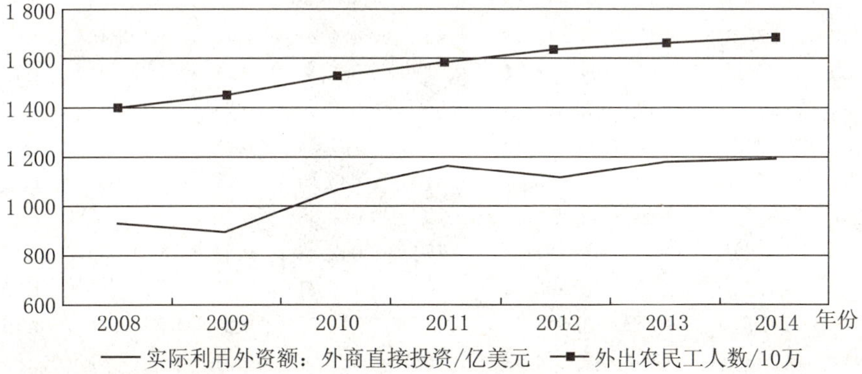

资料来源：Wind 数据库。

图 7.3　实际利用外资与外出农民工人数对比

7.2.2 财富积累为产业升级提供财富基础

产业升级集中体现为收益提高，内在驱动力在于要素升级，从依赖简单劳动力向知识型劳动力，从劳动密集向资本密集和技术密集转变。而在现代经济中生产要素通常需要前期的资本投入，需要一定的积累，对通过雇用培训师、专家对简单劳动力进行训练和教育才有可能使其提高知识水平，并经过长期实践才能形成知识型劳动力。一些落后国家之所以依靠简单劳动力进行生产，就是因为没有资本在教育和培训上进行投资，也就没有使本国劳动力进行升级的基础。从表 7.2 可以看出日本、美国、印度和中国的人均 GDP 与研发占 GDP 比重之间呈同比变化。

表 7.2 人均 GDP 与研发比重的变化

单位：人均 GDP(美元)，研发占比(%)

年份	日本		美国		印度		中国	
	人均 GDP	研发占比	人均 GDP	研发占比	人均 GDP	研发占比	人均 GDP	研发占比
1996	37 421.67	2.80	28 772.36	2.55	406.89	0.68	703.12	0.60
1997	34 294.90	2.87	30 281.64	2.58	422.92	0.71	774.47	0.64
1998	30 967.29	3.00	31 687.05	2.60	420.97	0.71	820.86	0.68
1999	34 998.81	3.02	33 332.14	2.64	448.10	0.75	864.73	0.79
2000	37 291.71	3.04	35 081.92	2.71	450.42	0.77	949.18	0.90
2001	32 716.42	3.12	35 912.33	2.72	459.58	0.75	1 041.64	0.95
2002	31 235.59	3.17	36 819.45	2.62	480.21	0.74	1 135.45	1.07
2003	33 690.94	3.20	38 224.74	2.61	558.44	0.73	1 273.64	1.13
2004	36 441.50	3.17	40 292.30	2.54	642.56	0.74	1 490.38	1.23
2005	35 781.24	3.32	42 516.39	2.57	731.74	0.78	1 731.13	1.32
2006	34 102.11	3.40	46 443.81	2.61	830.16	0.77	2 069.34	1.39
2007	34 095.02	3.46	48 070.38	2.72	1 068.68	0.76	2 651.26	1.40
2008	37 972.06	3.47	48 407.08	2.77	1 042.08	0.84	3 413.59	1.47
2009	39 473.37	3.36	46 998.82	2.82	1 147.24	0.82	3 748.50	1.70
2010	43 117.83	3.25	48 357.67	2.74	1 417.07	0.80	4 433.34	1.76
2011	46 203.70	3.39	49 854.52	2.76	1 539.61	0.81	5 447.31	1.84
2012	46 548.27	—	51 755.21	2.79	1 503.00	—	6 092.78	1.98

资料来源：世界银行数据库整理。

资本密集型是指资本在总成本中的占比高于劳动力等其他要素成本的占比，通常冶金、石油、机械制造等属于资本密集型产业。而从劳动密集型产业向资本密集型产业转变，最重要的一条是要有资本优势。理论上大多数行业都是从劳动力密集型开始，一个产业从劳动力密集向资本密集转变就要有资本购买更先进的设备以替代劳动力，从而劳动力在成本中的占比下降，资本在成本中的占比上升。从而导致这一产业逐渐演变成以资本为壁垒的产业，而实现这样的转变需要有资本积累即财富积累。因此，这个过程也需要一定的财富基础。中国的产业升级实质上是从劳动密集型向资本密集型的转变，党的十八大提出要加快传统产业转型升级，中国也具有了这样的基础。2010年，中国的GDP超过日本成为全球第二大经济体，2013年GDP总量为63.6万亿元，外汇储备为3.8万亿美元，而1978年中国的GDP仅有3 645亿元，外汇储备为1.67亿美元。改革开放30多年，中国的财富积累为产业转型升级创造了基础。

技术进步是经济增长中的核心动力，也是产业升级的关键。不论是知识劳动密集型产业还是资本密集型产业，二者的关键都是要提高生产效率。虽然随着技术的发展，技术已经成为一种与劳动力、资本同等地位的生产要素，但是诸要素之间并不是完全脱离的，一个发展中国家通常需要首先依靠本国的劳动力、自然资源等生产要素获取原始积累，进而发展资本密集型和技术密集型产业。这个产业升级轨迹具有阶段性，并且通过积累财富，发挥财富效应是升级的重要途径。对于发展中国家，实现产业升级的捷径是通过购买技术发挥后发优势，通过技术进口能够大大缩短实现技术进步的时间。林毅夫(2003)认为技术创新需要巨额的研发投入，并且风险大，发展中国家如果采取自己发明的方式来推动技术进步将和发达国家面临同样的风险，而如果模仿和引进来获取技术创新，则只需要支付该项技术发明成本的1/3。产业升级的财富效应从技术层面上就是该产业经过依靠一般劳动力、自然资源的前期发展后，获取了一定的财富积累，能够利用这些财富购买各种新技术，通过以财富获取后发优势实现产业升级。从表7.2可以看出，2000年以前中国的人均GDP在1 000美元以下，而随着人均收入的提高，中国用于研发的支出在不断提高，从1996年的0.6%提高到2012年的1.98%。虽然增长幅度小于人均GDP的增长，但是大幅高于美国、日本的增长速度，美国从1996—2012年研发支出占GDP的比重仅上升了0.24%。而研发支出部分可以用于对国外先进的技术、设备的购买，人才的引进等方面，这都有利于中国发挥后发优势。

财富积累对促进创新的作用首先体现在增加对创新活动的投入上，同时由于财富增加也营造了更好的创新环境，进而有利于产业升级。下面将国家统计局的中国创新指标体系中与财富有关的创新环境和创新投入指数提取出来，如表7.3所示：人均GDP指数、研发经费占主营业务收入的比重指数、基础研究人员人均经费指数以及科研拨款占财政拨款的比重指数都在不断上升。这些指数上升共同推动了中国的创新，中国创新指数从2008年的116.5上升到2013年的152.8，增长了31.2%。

表7.3 研发环境与投入指数对比

指标名称 / 年份	人均GDP指数	R&D经费占主营业务收入的比重指数	基础研究人员人均经费指数	科技拨款占财政拨款的比重指数
2008	138.90	108.30	125.70	104.80
2009	150.90	107.20	143.60	107.40
2010	165.90	112.80	163.50	116.40
2011	180.40	115.90	187.00	114.10
2012	193.80	119.70	206.20	113.00
2013	207.10	120.50	217.90	112.10

资料来源：Wind数据库。

因此，财富积累作为产业升级的基础就是财富所具有的购买力，只有财富积累到一定程度才具备购买升级所需的设备、技术甚至品牌、管理、销售网络等。财富效应最突出的表现就是快速发展的跨国并购，通过并购，产业得到了整合，将管理、技术、品牌等生产要素进行了重新组合，有利于产业升级。根据联合国贸发会议的统计，全球的跨国并购从1990年的989.03亿美元增加到2013年的3 487.54亿美元。

财富效应除了在产业层面上的购买力外，还体现在居民的消费力上，随着人均收入的提高，居民的消费能力也将不断上升。居民购买力的提高与产业层面上的购买力的区别在于居民消费涉及的面更广，更多地是通过间接效应推动经济发展。人们在食品上开支的增加和升级，将有利于农业的产业升级；在汽车上支出的增加，将扩大对汽车的消费，有利于汽车产业的良性发展，并带动诸如钢铁、玻璃、电子、橡胶等一系列产业的增长与升级。这种效应通过消费乘数而不断扩张。另外，随着财富的增加，人们的消费需求也会出现变化。正如马斯洛将人的需求依次从低到高分为生理需求、安全需求、社交需求、尊重需求和自我实现需求五类，人在财富提高的过程中对需求也发生了变化，从最初基本的温饱需求满足后，人们会增加对住房、医疗、交通、娱乐等方面的需求。这些需求在财富增加之后逐渐显现出来，通过对这类产品的购买而不断刺激产业结构的变迁。随着收入水平的上升，产业结构从第一产业到第二产业再到第三产业的变迁，其内在也受到财富效应的影响。由于财富增加带来了对消费需求的升级和扩大，间接推动了产业跟随需求升级而带来的升级。

综上，一方面，由于财富增加直接导致产业对先进设备和技术的购买增加，提高对员工的教育、培训，促进向资本密集型和技术密集型、知识劳动密集型产业的升级。另一方面，因为财富的增加提高了人们的消费水平和消费等级，进而间接促进了产业发展沿着消费低端向消费高端升级。又因为相对高端消费而言，低端消费一般情况下需要简单劳动力就能实现，例如粮食的种植、棉布的加工等，而高端消费往往由稀缺的要素构成，需要先进技术，同时它的售价也相对较高，比如智能计算机等。因此，消费升级的方向与产业升级的方向有一定的相似性，消费升级有利于促进产业升级。

7.2.3　产业升级和消费升级促进要素收益提高

生产与消费相联系，产业升级与消费升级存在协同性，他们都来自财富积累的增加，消费升级推动了产业升级，产业升级为消费升级提供了基础。由于财富增加提高了购买力，具备了购买先进要素和高端消费品的条件，为产业升级和消费升级创造了可能。因为消费升级对于产业升级是间接作用，而这二者都来自要素收益提高产生的财富效应，所以可以认为是要素收益的提高从根本上推动了产业升级。但是，需要注意的是产业升级和消费升级也促进了要素收益的提高。即要素收益提高和产业升级之间不是单向促进，而是双向互动。上文的分析指出了要素收益通过财富效应推动产业升级，而与之相适应的产业升级主要通过以下几个方面来提高要素收益。

第一，产业升级加速要素升级，要素升级提高要素收益。一个国家的产业要健康发展就要求其产业结构与要素结构相适应，一国的产业结构应当与该国的要素禀赋相适应，制定产业政策也要基于本国的综合要素结构。在经济全球化中，生产要素快速流动可以在短期内改变一国的生产要素，从产业持续发展来看，本国的生产要素若要在要素市场上保持竞争地位就必须对其自身进行升级，否则将不适应产业发展的需要，必将被淘汰。例如互联网发展迅速，但凡一项工作基本都会遇到使用互联网的问题，很多工作如果不会使用网络，那么可能很快就被淘汰。为了保住工作岗位，在产业升级的情形下，必须进行学会提高自己的计算机使用能力，即对自身进行升级，从最简单的劳动力向具有一定技能的劳动力转化。由于这种自身升级的必要性，同时在市场中也具有一定的稀缺性，因此在要素自身进行转化升级的过程中，要素收益也在不断提高。

第二，产业升级有利于促进整体要素结构的改善，综合要素结构改善推动要素收益提升。产业是一个中观经济的概念，与单个企业相比产业的变化能够带来更加广泛的影响。一个产业政策的变化，可能导致一国综合要素结构的改变。比如补贴新能源汽车的政策，刺激了社会资本向新能源汽车领域的集聚，有利于该产业的升级。在产业升级的同时，对新能源汽车的生产所需要的生产要素也在不断增加，资本在利润的诱惑下不断进入该领域，从而又促进了国家整体要素结构的变化，该产业所需要的要素占总的要素比例上升了。虽然在结构上先进要素的比例上升了，但是它作为一种新进要素，要素的边际生产率并没有明显降低，其总收益随着要素结构的改善确实在提高。

第三，产业升级反作用于财富效应，有助于财富积累。产业升级受财富效应的正面影响，同时它也反作用于财富效应。产业升级能够为产业发展创造更多的发展空间，为该产业中的企业所有者创造更多的财富。这些财富通过对产业的再投资重新回到产业发展当中，重新作为一种新的财富效应作用于产业发展，推动了产业升级。在这个过程中，对产业的再投资又形成了新的购买力，在要素需求提高的前提下，要素的价格即要素收益也会随之上升。这个反馈过程实际是需求的上升拉动了价格上涨，而前面的要素收益提高促进产业升级则是从供给的角度，由于供给的变化导致价格的变化，这二者共同构成了一个产业发展与财富积累的双赢局面。

7.3 财富效应的案例分析

随着经济和技术的不断发展，高速铁路逐渐取代传统铁路成为主要的铁路运输方式，按照我们对产业的定义与划分，高铁是运输业下属的一个分支产业，因此可以称之为“高铁产业”。本节以高铁产业为例，分析其中的财富效应。

7.3.1 高铁产业

1. 中国高铁产业概况

高速铁路的概念最早产生于1985年联合国欧洲经济委员会的规定，客运专线超过300 km/h，客混线超过250 km/h的为高速铁路简称高铁。欧盟、国际铁路联盟也对高铁制定了相关标准，其中欧盟是250 km/h以上，国际铁路联盟是200 km/h以上。2014年我国颁布实施的《铁路安全管理条例》中规定高速铁路是指设计开行时速250公里及以上，并且初期运营时速200公里以上的客运列车专线铁路。在运行中，时速在200 km—250 km的被称为动车，以D开头；时速在300 km以上的为高铁，以G开头。

中国的高速铁路真正发展是在2004年，当年通过了中国第一个《中长期铁路网规划》，2007年的《综合交通网中长期发展规划》和2008年的《中长期铁路网规划(2008年调整)》都在国家层面上提出了新的调整。这三份规划完整勾勒了2020年前我国的铁路网，指出到2020年，全国铁路营业里程达到12万公里，提出了在繁忙干线上货车和客车分线，提高运输能力和装备水平。指出在省会城市及大中城市间建立快速客运通道，并成立环渤海地区、长江三角洲地区、珠江三角洲地区三个城际快速客运系统，提高客运专线的里程等。

该高铁规划建议形成三个专项系统：

第一，“四纵”客运专线：贯通京津至长江三角洲东部沿海经济发达地区；连接华北和华南地区；连接华北和东北地区；连接长江三角洲、珠江三角洲和东南沿海地区。

第二,“四横”客运专线:连接华东和西北地区;连接华东、华中和西南地区;连接华东和华北地区;连接西南和华东地区。

第三,三个城际客运系统:环渤海地区、长江三角洲地区、珠江三角洲地区城际客运系统,覆盖区域内主要城镇。这“四纵”“四横”共同打造了贯通东西南北的高铁网络架构,三个城际系统完善了人口密集区域的交通网络。

中国的高速铁路发展之初就提出了首先通过引进国外先进技术,再由国内企业的自主创新提升创新水平,发展本国高速铁路的设想,2004 年 4 月,国务院针对铁路机车车辆装备召开专题研究会议,明确了“引进先进技术、联合设计生产、打造中国品牌”的基本原则,并确定重点扶持国内六家机车车辆制造企业,同时在合作上采取引进少量原装,并在国内进行散件组装和国内生产的项目运作模式。同年 7 月,国家发改委与铁道部联合印发《大功率交流传动电力机车技术引进与国产化实施方案》和《时速 200 km 动车组技术引进与国产化实施方案》。

以技术引进为先导国内吸收为支撑的高速铁路规划初步形成。2005 年中国铁道部向唐山机车车辆厂和德国西门子公司采购 60 列时速 300 km 动车组,西门子公司与唐山机车厂通过合作共同生产高速列车,西门子公司向唐山机车厂全面转让时速 300 km 动车组的设计和制造技术。2005 年 11 月,中国和德国签署了动车组采购合同和技术转让协议,所有动车组全部使用中国品牌。中国铁路瞄准世界一流技术水平,从法国、德国、日本、加拿大等国引进先进动车组技术,大力加强消化吸收再创新,经过不断的努力与突破,中国已经掌握高速动车组的总成、车体、转向架、牵引系统、列车网络控制系统和制动系统等多项关键技术,以及相关的主要配套技术,实现了关键设备的国产化。中国的企业已经能够制造达到一定世界先进水平和设计要求的动车组。

2008 年 5 月 28 日,铁道部制定并印发了关于《和谐型 9 600 kW 大功率交流传动货运电力机车总体技术方案》,明确提出自主创新的新机车要确保安全可靠;在节能减排、环保材料使用、对外部环境影响等方面不但要达到国际先进标准,还要求制造厂家在实现自身发展的同时,推动国内相关产业链的发展。在技术创新的各项指标上,设计制造出世界一流水平的机车,形成我国铁路重载货运电力机车的技术标准体系。由于高铁是资本密集型和技术密集型产业,中国走的是以资本买技术,再自主创新的道路。因此,在我国高铁快速发展的背后,基础是国家不断加大对铁路建设的投资额度,如表 7.4 所示,我国用于铁路的财政支出 2010 年为 403.96 亿元,2012 年则为 883.12 亿元,两年翻了一倍,这些支出中 75%左右用于铁路网建设。而同期,全国公共财政的总支出仅增长了 40%,因此从铁路支出可以看出国家对铁路建设的支持,为铁路发展提供了财政基础。

表 7.4　全国公共财政支出与铁路运输财政支出对比　　单位:亿元

年份＼指标名称	全国公共财政支出	铁路运输支出	铁路路网建设支出
2010	89 874.16	403.96	297.84
2011	109 247.79	465.01	336.60
2012	125 952.97	883.12	628.41
2013	140 212.10	788.89	394.62

资料来源:Wind 数据库。

2010 年底,高速铁路已经被中国政府作为战略性新兴产业优先发展,今后政府将在资金、土地、技术等多个方面给予大力支持。截止到 2013 年 9 月,中国高铁总里程达到 10 463 公里,“四纵”干线基本成型。中国的高铁里程约占世界的 46%,稳居全球首位。

中国政府也非常重视高铁产业的国外推广,李克强总理多次出访推销中国高铁,泰国、罗马尼亚、英国、美国、俄罗斯、非洲等都有与中国在高铁方面合作的意愿。历经 10 多年的发展,中国的高铁取得了飞速进步,形成了一个具有国际竞争力的产业。

2. 高铁发展中的财富效应

高铁是一个高度资本密集和技术密集型的产业,高速铁路的发展经历了三次浪潮,第一次是 20 世纪 60 年代到 90 年代,第二次是 20 世纪 90 年代初到 90 年代末,第三次是 21 世纪初至今。世界上最早的高速铁路是 1964 年日本的新干线,此后法国、德国、英国等大部分欧洲发达国家建立了高速铁路网。中国的高速铁路 2004 年才开始规划,在技术上和上述发达国家有很大的差距。经过 10 年的发展,中国的高铁能够站在世界舞台,并作为国家的优势产业是产业升级的一个经典案例。中国高铁产业通过财富效应实现产业升级主要体现在以下三点:

第一，中国积累了购买国外高铁技术的资本。高速铁路起源于日本并在欧美等发达国家流行，高铁在发达国家产生和发展主要因为高铁属于高度资本密集型和技术密集型产业，研发高铁需要大量的资本投入，因此它也是高技术密集的。1960年日本在发展高铁起步阶段向世界银行贷款8 000万美元用于研发，美国1965年首次批准9 000万美元进行高铁技术的研发，而此时中国在经济上还不具备发展高铁的基础。1962年的GDP仅有1 151亿元，外汇储备为8 100美元，远远不具备发展动辄上亿美元的投资项目。但是，随着改革开放和加入WTO，中国经济实现了飞速发展。2004年中国的GDP为16万亿元，外汇储备为6 099亿美元，与42年前有了翻天覆地的变化，因此中国具有了发展高铁技术的资本积累。并且这种积累还在不断增加，2009年GDP为34万亿元、外汇储备为23 887亿美元，2013年GDP为57万亿元、外汇储备为38 213亿美元。从图7.4中可以看出，1991—2009年中国的财政收入快速增长，财政收入增速远超GDP增速，尤其是1993—2007年，2007年达到了顶峰，同比增长32%。财政收入增长为发展高铁奠定了基础。

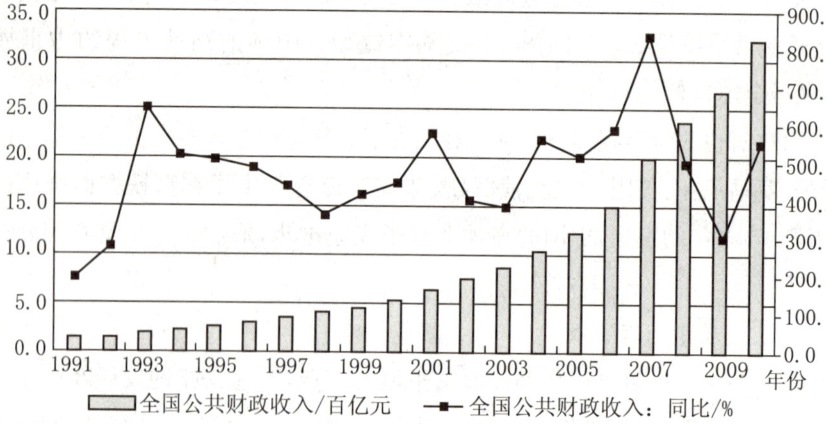

资料来源：Wind数据库。

图7.4　全国公共财政收入总量与增速

发展中国家的后发优势就体现在能够通过向发达国家学习和引进技术缩短技术创新的时间。而在关键核心技术上，由于发达国家投入了大量的资金和劳动力，不可能免费提供给其他国家，因此购买就成为发展中国家在技术上实现赶超的途径。中国高铁发展就得益于从国外购买技术，与铁道部签订高铁合同的外国公司需要将关键技术转让给中国，并保证使用中国的自有品牌而不是沿用国外品牌。动车CRH380A(China Railway High-speed)的技术基础是从日本川崎重工进口，比如核心部件IGBT芯片在当时的技术条件下，中国没有自主生产的能力，就是通过向国外购买解决的。2008年，株洲南车时代电气股份有限公司(株洲机车电力研究所的子公司)收购了全球著名的芯片生产商——加拿大的Dynex Power Inc公司——75%的股权，进而获取了IGBT的制造技术。而根据对株洲机车电力研究所的报道，该所的8英寸IGBT专业芯片线已在该公司建成，也是中国首条8英寸水平的生产线，使得中国跻身高端IGBT芯片生产之列，打破了国外的长期垄断。说明通过并购，中国实现了核心技术从进口向自主生产的转变。

铁路产业的发展需要资本支持，资本是购买国外先进技术的重要条件。中国动车招标始于2004年8月，中标厂商之一的阿尔斯通公司获得60组高速列车订单，合同总价值6.2亿欧元。在这次合作中，阿尔斯通公司一共有七项高铁关键技术转让给了中方，并且60组机车中的3组由阿尔斯通在意大利工厂组装外，6组由中方根据阿尔斯通提供的散件组装；其余51组通过技术转移，由长春客车厂在国内生产。6.2亿欧元在改革开放之初对于中国来说乃是天文数字，经过改革开放后30多年的发展，中国具有了通过购买进行技术升级的条件。中国的高铁能够取得这样的成就得益于其拥有大量的资本，仅从建设成本上看，1万公里的高铁需要投入3 300亿美元，这是一笔庞大的开支。因此，CRH1型核心技术是引进后再进行中外合作开发的成果，但是整体技术国产率超过62%。

技术合作同样需要以资本为支撑的项目合作。CRH2 2004年由中国南车公司从川崎引进，其引进形式与上述阿尔斯通公司合作模式相类似，铁道部向川崎以93亿元人民币的价格签订了60组CRH2A型高铁合同，其中51辆通过技术转移由中国的南车集团生产。这种部分高速列车的制造由中国厂方承担的方式可以使得中方通过学习效应、关联效应等促进国内高铁产业的技术进步，但是该技术合作的基础是购买60组的高速列车。没有资金支持就不可能达成协议并促进后续的产业升级，这一系列由财富驱动的过程就体现了财富效应。北京交通大学运输经济理论与政策研究所常务副所长李红昌认为世界上没有一个国家能够100%掌握全部的高铁生产技术，中国高铁经过这些年的发展，至少已实现70%的国产化率，相关的专利问题也已解决好,任何技术的国产化率都有一个过程,高铁的生产和出口已具备实力。我国高铁每公里的建设成本是 0.33 亿美元,比国外的 0.5 亿美元低约 30%。因此,可以看出中国高铁的技术从无到有的过程,很大程度上依赖于中国具备了雄厚的资本,能够通过购买将国外的专利技术引入国内,在此基础上进行集成创新和消化吸收,实现技术的再次飞跃并形成自己的品牌。虽然中国不是高铁的原创国,中国在技术引进的过程中外方可能还存在着对技术诀窍的隐瞒,但不可否认的是,通过引进,中国的高铁从无到有并走向了世界。

如图 7.5 所示,改革开放后中国的铁路机车拥有量发生了大幅增加,1978 年国家铁路拥有的内燃机车和电力机车数量总和不足 2 000 台,2013 年接近 20 000 台。另外,随着对国外技术的引进吸收以及国内的自主创新,机车的类型在 2006 年发生了转变,内燃机车开始逐渐减少而电力机车开始大幅提升,2012 年电力机车数量首次超过内燃机车数量,标志着我国铁路机车的转型升级。其中,快速转型期的 2008—2011 年也是国家对铁路建设加大投资和扶持力度的阶段。

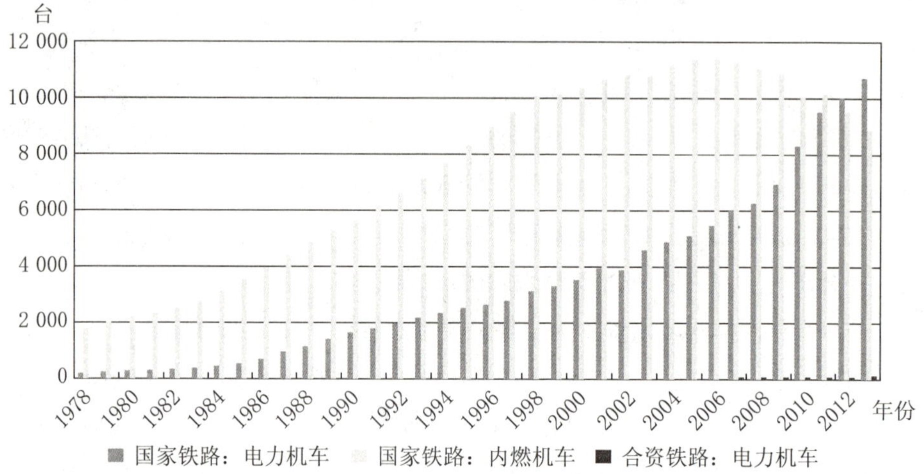

资料来源:国家统计局数据库。

图 7.5 中国铁路机车拥有量

第二,收入的提高为中国高铁发展提供了广阔的市场。高铁作为一种交通工具与汽车、飞机等一样要得到大力推广也需要有广阔的市场,因此高铁能在中国取得成功也得益于中国大量的人口迁徙为高铁发展提供了全世界最大的市场。中国有13.6亿的人口，其中6.2亿农村人口，在改革开放后中国中西部的闲置劳动力流动到东部沿海与外资及部分民间资本相结合形成出口，这就带来了大量人口在全国范围内的迁移。居民收入水平的上升为推动高铁产业发展构建了消费基础。中国铁路总公司的统计数据显示，我国铁路客运量在2012年达到18.93亿人次，旅客周转量则高达9 812亿人公里，日均装车数166 072，货运总发送量390 438万吨。这些数据是发展高铁最根本的动力，目前高铁主要是旅客的运输，但随着高铁的发展未来将普及货物的运输。中国巨大的人口迁徙形成了对高铁最大的需求，再加上中国人均收入的上升，老百姓能够承担高铁相对高额的票价，因此铸就了高铁快速发展的基础。

表7.5　中国人均收入与交通消费水平

年　份	人均GDP（元）	城镇非私营平均工资（元）	城镇私营平均工资（元）	城镇人均交通支出（元）	农村人均交通通信支出（元）
1995年	5 046	5 348	—	83.04	33.76
1996年	5 846	5 980	—	96.18	47.08
1997年	6 420	6 444	—	111.36	53.92
1998年	6 796	7 446	—	114.77	60.68
1999年	7 159	8 319	—	136.86	68.73
2000年	7 858	9 333	—	162.22	93.13
2001年	8 622	10 834	—	175.54	109.98
2002年	9 398	12 373	—	267.24	128.53
2003年	10 542	13 969	—	297.11	162.53
2004年	12 336	15 920	—	389.05	192.63
2005年	14 185	18 200	—	499.63	244.98
2006年	16 500	20 856	—	606.92	288.76
2007年	20 169	24 721	—	759.12	328.4
2008年	23 708	28 898	17 071	804.41	360.18
2009年	25 608	32 244	18 199	1 040.88	402.91
2010年	30 015	36 539	20 759	1 254.8	461.1
2011年	35 198	41 799	24 556	1 397.09	547.03
2012年	38 459	46 769	28 752	1 628.35	652.79
2013年	41 908	51 474	32 706	—	796

资料来源：Wind数据库。

从表7.5可以看出,近20年来中国的人均收入快速增长是消费能力提升的基本保障,2013年的人均GDP是1995年的将近8倍,而工资水平也发生了同比例的变化,其中非私营企业的工资水平超过了人均GDP。同期,人们在交通上的开支更是突飞猛进,1995年城镇人均交通支出只有83.04元,而2012年高达1 628.35元,增长了19.6倍,远远高于人均收入的增长幅度。由于统计数据没有将农村的通信与交通分离,因此从交通与通信的总和看,农村在这两方面的支出也从33.76元增加到796元,增长了24.2倍。因此数据显示对交通需求量的增长幅度是收入增长的2—3倍,远大于收入增长。交通支出从一个侧面反映了对铁路的需求量,收入提高带动交通支出的上升为中国发展高铁建立了基础。

第三,中国特殊的土地制度也有利于高铁发展。中国是公有制国家,土地属于国家所有,这种制度有利于快速实施高铁路线的规划。高铁的建设涉及征地,在土地私有制的发达国家,实施征地面临着一系列的困难,而中国的土地归国家所有,在对土地的使用上从产权上和其他国家有本质的区别,中国能够根据政府的规划快速征地。中国高铁超过1万公里,占世界总高铁路线长度的近一半,这样的路线长度涉及更大面积土地的使用,而这如果在私有制的土地制度下是很难完成的。因此,在有市场需求的前提下,政府能够发挥主导作用进行规划路线也是高铁能够在中国快速发展的重要因素。

综上,我国的高速铁路发展能够取得成功关键在于合适地发挥了财富效应。改革开放后经济取得的巨大成就为高铁产业的发展积累了初始财富,而国内大量的人口流动为高铁发展创造了条件。

7.3.2 汽车产业

1. 中国汽车产业概况

由于具有极高的产业关联性,在发达国家汽车产业往往是支柱产业,美国、德国、日本都是世界上主要的汽车生产和消费国。同时,汽车产业和高铁相类似,也是资本密集型和技术密集型产业。发展中国家往往在汽车产业上不具优势。由于汽车产业在国民经济中的特殊性,汽车产业在发展过程中受到中央和地方政府的特殊“关照”。按照严栾玉(2010)的分析,我国汽车产业的发展从政府规制程度大致可以分为政府直接管理、过渡期和缓和规制期三个阶段：

第一阶段：1949—1978年，政府直接管理阶段。政府通过自上而下的政策命令对汽车产业发展做出指导，依靠原苏联的技术，扶持中型载货车的发展。在这一阶段形成了"自给自足"加"企业办社会"特征的汽车工业体系。汽车产业从无到有发展了起来，并出现了一汽、二汽、上汽、沈汽、川汽等国有汽车制造企业，产品也从载重车向客车等多产品延伸，但整体上从车型到技术与国际相比都比较落后。第二阶段：1979—2001年，属于过渡阶段。1986年将汽车制造确定为重要的支柱产业，1994年颁布了《汽车工业产业政策》，标志着对汽车产业的干预从直接的行政命令转变为间接的微观指导。另外，该阶段的一个重要特点是加大了与外资合作的力度。20世纪80年代中期中国汽车产业开始和外资合作，逐渐放弃了本国的自主创新，主要依靠引进技术进行国外汽车品牌的组装生产，掀起了一股与外国公司合资、合作的浪潮。这实际上违背了政府试图通过合资的方式以"市场换技术"的初衷，本希望通过引进国外技术，然后消化吸收，形成自己的创新能力，但直到现在都没有实现，可以说合资不但没有引发出自主创新，反而挤出了自主创新。第三阶段：2001年至今，缓和规制阶段。加入世界贸易组织后中国的汽车产业遇到了空前的压力，同时国内需求不断扩张。政府对汽车产业的管制也逐渐放松，2004年颁布的《汽车工业产业政策》标志着政策的实质性放松。在发展规划、技术政策、

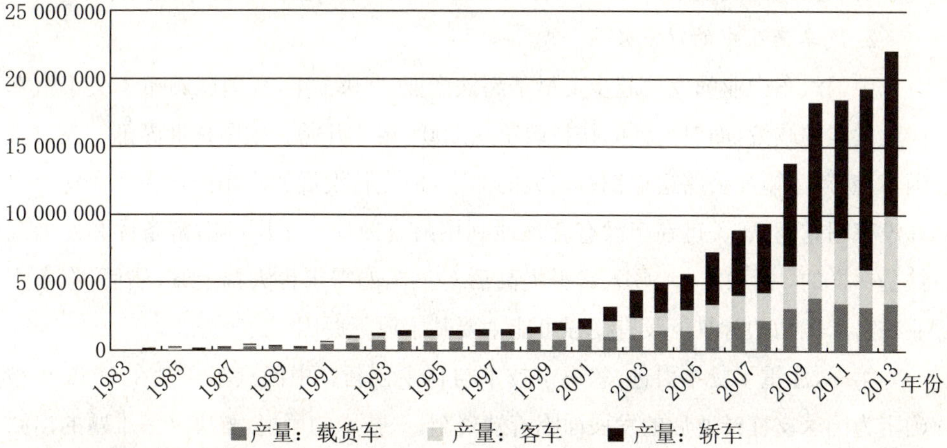

资料来源：Wind数据库。

图7.6　1981—2013年中国汽车产量

结构调整、准入管理、商标品牌、销售网络等多个方面给出了政策方向，提出要推动重组，加大与国外企业的兼并等，提高产业集中度，鼓励集团化发展等措施，期望在2010年前使我国成为世界主要汽车制造国，在满足国内市场需求的同时批量进入国际市场，形成若干驰名汽车品牌。但是，到2014年中国仍然没有具有国际竞争力的汽车品牌，中国的汽车自主生产水平还比较低。

从图7.6可以看出中国汽车产业的阶段性特征，从2001年开始快速发展，载货车、轿车和客车产量都大幅增加，到2013年三种车型的产量达到了2200多万辆。同时，从车型结构上看，2001年载货车在三种车型中占比最高，但2001年之后，轿车的产量快速上升并超过了载货车，成为最主要的车型。

经过60多年的发展，中国汽车产业虽然取得了一些成就，中国成为世界最大的汽车消费国和生产国，但是“大而不强”，从技术创新的角度上，其与国外还存在很大差距，中国的汽车产业没有国际领先的核心技术，没有能够在世界立足的知名品牌。2006年在《国务院关于加快推进产能过剩行业结构调整的意见》中将汽车产业列为产能过剩产业，一方面中国有巨大的汽车市场需求，另一方面汽车产业却存在大量的产能过剩，中国汽车业存在明显产业结构问题，供给结构与需求结构存在错配。从研发可以看出，中国在汽车的研发投入却远低于发达国家，2005年我国主要汽车企业对研发的投入占当年销售收入的比例是1%—3%，而同期跨国公司的研发投入比例是5%—6%。研发不足导致产品质量上不去，供给结构低。

2. 汽车产业中的财富效应

中国汽车产业的发展起步要早于高铁产业。1994年，我国就颁布了关于汽车产业发展的政策，而对高铁的扶持政策从2004年才开始。中国是世界第一人口大国，对铁路运输和公路运输都有巨大的需求，但先行发展的汽车产业在产业优势上并没有超越高铁，关键在于没有合理地利用财富效应。中国的财富条件和发展高铁是一样的，中国的人均收入水平提高后对汽车的需求也大幅上升，然而，汽车产业在需求拉动的背景下没有变强可能主要基于以下原因。

第一，注重了资本引进，忽视了技术与自主创新。中国汽车产业在1986年被确定为国家支柱产业后的发展面临着缺资金、缺技术的困境，解决这一难题的出路就是引进外资。中国吸引跨国公司合作的模式是合资，一大批合资汽车公司纷纷成立。但是中国在引进外资的同时，并没有重视对技术的引进。外资在中国汽车行业的投资方式包括中外合作、中外合资和外商独资三种，其中中外合资占到了90％。外资进入无疑推动了整个汽车产业的发展，中国的产销量大幅上升，从1955年的年产61辆，上升到2013年的2 211万辆，但是核心技术的进步却远远落后于市场的发展。这种合资模式使汽车企业形成了纯粹控股模式，在“做大做强”的政治口号下，这种合资的大集团往往由不同的跨国公司参股，原有企业公司发展越大，合资越多，越无法顾及自主创新，进而形成了纯粹控股型的企业集团。2009—2012年汽车产业研发占营业收入的比例分别为1.84％、1.42％、1.49％和1.5％，仍然低于跨国公司在2005年的5％—6％的水平。另外，从表7.6的汽车产销量增速和研发增速上看，研发投入在大部分年份低于销量的增长，并且还出现了负增长的年份，这说明了对自主创新投入的不足。

表7.6　汽车产销量与研发投入的对比

年　份	产量增长率	销量增长率	R&D投入增长率	研发人员增长率
2003	36.57％	33.49％	16.88％	15.10％
2004	14.11％	16.90％	14.06％	9.22％
2005	12.57％	13.76％	26.28％	－14.11％
2006	27.54％	24.77％	25.14％	34.98％
2007	22.02％	22.38％	—	—
2008	5.21％	6.70％	—	—
2009	47.57％	45.46％	26.53％	50.04％
2010	32.44％	32.37％	2.76％	2.00％
2011	4.33％	2.45％	0.31％	－24.53％
2012	3.76％	4.33％	7.90％	7.90％

资料来源：Wind数据库。

因此，中国汽车产业的发展经历了起步到腾飞的过程。外资为中国汽车产业的发展做出了贡献，在经济总量上升的过程中，人均收入也在不断提高。财富效应带动了对汽车的巨大需求，但是由于汽车产业在研发投入上不够，没有掌握外资的核心技术，最终中国给出了市场却没有换回技术。在合资过程中，我国汽车产业尤其是轿车的技术控制权都被跨国公司所掌握，而没有形成创新能力，始终停留在“引进—模仿—再引进”的发展模式中，忽视对核心技术的引进和自主创新使中国成为汽车的组装厂而不是生产厂。

第二,注重合资合作,忽视本土品牌的培养。中国汽车产业的发展和高铁相比在于品牌上也有差异,高铁是通过购买获得技术,同时也保持中国高速铁路的品牌,而国内汽车企业和跨国汽车公司合资后虽然保持了中国汽车公司在合资企业的命名和股权上的优势,但是商标仍然使用外资公司的标志。这使得中国自有品牌的发展举步维艰,民营汽车品牌更是屈指可数。本土品牌的发展滞后,甚至远远落后于和我国几乎同时起步的韩国和日本的汽车业。在中国汽车产业 50 多年的发展过程中,只有奇瑞、吉利、中华、比亚迪等民族品牌在 2000 年以后才崭露头角。本土品牌发展缓慢既有政策方面的原因,也有企业自身的原因。在加入 WTO 前,在国家政策的推动下,我国汽车产业的发展采取的是合资合作的模式,而没有掌握对核心技术的控制,虽然对进口汽车征收了较高的关税,但是国产汽车由于在技术上没有突破,并没有在价格上形成优势。在这一阶段,跨国公司在中国实际上采取的是价格竞争战略,这个战略能够成功的关键在于国内合资企业没有通过合资获得核心技术。而在加入 WTO 之后,为履行入世承诺,我国降低对进口汽车的关税,取消审批、配额等,对汽车产业维持多年的保护政策没有了。汽车市场价格开始走向市场化,与此同时,跨国公司在中国的汽车战略转向了品牌战略,而也就是在这一时期,奇瑞、比亚迪等民族品牌在夹缝中成长起来。根据品牌的所有制结构,我国汽车品牌发展可以分为三个阶段:第一阶段是 20 世纪 80 年代前,属于独立国有品牌阶段;第二阶段是 1981—2000 年属于合资品牌阶段;第三阶段是 2001 年至今,国有、合资、进口品牌的混合阶段。在最关键的第二个 20 年合资过程中,产业资本虽然得到了集聚,但是在发展过程中忽视了对品牌的培养是当前国内汽车产业格局中国产汽车处于弱势的一个重要原因。

第三,重视市场体系建设,忽视创新体系的建立。创新体系是一个国家技术创新层出不穷的基础,只有形成体系,自主创新才能长久发展。2001 年随着资本存量、技术存量的大幅提高,汽车产业才逐渐显现出财富效应,2001 年我国的汽车产销量世界排名第 8 位,2003 年超过德国排名第 3 位,2009 年超过美国成为全球第一大汽车产销国。汽车的进出口一定程度上反映了我国汽车市场的现状,如图 7.7 所示,在 2004 年以前中国的汽车整车进口数量一直高于出口数量,而在 2004 年以后也就是入世后的第 3 年,进出口都发生了高速增长。

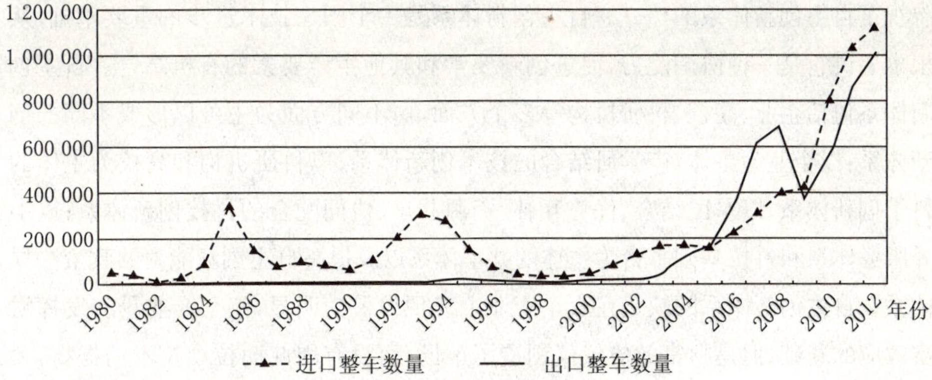

资料来源：Wind 数据库。

图 7.7　中国进出口汽车整车数量

图 7.7 反映了在整车进出口快速发展背后的结构，2005 年以前整车进口量一直大于出口量，2005—2008 年出口大于进口，2008 年以后进口整车又超过了出口量，整体看进口量大于出口量。但从图 7.8 汽车和底盘的进出口变化中可以看到，进口额也在 2009 年后升高，且 2009 年开始进口额和出口额的差额逐步扩大，尤其在 2005—2008 年出口增长底盘进口仍然大于出口，说明中国整车出口虽然也大幅增加，但可能由中国组装后再出口的数量上涨更快。

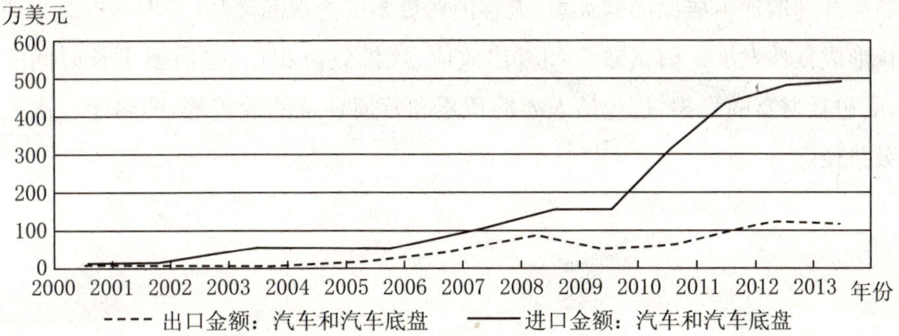

资料来源：Wind 数据库。

图 7.8　汽车和底盘的进出口金额

这两组数据不仅反映了汽车产业从市场规模的扩大，而且反映了内在的结构问题，折射出我国汽车产业发展中的结构性问题：虽然市场体系不断扩大，但是却忽视了自主创新体系的建立。自主创新体系是一个国家技术进步的重要基础，从根本上讲它是一种协调能力，促进创新要素和其他生产要素的有机结合。自主创新体系包括企业、高校、科研机构等多个方面，由不同方面为主可以形成不同的创新体系：以企业为主体，产学研结合的技术创新体系；以科研机构和高校为主体的科学创新体系；以军民结合、优势互补、资源共享、协同配合的科技创新体系；以中介服务体系和科技基础平台为主体的共享体系以及提高自主创新能力的政策法规体系。自主创新体系的缺乏在汽车产业上表现得最为明显，汽车产业具有发挥财富效应的基础，但是财富效应仅仅创造了市场，而没有因此而拉动技术的提高，关键在于没有自主创新体系。

财富效应建立在一定的发展基础之上，由于收入水平的提高，产业资本的提高才能带动消费和生产，推进并购获取高级要素并以此拉动产业的良性循环。要素收益的提高并积累成财富，财富效应从产业升级和消费升级上体现出来，这两种宏观层面变化的基础在于企业和居民财富的上升，而这二者都来自要素收益的提高。生产要素从国外的流入既导致外资企业利润的上升，也通过拉动就业带动了居民收入的上升。要素流动视角下产业发展的财富效应的微观基础是要素收益提高，宏观上表现为产业升级和消费升级，二者又相互影响，互相促进。财富增加后企业的购买力提高，能够通过购买获得高级生产要素，促进企业的转型升级，而居民财富的提升则增加了居民的购买力，能够消费更多更高端的产品，需求的提高与产出增长形成良性发展。财富效应和溢出效应、规模效应相比，它需要更长时间的积累，既包括财富的积累，也包括人才的积累和营商环境的改善等，同属于二次效应升级路径。

第8章
以对外直接投资提升要素收益的路径研究

经济全球化因为跨国公司而加速，其主导的国际直接投资对世界经济发展产生日益重要的影响。FDI是中国引进外部高级生产要素载体，同样OFDI也能成为推动本国要素走出去和主动获取高级要素的途径。与中国的经济体量相比，中国的对外直接投资明显滞后于贸易发展和经济增长，而对外直接投资对于母国的要素升级和产业升级具有积极作用。当前中国经济面临的转型升级，其关键是比较优势产业的创新，本章通过分析对外直接投资与比较优势产业的关系，揭示对外直接投资对我国比较优势产业创新的影响。随着全球化的深入而更加凸显，形成投资超越贸易成为世界的经济重要特征，当前我国发展到了以投资促进贸易的新阶段，以对外直接投资提升国内要素收益是促进产业升级的重要选择之一。

8.1 投资推动贸易的经济机制

8.1.1 国际直接投资推动国际贸易的一般原理

国际直接投资从流向上包括FDI与OFDI，一国的投资流入对应的是另一国的投资流出。假设有一项直接投资从A国投向B国，对于B国这笔投资是FDI，对于A国它是OFDI，因此，国际直接投资对国际贸易的影响也包括两个方面的分析：一是FDI与东道国的贸易关系，二是OFDI与母国的贸易关系。通常FDI对于B国的贸易包括替代效应和创造效应，相应地，OFDI对于A国的贸易也存在促进效应和流失效应。Mundell(1957)基于有无贸易和投资障碍分析认为当存在贸易障碍时，企业通过 FDI 进入东道国；当存在资本流动障碍时，就形成国际贸易，FDI 与国际贸易存在替代作用。小岛清(1970)的边际产业理论证明了母国通过边际产业转移对东道国产生了贸易创造效应，但是对于母国则是 OFDI 导致贸易流失。邓宁(Dunning, 1977)的国际生产折中理论则分析认为 FDI 对东道国的贸易具有替代效应。Helpman(1984)分析认为由于要素禀赋不对称，跨国公司的一些高级生产要素不能够直接通过外部市场交易，因此必须存在大量的公司内贸易，形成了由 OFDI 带动母国出口的模式。Gray(1998)发现基于不同动机的 FDI 对贸易的影响也不同，市场寻求型的 FDI 替代贸易，效率需求型的 FDI 创造贸易。Fukao、Ishido 和 Ito(2003)用东亚的数据说明了 FDI 对产业内贸易具有创造作用。Swenson(2004)应用美国的对外投资和双边贸易数据发现基于不同产品层面存在创造或替代效应。曾寅初和陈忠毅(2004)分析认为中国台湾与大陆间总体上投资对贸易有创造作用，但是针对农产品贸易，投资对其有抑制作用。

OFDI 对母国贸易除了流失效应外也有促进效应，Seo 和 Suh(2006)用韩国与东盟的 OFDI 与贸易数据说明，OFDI 并没有导致韩国的贸易减少，但是 FDI 确实对进出口有促进作用。王迎新(2003)通过中国的海外投资与进出口分析认为中国的 OFDI 对贸易的影响在不同行业是不同的，机械行业的 OFDI 对贸易有创造作用，纺织行业的 OFDI 对贸易则有替代作用。杨亚男(2007)分析认为中国的 OFDI 与出口贸易不是替代关系，而是互补关系，即促进了出口。谭亮和万丽娟(2010)也用中国的数据说明 OFDI 在短期对贸易有替代作用，长期则存在互补作用。隋月红和赵振华(2012)认为逆梯度 OFDI 通过扩展市场促进了贸易并改善了贸易结构。张春萍(2012)统计显示中国的 OFDI 对出口和进口均有贸易创造效应。陈俊聪和黄繁华(2015)基于中国的省级面板数据分析指出 OFDI 有助于中国制成品的出口。

综上，国内外从不同视角分析了国际直接投资与贸易的关系。事实上，国际直接投资对贸易的影响取决于各国的要素关系。如果两国的要素存在互补性，通过国际直接投资实现要素的国际转移能够扩大生产并提高总贸易量；如果要素不存在互补性，则投资将替代贸易，投资绕开了贸易壁垒。对外直接投资的产生取决于跨国公司的利润驱动，不论对于资本流入的东道国或是资本流出的母国而言，国际直接投资对其贸易都有两方面的影响。资本流入或流出对一国的影响核心在于本国的要素结构和市场结构，在要素结构上是否支持持续的顺差，在市场结构上是否支持持续的逆差就决定了该国的投资对贸易的正反影响。

8.1.2　以投资带动贸易：发达国家跨国公司的实践

投资与贸易的联系以对外投资带动贸易开始。跨国公司是国际直接投资的主体，也是世界经济运行的微观主体，世界经济起始于国际贸易，在国际直接投资发展中得到进一步发展。以投资带动贸易是发达国家贸易发展的重要形式，指母国通过对外投资带动本国的进出口贸易，其主要基于以下两点原因：一是国际分工的深化，产品在全球产业链中的不同生产成为事实。二是全球的自由化为国际直接投资流动创造了条件。国际直接投资能够直接配置全球资源，而分工的深化为全球建厂组装生产提供了可能，在这种情况下，发达国家的跨国公司通过绿地投资将本国的技术、设计、管理等价值链部门转移出去，进而带动了母国相关零部件的出口与最终品的进口。从联合国贸发会议数据库的统计看，从20世纪70年起，FDI的流向表现为发达国家向发展中国家流入的特点，其中，绿地投资的这种流向更加明显，2003年来自发达国家和发展中国家的绿地投资数量分别为7 913例和1 444例，2014年分别达到了11 318例和2 570例。美国的通用汽车公司、日本的丰田汽车公司等生产型跨国企业就是以对外投资带动贸易的典型，汽车公司通过合资在东道国建厂，然后从母国进口发动机等核心部件，实际上通过对外投资创造了公司内贸易。而沃尔玛、耐克等消费型跨国公司的对外投资对于母国的贸易带动作用则小于生产型跨国公司，其主要通过进口母国的产品来满足东道国的需求。例如，沃尔玛将美国的水果等特产进口到东道国。

8.1.3　以引资发展贸易：发展中国家贸易发展的一般道路

与对外投资带动母国贸易相对应，东道国也可以通过引进外资发展本国贸易，这已经成为发展中国家通过对外开放实现经济发展的重要的途径。以引资发展贸易的基础在于全球生产要素分配的不均匀，发达国家率先发展积累了大量的技术、资本、品牌等易流动的高级生产要素，而发展中国家的要素禀赋主要是能源、土地、劳动力等不易流动的低级生产要素。发展中国家通过对外开放政策，吸引国际直接投资的流入并带动高级生产要素的流入与东道国的低级生产要素相结合，形成了加工贸易。

引资发展贸易从理论上是要素组合的需要，生产要素通过国际直接投资在全球范围内组合，进而改变了传统的全部生产在一国的特征，形成了全球组装式的贸易特征。发展中国家依靠禀赋优势是实现发展的根本途径。印度之所以发展软件为主的第三产业，就在于其具有大量的精通英语和计算机技能的人才，这些人才是印度开展软件服务业的优势要素，发达国家将部分软件外包到印度，促进了印度第三产业的发展并带动了相关贸易。

发展中国家以引资发展贸易，其开放模式必然是出口导向，以引资发展出口加工。20 世纪 60 年代起到 80 年代，“亚洲四小龙”通过对外开放，吸引大量发达国家的资本与技术，结合本国的廉价劳动力形成出口加工贸易。20 年间，“亚洲四小龙”的出口增速惊人，根据联合国贸发会议的统计，1980 年中国香港的出口总量是 1960 年的 110 多倍，韩国 1980 年的出口总量则是 1960 年的 500 多倍。而同期 FDI 净流入也大幅增加，1970 年新加坡的 FDI 净流入是 930 万美元，1980 年则达到了 12.35 亿美元，是 1970 年的 13 倍。而同期，泰国、印度尼西亚等国的 FDI 净流入远远低于新加坡，出口增速也明显落后。而到了 20 世纪 80 年后，随着中国经济的对外开放，中国也积极引资带动贸易发展，推动中国经济取得了举世瞩目的增长。因此，在发展起步阶段缺资金、缺技术，以引资发展贸易是发展中国家贸易发展的一般道路。

8.1.4 从引进外资到对外投资：新兴经济体的发展道路

在经历了引资发展贸易的阶段后，东道国的要素结构发生了变化，从缺外汇、缺资本变成了外汇丰裕、资本丰裕，新兴经济体的发展过程就符合这一特征。在这一阶段，本国的劳动力优势、资源优势等发生了变化，劳动力成本上升、经济发展的环境压力增大，仍然依靠引资发展贸易面临瓶颈。结构转型是该阶段新兴经济体发展的必然选择，应更好地利用前期积累的资本，从引进外资转向对外投资，通过对外投资带动本国的经济转型升级。

从发达国家的对外投资经历我们可以看到，以对外投资带动贸易是其促进进出口的重要方式。而对于处于发展阶段的新兴经济体而言主要还是依靠引资推动贸易发展，对外投资更注重获取本国产业升级所需的高级生产要素，提升本国在全球价值链中的地位，为更高阶段的以投资带动贸易做好铺垫。从韩国的对外投资中就可以发现，韩国的对外直接投资从 1986—1993 年开始大幅增长，投资数目从全年 122 项增长到 1993 年的 1 526 项。对外直接投资经过积累后转化为本国的技术进步，高新技术产品的出口额占制成品出口额的比重从 1993 年的 22.25%增长到 2000 年的 35.07%。中国作为典型的新兴经济体，也正在经历着从引进外资到对外投资的过程，2003 年起以中国为目的的 FDI 流入金额在减少，而以中国为收购方的跨国并购与以中国为资金来源方的绿地投资金额在增加，如图 8.1 所示，2003 年流向中国的绿地投资金额开始下降，而绿地投资的流出额、跨国并购的流入与流出额都在增加。同时，2008 年起对外进行跨国并购开始大幅增加，并超过了并购流入，从跨国并购看表现出持续净流出。新兴经济体具有与韩国当年相似的资本、技术基础，从引进外资到对外投资可以借鉴韩国、日本、美国等发达国家的经验。

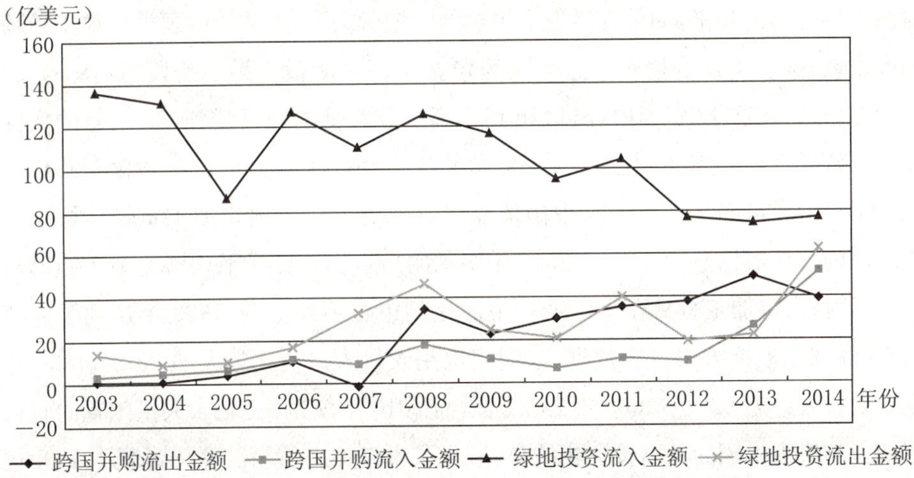

资料来源：Wind 数据库。

图 8.1　中国的 FDI 流入与流出对比

8.2 中国吸引外资推动贸易发展

中国的发展奇迹表现为典型的投资推动贸易,其国际背景是经济全球化深化,国际产业转移加剧;国内背景是劳动力充足,对外开放政策开启。因此,中国的贸易发展过程表现为典型的两个阶段:第一个阶段是通过引进外资实现出口增长,第二阶段体现为对外投资拉动贸易发展。两个阶段的变化内在由要素结构的变化决定,符合发展经济学的一般原理。

8.2.1 外资主导型贸易发展的阶段

中国以引进外资实现出口发展——对外开放前30年的贸易发展模式可以概况为“外资主导型贸易发展”。大量的研究证明,1978年改革开放之后的30年,中国的发展是引进外资实现出口的发展。在开放之初,中国的发展缺外汇、缺资金,同时,还缺乏技术、管理能力、销售网络等,而通过对外开放引进了外资并附带了其他高级易流动的要素,动员并激发了中国的闲置劳动力,形成了中国出口加工贸易的大发展,推动了经济增长。这个过程包括了四个阶段。第一阶段:1978—1991年为准备期,在这12年当中,出口和FDI都以非常低的速度增长,1991年的实际利用外资额度只有43.66亿美元,一般贸易出口和加工贸易出口总和仅700亿美元。第二阶段:1992—2000年,中国依靠引进外资形成了出口加工贸易。根据海关总署的统计数据显示,1982—2000年中国的出口加工贸易平均增速为17.19%,与此同时,出口加工贸易在出口结构中的比例也在不断上升,1999年达到了峰值的56.88%。根据人口普查数据,这期间也是农村人口占比最大的20年,1990年统计农村人口为8.3亿,2000年为8.1亿,而2010年仅为6.7亿。大量闲置的农村劳动力与流入中国的外商投资相结合,形成了出口加工贸易。这一过程中FDI也开始大幅流入,大规模的FDI也为第三段的贸易发展提供了基础。第三阶段:2001—2010年,这十年是中国出口的黄金期,加入WTO为中国开通了国际市场,再凭借第二阶段的大量积累,中国贸易实现了第一次腾飞。第四阶段:2011 年至今,是中国的贸易动力转型期。2000 年之后加工贸易在中国出口贸易中的占比逐年下降,2014 年下降到 37.76%,随着劳动力优势的削弱,中国的劳动密集型出口加工贸易面临着动力转换。从图 8.2 也可以看出,从 2011 年之后一般贸易的出口额开始超过加工贸易,并且加工贸易的出口总额基本不动,而一般贸易则快速增长,与此同时,流入中国的 FDI 也呈缓慢走势,可见 FDI 与出口加工贸易紧密相连,而对一般贸易则起明显促进作用。2015 年中国颁布了《中国制造 2025》标志着将制造业高端化列入国家战略,并提出了"大众创业、万众创新",创新驱动成为国家发展的重要动力。加工贸易也将转向高端装备制造等具有高附加值的出口贸易,从贸易大国向贸易强国迈进,其核心也在于贸易从注重规模转向注重收益。

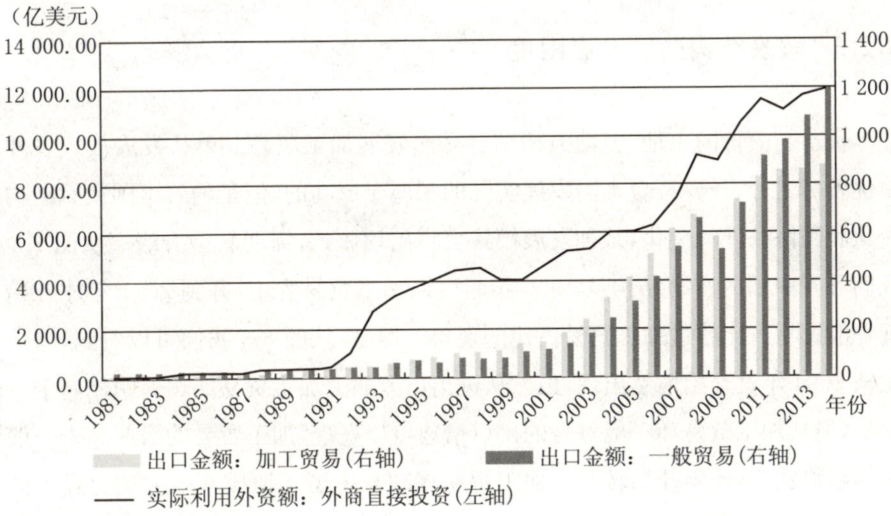

资料来源:Wind 数据库。

图 8.2　中国 FDI 与出口的比较

8.2.2　禀赋条件与开放政策推动出口发展

中国改革开放后采取以外资拉动贸易的发展模式是历史选择的必然。因为从中国当时的要素禀赋结构看,中国具有大量的农村闲置劳动力,所以劳动力是最丰裕、价格最低廉的要素。而相对缺少的是资金,以资本驱动生产,对外开放引进外资就是解决了这一要素短缺问题。从中国外贸发展的四个阶段可以看出,外资的变化与出口的发展紧密相关,20 世纪最后十年的外资积累为 21 世纪初出口高速发展奠定了基础。这种外资推动外贸的发展模式既符合发展中国家通过引资发展国内经济的经济学原理,也符合中国经济的基本条件。而推动这一组合的是中国对外政策的变化,从自给自足到对外开放,对外资政策的转变为地方政策引进外资促进当地经济发展提供了基础。地方政府的 GDP 竞争进一步推进了吸引外资的步伐,各地纷纷推出了针对外资的优惠政策,包括土地政策、税收政策、补贴政策等。在这一背景下,中国自然成为外资最理想的流入地,在这种双赢的模式下,中国的出口实现了飞跃式发展。加工贸易占出口的比重在 1981 年仅有 5.14%,而在 1996 年首次超过 50%,并到 2006 年加工贸易占比始终保持在 50%以上。

8.2.3 贸易结构凸显发展困境

资本与廉价的土地、劳动力相结合必然发展加工贸易。单从发展模式看并无孰优孰劣之分,只要符合本国发展实际的都属于成功的,但是随着本国禀赋结构的变化和经济条件的变化,某种发展模式也将出现瓶颈,需要转型升级。从图 8.3 中我们看到中国的贸易结构从 1996 年起就以加工贸易为主,并到 2011 年才开始出现一般贸易占比超过加工贸易占比的现象。但是,从图 8.3 我们可以看到,这一变化从 2004 年就开始悄然出现,虽然从进出口差额上加工贸易的顺差明显高于一般贸易,但从加工贸易和一般贸易的出口增速可以发现,加工贸易的增速高于一般贸易的趋势在 2004 年开始转变。加工贸易伴随着中国土地成本和劳动力成本的上升将面临越来越大的挑战,以引进外资带动加工贸易出口的发展贸易需要转型升级。而从贸易结构的变化趋势上我们看到,加工贸易必然向一般贸易转变,贸易收益也将提高。

贸易结构的变化内在反映了传统的贸易发展模式面临困难,进而传导到贸易方式的变化上,一般贸易相对于加工贸易更多地使用国内生产要素,出口的国内附加值更高。中国出口大而不强,从贸易大国向贸易强国转变也需要提高贸易收益。出口加工的贸易模式从加工贸易到一般贸易转变同时也体现了贸易发展模式升级的需要,也即中国在全球价值链分工地位上的攀升。

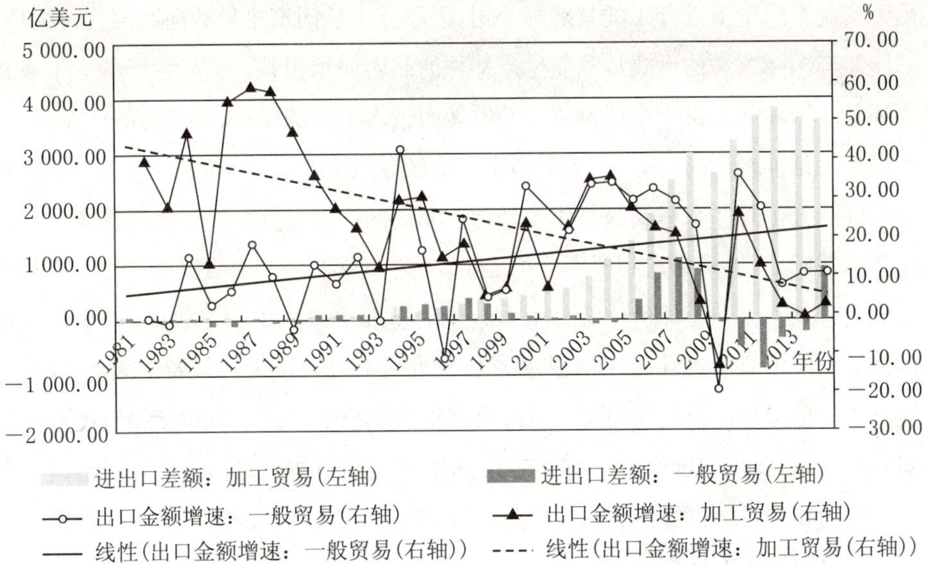

数据来源：Wind 数据库。

图 8.3 加工贸易与一般贸易的差额对比与增速对比

8.3 对外直接投资提升要素收益的两个阶段

全球价值链(global value chain，GVC)是指一个产品的生产过程在全球范围内的展开，包括研发、设计、生产、销售、售后服务等。这一过程是经济全球化的结果，同时也把国际分工带到了更高的层次。贸易与投资关系的紧密发展带来的是全球价值链分工的深化，贸易由投资驱动，投资通过贸易实现在全球价值链的地位。徐康宁和陈健(2007)全球价值链有明显的层次关系，第一层次处于主导地位，获得的价值分配最多，第二、三层次处于服从地位，其中欧美日等国在第一层次，新兴工业化国家处于第二层次，众多发展中国家属于第三层次。从 20 世纪 60 年代巴拉萨(Balassa，1965)提出垂直专业化到库普曼等(Koopman et al.，2012)提出的贸易增加值测算，全球价值链研究从定性研究走向定量研究。全球价值链研究热背后反映的是经济全球化深化的事实，投资超越贸易成为世界经济的基本特征。

因为支配全球价值链分工的是跨国公司,国际分工从国家主导转向跨国公司主导,一国参与国际贸易的形式从独立生产某种商品转向承担某一商品生产的一个或几个环节。国际分工由于全球价值链的发展而进入了更深层次,从之前的产业分工、产品分工延伸到产品内分工,一个国家或地区专门生产某一产品的一部分,这种新型的国际分工是在全球要素合作的基础上完成的。这一分工方式仍然建立在比较优势的基础上,但是深入到要素分工之上,对外直接投资实质是配置要素,因此无疑成为升级本国在全球价值链分工中地位的重要手段。中国过去的 30 多年贸易的快速发展依靠引进外资,而未来显然需要通过对外直接投资布局全球生产网络,提升中国在全球价值链的地位。对外直接投资从投资形式上也包括绿地投资和跨国并购,二者在推动价值链升级上有所不同,前者通过要素走出去提升了本国要素在他国的收益,后者通过吸收转化他国高级要素,促进本国要素升级,进而提升了在全球价值链中的地位。

中国在贸易大国发展过程中,也不断推进对外投资,对外直接投资额度在近 10 年来快速增长,尤其是 2008 年对外直接投资超过 500 亿美元后持续增加,2002—2014 年的年均增速为 37.5%,2013 年中国对外直接投资的跨国并购项目 424 起,涉及 70 个国家(地区),总投资金额为 529 亿美元。2014 年对外直接投资为 1 231.2 亿美元,对外投资和吸引外资首次实现基本平衡。截至 2014 年底的对外直接投资存量达 8 826.4 亿美元,迈入世界前 10 的行列。

8.3.1 第一阶段:以绿地投资推动优势要素走出去,提升要素收益

中国对外绿地投资(greenfield investment)的动机在于寻求资源和市场,通过本国高级要素走出去,提升本国要素升级,优化价值链分工。绿地投资是指跨国公司通过到国外建厂时将其母国的技术、品牌、销售网络等高级要素带到东道国,与东道国的廉价要素相结合,进行组合生产。其直接效果是促进了东道国的贸易和经济发展,也提高了跨国公司的投资收益。跨国公司作为世界经济的微观主体,通过绿地投资直接优化配置全球生产要素,进而形成全球价值链。中国过去靠引进外资是被动加入全球价值链,在全球价值链分工中处于中低端,而这

一过程属于典型的由发达国家跨国公司向发展中国家的投资，其目的在于通过本国高级要素“走出去”来实现本国要素收益的提升。因此，绿地投资是配置全球生产链形成全球价值链的重要形式，对于流入和流出国都有积极作用。同时，这一模式对于一国的发展也并不是一成不变的，在通过资本流入获得经济发展后，绿地投资流入国也可以通过对外绿地投资推动本国要素走出去，提升本国要素收益。随着中国经济的发展，也开始通过对外绿地投资来提升其在全球价值链分工中的地位，因为绿地投资可以非常便捷地获取东道国的廉价生产要素，同时跨国公司流入的高级稀缺要素相对价格又高，自然获得更高的要素收益，提升在全球价值链中的地位。要素禀赋差异是引发绿地投资的重要动力，经过 30 多年的高速发展，中国的要素禀赋结构发生了巨大变化，劳动力优势正在逐渐减弱，而资本、技术等高级生产要素不断累积，某些要素已经处于国际领先，既具备了向发展中国家布局绿地投资的基础，甚至也形成了向发达国家输出高级要素的条件。

联合国贸发会议发布的《2015 世界投资报告》显示，在过去 10 年来自发达国家的绿地投资增长率几乎没有变化，而来自发展中国家的绿地投资快速增长，即使在全球金融危机期间仍保持 5%的增长速度。如表 8.1 所示，中国从 2004 年以来对外直接投资中绿地投资的占比不断升高。而绿地投资相对于跨国并购投资周期更长，其投资动机主要是资源寻求型和市场寻求型，从近年来中国较大的绿地投资来看，主要体现出两个特点：一是投资项目多集中在基建和能源领域，比如投资尼加拉瓜的大运河、投资尼日利亚水力发电厂、投资纳米比亚的铀矿、投资赞比亚的煤矿、投资苏丹的石油等，这类投资主要体现在其所获要素与国内要素禀赋具有互补性，所输出要素与东道国相比具有比较优势，因此根据要素稀缺性决定要素价格，该项投资有利于本国要素收益的提升。二是投资目的地主要集中在发展中国家，其中以亚洲、拉丁美洲占比最多，根据《2011 年度中国对外投资统计公报》显示，中国对发展中经济的投资增速加快，2011 年中国 80%以上的对外直接投资流向了发展中国家。截至 2014 年中国对外直接投资存量前三名分别是亚洲、拉丁美洲和欧洲，其中中国对亚洲的对外直接投资存量为 6 009.6 亿美元，对拉丁美洲为 1 061.1 亿美元，对欧洲为 640 亿美元。

表 8.1　2004—2014 年中国对外绿地投资与跨国并购对外　　单位:亿美元

年　份	对外绿地投资	对外跨国并购	绿地投资占比(%)
2004	35.9	30.0	45.5
2005	57.6	65.0	47.0
2006	211.5	82.5	61.0
2007	201.7	63.0	76.2
2008	257.3	302.0	46.0
2009	372.7	192.0	66.0
2010	390.5	297.0	56.8
2011	475.3	272.0	63.6
2012	948.2	434.0	68.6
2013	740.5	337.9	68.7
2014	906.4	324.8	73.6

资料来源:作者根据各年中国对外直接投资统计公报整理。

绿地投资在中国的对外直接投资中的份额不断上升是与中国经济发展阶段和中国对外直接投资发展阶段相适应的。不论是资源需求型或是市场寻求型的绿地投资,本质上都需要本国相对高级的生产要素走出去。而相对高级生产要素的培育需要一定时间,只有在经济发展到一定阶段才能出现。比如,中国经过 30 多年的发展,从缺资本变成了资本充足,从技术落后到部分领域技术达到了全球领先等,因此具备了对外直接投资的基本条件。同时,绿地投资虽然投资周期比较长,但是相对于跨国并购其风险也较小,这种形式更适合发展中国家作为初次对外直接投资形式。但是,绿地投资国大多是拉丁美洲、亚洲、非洲等发展相对落后的国家,在政治、法律、基础设施等各方面也不太成熟,往往也会产生相应的风险。因此,在鼓励对外直接投资的同时,也应该加强对企业的对外直接投资培训,以降低相关风险。

虽然我国的对外绿地投资的金额不断上升,但是也面临极为严峻的问题:对外直接投资的收益并不尽如人意。根据世界银行的估计,中国的对外直接投资中有 1/3 是亏损的,1/3 持平,剩下 1/3 是盈利的。国务院发展研究中心的调查显示,67%的中国对外直接投资是不赚钱甚至是亏钱的。投资收益低的原因可能涉及政治稳定、经济政策、文化差异等多方面。但是,一国从资本“引进来”到“走出去”的过程必然是先推动绿地投资再发展跨国并购,必然是势力雄厚的国有企业先走出去再带动非国有企业走出去。2006年中国的对外直接投资中国有企业占81%，而到2014年非金融类对外直接投资中非国有企业占比51.1%，首次超过国有企业。由于在第一阶段中国的对外绿地投资是为了将国内的优势要素推出去以获取更高的要素收益，因此必然是投向发展中国家。但是发展中国家政治风险也较大，就出现了一些投资项目的搁浅与东道国国内的政治有关的案例。随着对外绿地投资经验的丰富，近年来中国的对外绿地投资的能力也在加强，不断提高的绿地投资比例和非国有企业对外直接投资的上升也佐证了绿地投资收益的提高。

8.3.2　第二阶段：以跨国并购吸收国外高级要素，提升本国要素质量

在经济全球化深化的背景下，发展中国家依靠要素流入实现贸易发展必然积累大量的外汇和资金，同时，由于投资与贸易的关系在新形势下更加紧密，投资更多是创造贸易。因此，发展到一定阶段后必然从“引进来”转向“走出去”。跨国并购则主要是通过获得股权实现对国外公司的控制，在这种对外直接投资过程中，通过溢出效应促进投资国生产要素的升级。与此同时，在贸易方面，进出口增长速度的逐步下滑，尤其是加工贸易增速明显下降。如图8.3所示，1982—2014年整体观察加工贸易增速呈现下滑趋势，从1987年的最高点58.3%下降到2014年的2.83%，而其间一般贸易虽然也有涨有落，但整体呈上升趋势，从20世纪80年代的个位数增长上升到了当前2位数的增长水平。对外直接投资与加工贸易的这种此消彼长的关系反映了对外直接投资成为补充经济增长的重要动力之一，也是国内产业发展的需求。

从并购项目看，目前以商业服务类和资源类行业为主，比如2013年中国海洋石油收购加拿大尼克森公司100%股权、中石化集团公司收购美国阿帕奇公司埃及油气部分资产、海航集团收购荷兰提普拖车等项目。

中国对外直接投资从2000年后开始快速增长并远远超过贸易增速，也大幅高于全球的对外直接投资增速，出现对外直接投资这种增长趋势可能由于两方面的原因。一是中国积累了大量的外汇储备，具备了大规模“走出去”的基础。2000年外汇储备为1 561亿美元，2006年为8 188亿美元，2014年增长到38 134亿美元，14年间中国成为全球第一大外汇储备国，巨额的外汇储备为企业走出去创造

了资金条件。在“双缺口”的背景下，外汇紧缺，对外投资所需的换汇等都会受到限制，而在“双顺差”的情况下，政策上也从强调引进外资的单向引资政策扩展到了引进外资和对外投资的双向开放。因此，外汇储备条件的变化为政策转向等做了充足的保障。二是企业增加了对外直接投资的需求。实体经济的情况反映的是企业的经营状况，通常外向型企业既发展外贸也发展外资，外资与外贸在一个企业内部也是紧密相关的。一方面，加工贸易增速下滑需要出现新的增长点，即意味着我国外资推动型的出口加工模式面临转型，贸易方式变化的投资也从引资转向对外投资，通过对外直接投资获得国外的技术、管理方式、市场等，由被动的开放转向主动开放，由被动流入要素转向主动获取要素。

因此，中国的外资与外贸的关系包括 FDI 与外贸的关系以及 OFDI 与外贸的关系。从中国的开放历程看，两头在外的加工贸易虽然由外资驱动，但是其需求方并不在中国，而是对中国进行投资的国家。该模式下，FDI 必然带动外贸的发展，其结果也必然是从双缺口转向双剩余。但是，OFDI 流向发达国家和流向发展中国家对贸易的效应不尽相同，当 OFDI 流向发达国家时，通常是为了获取东道国先进的技术、品牌或管理能力等高级生产要素，此时 OFDI 的贸易效应比较小，更多的是逆向技术溢出。而当 OFDI 流向发展中国家时，为的是使投资国的资本与东道国的廉价要素相结合，通过绿地投资在当地投资建厂是最主要的方式，由于发展中国家经济发展水平落后，难以满足新产品的需求，投资国往往在东道国生产后又将产品销往全球，这种形式下，OFDI 就产生了显著的贸易效应。OFDI 对贸易的影响进而也产生了对价值链分工的创新，尤其是随着中国综合国力的增强，中国与世界经济的联系更加紧密，中国在全球价值链上的位置也将随着国内经济结构的转型升级而反馈到对外贸易上。从这个角度看，中国的 OFDI 也是与国内经济发展需要相适应的，OFDI 也成为一条实现经济转型发展的途径。

跨国并购后投资国公司获得了国外公司的控制权，可以将相关的人才派往国外公司，培养其管理能力和技术能力，也可以将被收购公司的技术、营销网络等高级生产要素与投资方的其他子公司进行合作以提升其相应的要素质量，产生一系列的溢出效应。比如，中国的吉利公司收购美国的沃尔沃公司，通过学习效应使沃尔沃公司的技术、管理、销售网络等先进要素对吉利公司产生一定的溢出作用，进而推动吉利公司的转型升级。因此，跨国并购从战略实施效果上并没有绿地投资来得直接与快速，它需要一个吸收和转化的过程。跨国并购通过要素升级推动产业升级的路径也是间接的。

8.4 中国以对外直接投资提升要素收益的政策建议

8.4.1 加大对"一带一路"沿线国家的绿地投资

对外直接投资发展的根本需要有相关的产业配套，中国作为新兴市场国家在产业衔接上既能与发达国家相联系，也能与发展中国家相适应，"一带一路"既是外交战略更是发展倡议，为中国的对外直接投资发展启发了广阔的空间。中国的对外绿地投资虽然增长较快，但是收益较低，而"一带一路"沿线国家从要素禀赋看与中国具有互补性，具有开展绿地投资的基础。一方面，中国已经培育出诸如高铁、核电、工程水力等在国际上有较高竞争力的优势产业，这些产业同时也是"一带一路"沿线发展中国家所紧缺的，所对应的要素在东道国也是高级要素。另一方面，"一带一路"沿线国家有丰富的石油和矿产资源，通过绿地投资有助于资源的优化配置，同时也可提升中国能源安全保障。例如，1996 年中国石油天然气集团开始在苏丹以绿地投资形式开展石油项目，经过 20 年的发展，中国也成为苏丹第一大出口国，其中原油出口占了大部分份额，这项投资也带来了丰厚回报。

但是，"一带一路"沿线国家的法律法规等都相对不够健全，投资的风险也较大。而通过"一带一路"倡议有助于缓解相应的政治风险，并给投资项目提供审批、融资等便利。"走出去"是中国开放升级的必经之路，从欧美日等发达国家对外直接投资的历程看，对外直接投资从绿地投资转向跨国并购也是一个重要特点。因此，在"一带一路"倡议下，应加大对外绿地投资，提升绿地投资水平。

8.4.2 加强中国比较优势产业的创新

经过 30 多年的改革开放，中国的要素结构发生了变化，从一般劳动力密集向资本密集、技术密集和知识劳动力密集转移。要素结构的变化引起了优势产业的变化和产业结构的变化，表现在贸易结构上就是一般贸易的比例不断提高，而加工贸易的比例不断减少。但是，中国仍然是一个贸易大国，距离贸易强国还有较大差距，还处在全球价值链的中低端，只有拥有核心的技术、管理能力、品牌等高级生产要素，才能在全球价值链上攀升。因此，创新是培育优势产业的根本，“大众创新、万众创业”对于经济的转型升级至关重要。应通过大力推动产学研相结合，提高高校和科研院所科研成果的转化能力；稳步推出科创板给创新企业提供更多的融资渠道；鼓励通过海外并购吸收先进技术；改善引进人才的政策和条件，积极吸引内外高级人才，促进国内人才自由流动等为创新营造发展环境，打通融资渠道及多样化创投退出机制。如此可以激发更多的创新活动，培育更多的本国高级要素，形成比较优势。

8.4.3 广泛签订双边协定，坚定推动区域合作

近年来，经济全球化向双边和区域协定迅速发展，跨太平伙伴关系协定（TPP）的达成有可能引领全球经贸规则走向高标准。而 TPP 无疑对中国产生包围之势，短期内可能对中国的进出口没有较大影响，但是随着时间推移，这些高标准将可能对中国的出口形成壁垒。推进对外直接投资涉及东道国的准入、法律法规等多个方面，而当前双边协定的核心也都是投资，因此，为了适应中国“走出去”，必须从规则上做好准备。

第一，需要进一步与美方谈判中美双边投资协定（BIT）。美国的 BIT 范本是当前的高标范本，中国与美国谈成了 BIT，就意味美国接受了中国相关的问题，从而有利于与其他国家 BIT 的签署，以大量的 BIT 化解 TPP 的负面影响。

第二，加快区域经济合作。区域一体化是经济全球化的特定阶段，虽然经济全球化是发展取向，但全球化和区域一体化二者时而同时发展，时而此消彼长。中国倡导的亚太自贸区是很好的设想，亚洲国家的互补性很强，随着区域一体化的推进，经济合作进一步加强。区域经济合作有利于形成对外直接投资从中央到地方的发展趋势，有助于推动跨国并购和国际合作，可为中国企业对外投资创造良好的发展环境。

第9章 要素流动视角下产业升级的政策建议

中国经济过去30多年的快速发展在世界经济的发展史上具有标志性意义。在全球化背景下,中国的产业升级还需要转向更高水平,实现经济的转型升级。同时,总结中国经济的发展规律对于其他发展中国家实现繁荣发展也具有借鉴意义。

9.1 通过要素流入促进产业升级的必然性

9.1.1 经济发展规律要求走开放型发展道路

进口替代和出口导向是发展经济学的两大战略,但是从第二次世界大战以来,无论是联邦德国、日本还是“亚洲四小龙”等成功实现赶超的国家无不采取了出口导向战略,出口导向战略相对于进口替代战略属于外向式的发展,通过利用外部市场实现经济增长。因此,走外向型发展道路是实现赶超的重要途径。关白(2000)认为外向型经济是指一国在具备一定经济基础的条件下,面向国际市场,积极参与国际贸易、国际分工,提高国际竞争力,通过扩大出口、利用外资、引进技术和人才促进产业结构优化,实现经济的增长。开放型经济的外延比外向型经济广泛,开放型经济是与封闭型经济相对应的,一国的经济活动与外部世界经济保持密切联系,这种对外部世界开放的经济就是开放型经济。其主要体现在:参与国际贸易;参与国际分工;参与生产要素的国际交流。李明武等(2011)辨析了外向型经济与开放型经济的关系,认为一国采取出口导向战略就是实施外向型经济,而开放型经济是在国内建立与国际经济规则相适应的经济运行机制。因此,外向型经济主要指以出口导向为经济发展战略,以出口带动一国经济增长的发展模式。而开放型经济是比外向型经济更综合的发展模式。

张幼文系统地提出了我国的开放型经济理论,张幼文(1998)提出从实施开放政策到建立开放经济,对于提高对外开放水平不只是量的变化,而是质变。即从实行各种不同程度、不同意义上的开放政策到建立经济体系建设成开放型的经济。张幼文(2000)认为对外开放是经济发展的必然条件,随着全球化不断深入,全球化为各国的经济发展带来了诸多挑战,中国的发展要走开放型的现代化道路。中国入世前的对外开放是政策性开放,它的三个基本特征是政策具有特殊性和非普遍性;具有变动性和非一致性;具有行政性和不透明性。张幼文(2001)指出制度性开放是开放型经济的本质特征,在开放型经济中,不仅开放政策从体制外转向体制内,而且经济运行机制也发生了变化。开放型经济中开放既是经济体制的本质特征、经济结构的基本特点,也是经济运行的内在机制,形成了经济发展的主要动力。从政策性开放到制度型开放,中国的开放型经济经历了重要变迁。

李贯岐(1995)从开放条件与世界经济的互动提出了开放经济,认为开放经济是在对外开放条件下形成的经济形式。在对外开放的条件下,一国经济与世界经济相互发生作用,这种相互作用的总体就是开放经济。程慧芳(2002)认为开放经济是指商品、资本、劳动力和技术等生产要素进行跨国界流动配置的经济。郑吉昌(2004)也指出建立开放型经济是资本、劳动、技术、商品等能够跨境流动,按照市场规律进行优化配置。曾志兰(2003)从经济制度的角度分析,认为开放型经济是在经济体系、运行机制和法律制度上开放度都较高的经济体。应健(2003)指出中国对外开放政策经历了包括经济特区政策、开放区政策、经济开发区政策、吸引外资政策、外贸激励政策,这些政策实际可以分为外资政策和外贸政策,其重要特点即是税收上的优惠。2009 年,裴长洪分析认为中国开放型经济主要体现在五个方面:(1)经贸关系上实现双边与多边经贸关系全面发展;(2)制度机制上与国际规则基本接轨;(3)在国民经济上,对外开放占有重要地位;(4)从国家宏观调控看,对外开放是重要参考内容;(5)中国的对外开放在全球的影响增加。蔡爱军(2010)认为开放型经济要强调开放与社会协调发展,开放型经济既要形成有效的内部运行机制,同时也要加强自我创新和自我发展的能力提升。马述忠(2012)结合浙江的案例，分析了开放型经济对产业升级、技术进步、营销战略等多方面的影响，表明产业的发展离不开全球化。对外向型、开放型经济的研究显示了对外开放融入全球市场的重要性，在经济全球化背景下，外向的开放型经济发展道路是实现经济发展的关键。但是，中国作为一个发展中大国，其外向型发展战略一定程度上造成了全球经济失衡，因此，外向型经济发展到一定程度也必然面临着转型。

9.1.2　经济全球化的国际背景要求融入全球产业链

生产要素的国际流动导致国际分工深化，要素的国际组合形成了全球产业链。正如凯文·凯利所言："经济发展日新月异，拥有这样完成的生产链已经变成了负担。"产业链的全球分布要求一个国家的发展融入全球化。跨国公司在全球寻找比较优势，同一产品的不同部件在具有相应优势的国家生产，如果一国闭关锁国，那么必然加入不了全球产业链，失去发展机会。跨国公司的投产行为实际上减少了东道国寻找本国比较优势的成本，发展中国家在技术、品牌等要素上有劣势，不利于发展高端产业，但是跨国公司高级要素的流入能够帮助发展中国家先嵌入全球产业链的合适位置，经过要素流入积累后具备了产业升级的基础，就能够向更高附加值的产业上移动。中国由农业向工业的升级就得益于融入全球化，1978 年十一届三中全会确定的改革开放是起点，打开国门后外资大批流入制造业形成了出口加工的出口模式。其典型性就在于中国具有大量的闲置劳动力，但是缺少驱动生产的资本，中国的劳动力比较优势被外资激活，助推了产业升级。中国成为全球第一大出口国，在吸引要素流入后通过存在效应、溢出效应、规模效应和财富效应实现了产业升级。不可否认，国内的要素禀赋对经济发展有基础性作用，但是没有制度改革和外资流入，中国的产业升级和经济发展可能走得更加艰难。中国的经验给发展中国家寻求产业升级经济发展的启示即为推行外向型的发展道路。

跨国公司产业链的全球布局也带来了发展问题，比如污染的全球转移，环境污染带来的一系列问题使世界看到了经济可持续发展的重要性，在生产要素国际流动的情况下，发达国家就能够通过国际直接投资活动将本国的污染产业转移到经济发展落后的国家，这种状况加剧了全球经济的不可持续发展。发达国家具有环境污染性质的产业或者相关产业链由于受国家政策的约束，要么限制或禁止生产，要么被征收高额的税率，这些产业为了获取较高收益或求得生存，就通过国际直接投资将企业转移到发展中国家。发展中国家为了实现经济增长，将吸引外资作为一项战略并给予优惠待遇，这就为发达国家污染性产业的转移提供了土壤。但是，这种产业转移只是变换了污染工厂的生产地，对发达国家的环境是有利的，对发展中国家的环境是不利的，在全球范围看，环境污染产业的转移并没有改善世界可持续发展状态。相反，发展中国家和发达国家相比在治理环境污染的技术水平上还有很大的差距，这样污染产业在发展中国家比在发达国家产生更大的危害，因此加剧了全球经济不可持续发展。

9.1.3 国内要素禀赋差异要求引进国外稀缺要素

全球要素分布的不均匀必然要求全球化的更高阶段走向要素国际流动，任何国家都不具有生产全球产品所需要的所有生产要素，商品贸易一定程度上是要素的间接流动，通过商品交换实现了要素在全球的再配置。各国要素禀赋的差异决定了引入稀缺要素，跨国公司将资本从充裕的国家带到资本稀缺的国家，资本的稀缺性由于所在地理位置的不同而发生了变化。根据比较优势理论，每个国家都能生产适当的商品，但其前提是生产要素不能在两个国家间自由流动，要素流动下比较优势理论和要素禀赋理论都不能确切地解释世界经济的新变化。在经济全球化的背景下，要素在不同国家间的价格差是要素流动的基础，而要素禀赋差异是要素价格差的基础。

发展中国家通常在不易流动的土地、资源、简单劳动力等要素上具有比较优势。根据《2012 年世界投资报告》数据统计，2011 年发达国家的 FDI 流出量为 1.24 万亿美元，占全球 FDI 流出量的 73%。另外《2011 年世界投资报告》的数据显示，2010 年发展中经济体的 FDI 流入量首次接近全球总流入量的一半，其直接外资流出量也创造了历史最高水平。发展中国家和转型经济体近年来 FDI 的流入量在不断上升。随着 FDI 的流动变化，发达国家的高级易流动要素和流入国的低级不易流动要素相结合的同时，各国的综合要素结构也发生了变化。流出国由于高级要素的转移引起相关产业的劳动力、技术、资本等得到释放，间接优化了国家的综合要素结构，流入国则由于高级要素的流入直接优化了东道国的综合要素结构。

罗伯特·吉尔平(1987)指出,“通过技术转让和知识扩散,霸权国家向发展中国家提供工业化和经济发展所必要的技术和专门知识”。实际上这种扩散效应即是高级要素通过跨国公司的国际直接投资从发达国家流向新兴国家的过程。世界银行统计表明,2007年美国的劳动力构成中接受过高等教育的劳动力占61.1%,墨西哥占17.3%,巴基斯坦占24.2%;美国每百万人中的研发人员平均数为4 673人、德国为3 535人、巴基斯坦为160人、中国为1 077人。发达国家人才在劳动力中的占比较高,研发人员的比例也较高说明他们拥有更多的高级要素。相反,在总劳动力数量上,中国、印度、巴西等国比美国、德国、法国等发达国家优势更为明显。

中国顺应全球化,实现产业升级给其他发展中国家提供了借鉴意义,不论从全球化的发展还是从国内要素禀赋的差异看都需要引入国外要素,激发国内产业发展。实现贸易的结构转型能力的关键不是简单地从商品到商品,而是从商品到短缺生产要素,实现要素结构的升级。生产要素的积累是经济发展性质转变的基本条件之一,对劳动力充裕的发展中国家来说,要素积累的核心是资本要素的积累。因此,产业升级的关键同样也是积累生产要素,有效利用经济全球化、吸收外国稀缺要素是推动国内产业升级的前提。

9.2　中国未来产业升级的政策建议

9.2.1　继续坚持对外开放,深度融入全球化

中国经济30多年的快速增长突出表现为开放型的中国经济发展道路,对外开放使中国得以融入全球价值链,参与国际分工,激发了中国的比较优势,实现了产业发展。全球化的趋势不可逆转,要素流动是全球化的本质特征,中国经济仍然需要融入全球化,借助全球化实现转型升级。因此,从战略上需要继续坚持对外开放,以开放促改革,深度融入全球化。但是,在多哈回合受阻、世界经济复苏缓慢的大背景下,区域与双边合作发展态势超越了全球性的多边合作,经济全球化出现了以高标准的区域合作为特征的新趋势。美国主导的跨太平洋合作伙伴关系(TPP)、跨大西洋贸易投资伙伴协议(TTIP)给中国的外部环境带来了变化,中国

在转型发展的过程中也面临着国际战略的选择。中国和美国是世界上最大的两个经济体,中美双边投资协议不仅对中美双方,且对全球经济都有重要的影响。经济全球化的新趋势不仅为中国发展创造了机遇,更提出了新的挑战。

面对经济全球化的新趋势、新挑战,更要在战略上高瞻远瞩、积极主动,在坚持对外开放战略的同时,进一步深化改革开放。中国提出的构建开放型经济新体制有利于深度融入经济全球化,推动国家发展产生更大的动力。因此,这一阶段的对外开放需要在前期开放的基础上,更积极主动地进行国内经济体制的改革,为要素流入后构建二次效应的升级路径创造条件。另外,通过更加深入的改革开放,还需要与周边国家以及西方发达国家等处理好外交,形成中国经济发展的良好外部环境。从经济全球化新形势出发,在经济发展新阶段提出开放升级新目标,通过提高对外开放水平,将"引进来"与"走出去"结合,将对我国改革开放和产业发展产生深远影响。

9.2.2 规范外资准入标准,提高要素流入质量

从引进外资上看,我国需要从注重外资引进数量向外资引进质量转型,规范外资准入标准,提高以外资为载体的要素流入质量。要素流动视角下要素流入的存在效应是东道国产业升级的第一阶段,但是在该阶段流入的生产要素质量直接影响着第二阶段产业升级路径,并影响着产业升级的效果。通过引进外资促进要素流入实际上是为了获取本国稀缺的国外高级生产要素,因此,中国未来对外开放从引进外资上就是要规范外资准入标准,提高要素流入质量。

当前,以美国主导的两大投资贸易合作协议 TPP 和 TTIP 实际旨在酝酿未来全球化投资贸易的高标准,也将通过影响国际直接投资来影响生产要素的国际流动,提高要素国际流动的标准。从战略上讲,美国试图通过 TPP 主导亚太区域合作,而通过 TTIP 构建美欧合作的高级框架。这两个协议可能对世界经济秩序产生重要的影响,TPP 与 TTIP 的规则比 WTO 的标准更高。在这样的国际规则背景下,中国的外资准入政策也积极主动调整,可以通过签订中美双边投资协定作为着力点,规范外资准入标准,从准入后国民待遇向准入前国民待遇过渡的过程中,通过环境条款、透明度要求等规则设置更高的准入标准。如此可以一系列规范

的国际化的外资准入标准为保障，提高要素流入质量；并不断扩大与其他国家的双边投资协定，通过双边协定尽量对冲 TPP、TTIP 对中国经济参与全球化的不利影响。

9.2.3 完善产业政策，推进产业升级路径优化

通过提高要素流入质量，在存在效应路径上助推了更高水平的产业升级，中国未来产业升级的路径选择、政策上更要向促进二次效应引起的产业升级路径上转型。溢出效应、规模效应和财富效应通常都缺乏一定的自发性，需要政策支持以发挥更大效应，下一阶段的产业升级路径优化需要在产业政策上进一步完善，通过政策创新推动产业升级路径更多地转向第二阶段。

1. 制定有利于提高要素收益的产业政策

从世界经济的发展历程看，强国的发展尤其是由弱变强的国家的发展历程，无不体现着由追求规模、总量到追求效率、收益的过程。比如二战后的日本经济，1950 年日本的 GDP 仅为 109 亿美元，1970 年增加到了 2 000 亿美元，增加了将近 20 倍，成为世界第二大经济体。而其发展也是由注重总量开始的，1946 年日本经济学家有泽广巳发表《拯救日本经济破产的办法》，提出建立一种“倾斜的生产方式”，优先发展以煤炭为中心的重点产业。此后日本政府竭力动员煤炭行业进行劳动竞赛，制定增加产量的目标等，大力发展重点产业，提高总产量。1961 年池田内阁推出了《国民收入倍增计划》，旨在发动经济的高速增长，在该计划实行期间，日本超过了联邦德国的经济规模。而从 1960—1979 年，日本的技术水平大幅提高，全要素生产率 TFP 对 GDP 的贡献率超过了美国和 OECD 同期的水平。而这种快速提升与其前期的总量积累是分不开的。随着世界经济总量水平的上升，产业升级也从注重规模向更加注重收益转变。诸如微笑曲线强调向高附加值的两端移动，价值链分析提出从价值链的低端向高端升级，增加值贸易的核算方法更加体现了对贸易收益的衡量等都反映了在经济分析中对收益的重视。因此，产业结构升级的分析也逐渐从总量的提高转向对收益的重视。

2. 完善鼓励技术创新的政策体系

技术的作用随着经济全球化的推进，其作用在不断增强。资本与技术同时作

为重要的生产要素，二者之间通常有着紧密的联系，并在经济发展的不同时期各自发挥着重要作用。在工业革命之前的经济中，由于技术相对落后，技术对经济的增长作用没有劳动力、土地和资本这样明显，因此将技术纳入经济中的研究也并不多。但随着科学技术的快速发展，技术对经济的推动作用也越来越明显，邓小平曾提出："科学技术是第一生产力。"新经济增长理论中将技术内生化，资本的溢出效应、劳动的学习效应等都可能带来技术进步，从而提高产出增长率。技术因素对经济作用的加强使其成为一种相对资本独立的生产要素，资本与技术的联系也更加深入，资本进入生产过程不仅仅是为了支付工资、购买设备等，也是为了获取新技术或者培育新技术。货币资本通常在企业家的支配下对各生产要素进行组合，这个组合过程的一个目的就是提高技术水平，获取更高的资本收益率。资本与技术不是简单的相互独立的关系，而是资本培育新技术，而新技术又带来更多资本的相互促进关系，其中资本通常又有触发作用。所以，产业升级过程中也出现了从劳动密集型到资本密集型或技术密集型的升级过程。

因此，产业升级路径从第一阶段向第二阶段深化的关键在于技术创新。通过给予研发型、创新型企业税收优惠，并提供融资便利给予融资成本上的优惠，降低研发型企业的经营成本和发展成本，激励更多的投资流向研发型、创新型企业。同时，加大高新技术人才尤其是稀缺的科技创新型人才的引进。政府可以通过制度上改进，给予科技创新型人才在住房、子女教育、医疗保险等方面的优惠等。另外，加大政府对科研项目的投入和规范，提高科研经费的利用效率，形成从企业到人才到科研单位三位一体的科技创新政策体系，推动产学研的一体化发展，最终使得要素流入后企业与国外要素、企业的对接更顺畅，提高溢出效应水平，并通过进一步激发生产规模的扩大，增强规模效应。

3. 培育有比较优势的产业

产业升级的基础是要素结构的升级，引进外部高级生产要素的目的是通过学习、吸收等提高本国的要素生产效率，实现自主式发展。国家竞争力体现在产业竞争力上，并最终由生产要素质量所决定。因此，自主式发展就是通过本国自主创新后提高要素质量优化要素结构，进而形成新的有国际竞争力的优势产业。

中国未来的产业发展沿着产业升级路径的第二阶段发展的过程中，仍然需要形成起支柱作用的优势产业。在过去30多年的发展过程中，制造业在中国经济发展过程中起着举足轻重的作用。但在劳动力成本上升的背景下，中国廉价劳动力优势在削弱，面临着制造业的转型升级。同时，也要加大培育有比较优势的产业，在进一步加强制造业发展的基础上，也积极推进互联网、金融服务业、农业、新能源等产业的发展，形成制造业与多种产业协调发展，共同发展的局面，促进中国经济的良性发展。

9.2.4　加大对外投资力度，实现要素双向流动

中国提出的"一带一路"战略、倡议的亚太自贸区以及正在实施的人民币国际化都突显了"走出去"与"引进来"的协同发展。在要素流动视角下，产业升级从依靠被动要素流入向通过要素流出获取更多要素收益的阶段升级。对外投资是获取技术、品牌等高端要素的重要手段，合理利用外汇储备，加大对外投资力度，通过对外投资改善我国的能源供给并服务于国内的产业链调整。新一轮全球化的趋势是投资的自由化，我国要积极参与双边和多边的投资协定，积极为对外投资创造条件，以生产要素的双向流动推进产业发展。

在全球化新形势下，应通过推进多元化经济合作，构建以投资促进贸易的外部支撑体系。当前全球区域与双边合作全面发展，贸易投资自由化呈现交叉多元快速发展态势。对中国来说，既要避免因参与不足或滞后出现的贸易转移效应，维护出口市场；又要有效实现投资市场拓展，实现以投资拉动贸易战略。要加快推动中韩自贸区、中澳自贸区、中欧自贸区谈判，广泛签订双边投资协议，积极推动区域经济合作，构建对外合作支撑体系，以外交突破对外投资的政治障碍，拓展对外投资，为要素流动下的产业升级路径建立基础。

9.3　发展中国家借鉴中国经验进行产业升级的步骤

中国的成功经验为其他发展中国家提供了借鉴，本书通过研究要素流动下中国产业升级的轨迹，总结其规律，认为发展中国家适应经济全球化可以尝试从以下

步骤实现产业升级。

9.3.1 评估本地要素禀赋，确定潜力产业

生产要素是形成生产和产业的基础，要素禀赋的结构决定了未来产业的发展方向，要素流动下并不是国内生产完全依赖于国外要素，而是利用国外要素实现国内要素的有效使用。当企业所选择的产业和技术都与经济体要素禀赋所决定的比较优势相符时，经济将会最有竞争力。因此，评估本地要素禀赋状况是确定产业政策的前提，充分掌握国内要素禀赋特征有利于提高产业政策的成功率。评估要素禀赋的目的是确定潜力产业。虽然从宏观层面发展中国家的要素禀赋中以土地、简单劳动力、能源等占优，但不同的国家有差异，例如中国、印度、东南亚等国劳动力丰裕，而俄罗斯、南非则在能源上丰裕。中国产业升级的特点是廉价劳动力成为升级的最初的基本动力，如果没有大量的农村闲置劳动力，中国的制造业即使有外资流入也很难激发出来。相反，如果中国劳动力匮乏，那么对外开放引进外资相反可能带来经济的不稳定。因此，评估本地要素禀赋是确定潜力产业和产业升级的前提。

9.3.2 建设必需的基础设施，完善营商环境

产业升级需要相应的基础设施，便捷的交通、快速的通信网络在当前经济下几乎是所有产业发展必备的基础设施，有没有良好的基础设施是跨国公司考虑是否进入的关键因素之一。柬埔寨、缅甸、菲律宾等发展中国家跨国公司进入较少的一个原因即相应的基础设施不到位，公路、铁路、医院等基础设施作为公共物品一般需要政府投资建设和维护，良好的基础设施有利于企业生产经营减少成本。改革开放后中国的制造业首先在沿海城市发展起来，随后政府在基础设施上进行了大量的投资，东部地区的铁路、公路里程和机场数量都远高于中西部地区，另外，在医疗设施、通信网络、供水供电等多个方面的建设都取得了很大的进步，东部地区的基础设施建设整体上大幅优于中西部地区，同时，基础设施的完善又能吸引更多的要素流入，进一步刺激产业升级。

除了基础设施以外，稳定的社会环境、公平公正的法制环境、市场经济体系等营商环境也是吸引要素流入的重要因素。改革开放确定了吸引和利用外资的合法性，为要素流入扫清了基本障碍。1982年家庭联产承包责任制确立，1984年开始了股份制改革试点，1992年10月党的十四大报告《加快改革开放和现代化建设步伐，夺取有中国特色社会主义事业的更大胜利》提出建立社会主义市场经济体制，与此同时，法制建设也在不断推进。1993年通过了《中华人民共和国公司法》，1995年1月1日开始实施《中华人民共和国劳动法》，2000年10月通过了《中华人民共和国外商投资企业法》等，由此，法制环境随着诸多法律的出台不断完善。中国的外商直接投资在2001年起开始大幅提高，也正是相关政策法规建立之后，营商环境的完善对要素的持续流入产生了制度保障。因此，在完备基础设施的同时，还要加强完善营商环境，形成对要素流入的基本条件。

9.3.3　制定优惠政策，激励要素流入

吸引高级要素流入需要一系列的政策配合，从政策上给予国外生产要素优惠是启动要素流入的关键。国家间的竞争一定程度上和企业的竞争相似，中国为吸引外资也制定了一系列的优惠政策，包括税收优惠、土地优惠、地区优惠、投资优惠等，对外商企业所得税实行“两免三减半”的优惠，土地价格比市价更有弹性，此外，地方政府为吸引外资纷纷展开了竞争，个别地区的优惠力度大幅低于国内企业。其他国家为吸引外资也曾制定国外资优惠政策，例如新加坡在20世纪60年代为吸引外资采取的政策是：投资额达到一定程度以上的外国人可以获得永久居留权；建立了吸引国内外投资的工业区，这一时期大量的外商直接投资进入石油和轻工业部门。韩国是“亚洲四小龙”中利用外资最多的经济体，1966年韩国制定了《吸引外资促进法》鼓励外国人在韩国投资，并在1983年对该法律进行修改，引入了投资自由化政策，扩大了投资范围，开始实施减税等政策大力吸引外商直接投资。

另外，非常重视对高端人才和高新技术的引进，大部分国家都制定了相关优惠政策，新加坡的免税、退税等优惠政策为其吸引了大量的海外高层次人才，新加坡于1999年提出要用退税等措施吸引海外人才，制订了海外工作者纳税人计划(Not Ordinarily Resident)，给予外国工作者5年的税务优惠期。2009年，欧盟理事会批

准了以引进高层次人才为目标的蓝卡计划,该计划有助于提升欧盟的国际人才竞争力,为经济复苏积累人力资本,同时要求欧盟各成员国在两年之内将蓝卡计划纳入本国的法律体系中。2011 年,韩国也通过了《国籍法修订案》,韩国政府针对海外韩侨、结婚移民者、全球人才等人群开放,允许持有双重国籍。未来各国对高级人才和高新技术的竞争将更加激烈,发展中国家要与发达国家在人才和技术上竞争,通过优惠政策吸引这些高级要素的流入是一条捷径。人才和技术作为高级要素,有利于东道国的技术进步。

9.3.4 构建创新机制,鼓励自主创新

吸引要素流入的根本目标是帮助国内要素和产业实现升级,流入的高级生产要素通过存在效应、溢出效应、规模效应和财富效应等路径推动东道国的产业升级,但是本土要素收益的提高才是产业发展质量的关键。因此,在产业升级的同时,积累了一定资本就要加大构建创新体系,鼓励企业将更多的资金投入自主创新上,提升国内要素的国际竞争力。首先,要完善自主创新的法律体系,用法律为科技进步提供保障;其次,要加大财政投入和税收优惠,增加研发支出、对研发设备加速折旧等;再次,要建立完善的自主创新评价体系,完善科研考核、技术转化的评价标准等。在加大对基础研究的投入的同时,推动产学研相结合,建立创新机制,鼓励自主创新。中国用于基础研究的研发费用从 1995 年的 18.1 亿元增加到 2012 年的 498.8 亿元,从 2008 年开始年增长率一直在 20%以上,大幅高于经济增长速度。同时,也加大重视建立创新体系,不断增加研发投入,研发经费总额近年来连续上升,2012 年全国研发经费为 10 240 亿元,占 GDP 的 1.97%。近 30 年中国的专利申请与授权数都大幅提高,2012 年全国三种专利合计审计受理量 205.06 万件,2013 年受理 237.7 万件;1985 年全国三种专利授权总数仅有 138 件,1999 年突破 10 万件,2012 年突破 100 万件,2013 年为 131.3 万件,是 1999 年的 13 倍。高新区企业数量从 2003 年的 32 857 家增加到 2013 年的 71 180 家,翻了一倍多。目前中国经济的转型升级根本上就是要提高自主创新能力,不但将国外要素为我所用,还要学会自己创造高级要素。发展中国家在发展初期需要引入要素激活国内的潜在产业,但当产业发展之后必然面临培育国内高级要素,构建创新体系,提升自主创

新能力，降低产业升级的对外依存度。

9.3.5 推动技术创新产业化，培育优势产业

从技术向产业的过渡是实现经济转型的关键，只有产业化的技术才能真正推动经济发展。不可否认技术创新对产业发展的引领和导向作用，技术创新是经济转型升级和产业发展的基础，没有技术创新就难以出现产业升级，但是有技术创新未必一定有产业升级，技术的产业化有时候需要一系列产业政策的配合。尤其在产业化初期，企业可能承担很大的成本，不愿冒很大的风险，国家的产业政策就有了推出技术创新产业化的必要。

推动技术创新产业化的产业政策和幼稚产业保护理论的区别在于前者是主动的、积极的推动政策，后者是被动的偏向保护性的政策。近年来雾霾给中国经济可持续发展敲响了警钟，在经济发展的同时也要注重保护环境。新能源汽车虽然有了发展空间，同时新能源汽车技术有了产业化的基础，但是新能源汽车造价高，市场需求不容易打开。政府补贴为新能源汽车的量产打开了空间，比亚迪公司生产的“秦”系列品牌汽车在上海之所以有良好的市场，很大的原因是因为存在财政补贴和免费送上海牌照两项非常有吸引力的政策。美国的航天产业、日本的电子产业等发展起来并成为优势产业都离不开国家的政策支持，用好产业政策是发展中国家赶超发达国家实现产业升级的重要步骤。因为产业政策加大了对产业的干扰性，既然是培育、扶持就存在失败的风险，如何合理利用产业政策对发展中国家是一个挑战。

9.3.6 重新评估本地要素禀赋状况

在全球化背景下，生产要素的国际流动将会加剧，要素流动是实现要素合作的基本前提。随着长期的要素流入与本国自主创新能力的提高，东道国的要素禀赋结构将发生变化，为适应新的要素禀赋需要重新评估本地生产要素禀赋，制定新的政策体系，以促进产业向更高程度上发展。

9.4 借助要素流入实现产业升级的风险

9.4.1 引入竞争性要素，挤占国内市场

吸引要素流入的目的是获得国外高级要素以促进本国产业升级，但是如果流入的是本国丰裕的生产要素，则可能反而与国内要素产生竞争，挤占国内市场。跨国公司进行主导的国际投资虽然有利润驱动，相对于国家主导的投资模式有一定的要素配置优势，但是就像所有投资一样跨国投资也有风险，风险也更大。跨国的要素流动和要素在国内自由流动相比在信息透明度上有一定的弱势，跨国公司对东道国要素评估的失误或者东道国产业政策不正确引导都可能导致非稀缺性要素的流入。因为产业升级的基础在于综合要素结构的改变，如果流入大量的国内丰裕要素，那么综合要素结构将产生恶化，稀缺要素占比减少。所以，在国家的产业政策层面，根据本国要素禀赋特点对于国内丰裕的生产要素要限制其流入，而对于稀缺的要素则要加大鼓励流入的政策支持力度。防范要素流入的风险就是要严格控制丰裕要素的流入，中国的华为公司在美国遭到调查，实质上是因为通信业和软件业都属于技术密集型产业，美国的综合要素构中技术要素的占比高，一定程度上华为的技术和美国的同行业公司形成了竞争，产生的是替代效应而不是学习或者溢出效应。因此，从战略角度上看，引入华为公司将等同于引进了竞争性生产要素，势必对美国国内的公司形成挤出，挤占美国国内公司份额，影响国家安全。

对于发展中国家而言，其处于经济发展的起步阶段，引进高级要素至关重要，如果初期的产业政策引导竞争性要素的流入，则可能使产业升级陷入困境。因此，正确评估要素禀赋结构非常重要，在此基础上，应提高产业政策的科学性，加强对政策执行的监管，防范竞争性要素流入。

9.4.2 国内市场改革不到位，产业升级路径受阻

要素流动视角下外部要素流入东道国通过存在效应、溢出效应、规模效应和财

富效应四个路径进行产业升级，但是从要素流入到产业升级的传递还需要完善的市场机制。中国产业升级加快，经济快速发展的阶段也是在建立市场经济体制之后。1992年中国共产党第十四次全国代表大会提出“让市场在资源配置中起基础性作用”，肯定了市场在经济中的地位，2013年党的十八届三中全会进一步指出“让市场在资源配置中起决定性作用”。发展中国家在适应全球化通过对外开放引用要素流入促进本国产业升级的同时，一定要主动改革国内市场经济体制，构建良好的营商环境，实现要素的优化配置。

市场的重要性一方面体现在产品的销售上，企业生产的产品需要通过市场销售，如果市场经济不完善，就不能很好地向企业传递真实的需求和价格，不利于通过市场引导企业经营。另一方面，只有通过市场才能发挥产业间的关联和产业内的竞争，对产业发展产生溢出效应，同时没有完善的市场机制，企业扩大生产规模的动力也会不足，市场经济给予企业通过规模经济实现收益最大化的基础，财富效应的发挥更需要市场机制，以实现一系列的传导。因此，市场化改革对于产业升级意义深远，是产业升级的基本保障之一。发展中国家在市场化改革上往往经验不足，更容易走弯路，因此要防范由于市场化改革不到位导致产业升级受阻，中国“摸着石头过河”式的渐进式改革可以作为市场化改革的一个借鉴。

9.4.3 资本流动控制不当，增加金融风险

在诸多生产要素的国际流动中，最不确定、风险最大的是资本的跨国流动，资本是其他生产要素流动的载体，同时这个载体如果控制不当，也可能产生更大的风险。国际直接投资带动了生产要素的国际流动，但是没有项目支撑的私人资本如果大量流动甚至可能产生危机。拉美金融危机、东南亚金融危机都和私人资本的大幅流入流出有关，在自由主义经济模式下，资本自由流动，而“敏锐”的国际资本一看到市场的风吹草动就会大规模地流入或流出，在羊群效应的带动下加剧金融风险。发展中国家在金融监管上一般存在技术缺陷，金融风险在国际炒家的干扰下不断扩大，引发金融危机和社会动荡。

国际直接投资与国际间接投资相比在风险控制上相对较容易，一般发展中国家通常会首先放开国际直接投资进而放开间接投资，这是正常的政策思路。但是，

即使在国际直接投资的模式下，仍然存在大量的热钱，如果放开间接投资，那么更需要提高风险监管能力。发生金融危机的拉美、东南亚等发展中国家共有的特点就是放开了国际间接资本自由流动的同时，缺乏对这些资本流动的监控，以至于没有在风险爆发的早期发现问题、解决问题。金融风险一旦扩大将产生大量扩散效应，可能引发区域甚至全球金融危机。发展中国家的金融监管通常是短板，借助要素流动实现产业升级需要通过完善法律法规、培育高水平的人才、规范执法程序、加大处罚力度等控制资本流动，防范金融风险。

本章在研究中国产业升级路径的基础上，提出了中国未来产业升级的政策建议并为发展中国家的产业提供了借鉴。在全球化的背景下，借助要素流动成为一国实现产业升级的必然要求。中国的产业发展虽然存在四个产业升级路径，但是四个路径有内在的逻辑关系，存在效应路径构成了第一阶段，其他三个效应路径构成了第二阶段。中国的产业升级路径需要优化，使升级路径更多地从第一阶段转向第二阶段。因此，中国在继续对外开放的基础上还需要进一步规范外资准入，提高要素流入质量；构建有利于自主创新的政策体系，提高国内技术水平，实现自主式发展；推进多元化经济合作，构建以投资促进贸易的外部支撑体系，加大对外投资力度，促进要素双向流动等优化中国产业升级路径。借鉴中国的产业升级，本章指出发展中国家可以通过六个步骤实现依靠要素流入进行产业升级：第一步，评估国内要素禀赋状况，确定潜在产业；第二步，建设必需的基础设施，完善营商环境，为流入要素创造基本条件；第三步，制度优惠政策，激励要素流入；第四步，构建创新机制，鼓励自主创新，提高国内企业的创新能力，促进本国要素升级；第五步，推动技术创新产业化，培育优势产业，实现产业升级；第六步，重新评估要素禀赋结构，为下一次产业升级做准备。最后指出，在产业升级的同时也可能带来一系列的风险，可能由于引入了竞争性要素挤占国内市场，也可能国内市场改革不到位导致产业升级路径受阻，还可能对资本流动控制不当，增加了金融风险。

第 10 章
总结与启示

本书基于要素流动视角分析了以国际直接投资为载体的要素流入对中国产业升级的路径,同时中国的产业发展道路也为其他发展中国家提供了借鉴。本章综合全文的研究,梳理本研究的主要结论,总结研究对现实的启示,并提出研究中存在的不足之处以及对未来研究的方向。

10.1 主要结论

经济全球化是任何国家发展都离不开的背景,经济全球化的挑战要求每个国家的发展都要考虑全球化的趋势与形势以适应全球化。一国的产业政策必须与开放战略相结合,融入全球化、利用全球化、激发本国产业优势是产业升级的关键。本书的核心观点为:经济全球化的本质是生产要素的国际流动,中国通过对外开放导致国外要素流入并形成了产业升级的四个路径,这四个路径实际上包括了两个阶段。中国的发展经验为其他个别发展中国家适应全球化且进行产业升级提供了思路和借鉴。本书围绕此观点展开了分析,主要提炼以下结论。

10.1.1 要素结构优化是产业升级的基础

生产要素的概念和范围随着经济的发展而不断更新,从土地、劳动的二元论,演进到土地、劳动和资本的三元论，再到包括企业家才能的四元论，乃至今天囊括了技术、品牌、销售网络的多元论。生产要素的多样化与生产方式的多样化相伴而生，相互促进，产业升级的核心在于生产方式的变革，本质要适应于本国的要素结构。经济全球化的深刻变化在于生产要素的国际流动，要素流入改变了国家的综合要素结构，进而影响了产业升级。产业升级包括要素型升级、结构型升级、技术创新型升级、组合型升级等，传统的从第一产业向第二、第三产业升级的划分属于结构型升级，仅仅依靠结构型升级已经不能完全适应经济发展的需要。要素结构优化是一国产业升级的根本，要素流入的目的也是获取更多的高级要素，促进本国要素结构的升级。

当前，产业的变化主要体现在以下几个方面：一是产业间的融合度提高并产生了新的产业；二是产业内的专业化程度逐渐提高形成了新的壁垒；三是“渠道”拓展在产业发展中的作用增强；四是新兴业态的不断出现。因此，产业升级总体上可以归纳为要素密集型产业升级和效率提高型产业升级。要素密集型产业升级包括传统的劳动力密集型产业向资本密集型或技术密集型产业升级；自然资源密集型向资本密集型开放，资本密集型向品牌密集型开放，技术密集型向管理方法密集型开放，一般劳动力密集型向知识型劳动力密集型等。效率型产业升级则是沿着要素生产效率提高的方向发展产业。因此，两类产业升级的驱动力都在于生产要素结构优化，要素密集型产业升级和效率提高型产业升级根据一国经济发展体现出阶段性，不同发展阶段处于不同的产业升级类型。伴随着中国综合要素结构的内在优化，中国实现了从农业国向工业国的转变。经济全球化下生产要素的国际流动改变了一国特有的要素禀赋，形成了综合要素结构，形成了产业升级的起点。

10.1.2 中国的产业升级得益于引进外资吸引要素流入

中国经济是成功适应全球化的典型，从 1978 年党的十一届三中全会确定改革开放到 2001 年加入世界贸易组织，中国经济开放水平逐步提升，实现了长达 30 多年的高增长。外资在中国经济快速发展中起着非常重要的推动作用，受地方政府引进外资的政策影响，各个地区进行引资竞赛，外资流入解决了中国经济缺外汇缺资金的双缺口。全球化背景为中国的产业升级提供了条件，从 20 世纪 70 年代以来外商直接投资出现了爆发式增长，跨国公司也从 1980 年的 1.1 万家增加到 2008 年的 8.2 万家，中国的外商直接投资流入量也大幅增加，外资与中国农村的廉价劳动力相结合，形成了出口加工贸易。加工贸易带动了中国制造业发展，一定程度上促进了中国从农业国向工业国的转变，以农业为主的产业结构也发生了变化，工业和服务业的生产率得到了提升，因此，中国产业升级也得益于推行改革开放政策使中国融入全球化的发展。与此同时，中国也由农业主导向工业国转换，目前中国经济仍然面临着结构升级。发展经济学理论指出农业经济从农业国向工业国的过渡，农业与工业的相互协调促进工业发展，合理利用外资与外贸对工业化具有促进作用，也即表示了产业升级与全球化的关系。

经济全球化的趋势没有改变，双边或多边的自由贸易协定和投资协定根本上是保障投资者，有助于生产要素在全球范围内更自由地流动。中国以及其他发展中国家实现产业经济更大的发展仍然需要融入全球化，将本国的生产要素与外部的高级生产要素相结合，优化综合要素结构，提高本国生产要素的生产效率，通过生产要素升级从根本上推动产业升级。中国的开放政策将中国从封闭型国家转向了开放型国家，对外开放是融入全球化吸引外部高级生产要素流入的前提。

10.1.3　要素流入激发了中国产业升级的四个路径

经济全球化的本质特征是生产要素的国际流动，要素流入在东道国通过存在效应、溢出效应、规模效应和财富效应四个效应形成了四个产业升级路径。中国的产业升级路径中体现了由这四个效应构成的产业升级路径。四个产业升级路径从不同侧面分析了生产要素以国际直接投资为载体流入东道国，与东道国的生产要素相结合对产业升级产生直接和间接的影响，形成四个产业升级路径。其中，存在效应是基于要素流入带来的生产要素总量的变化对产业升级产生的影响，存在效应直接通过综合要素结构的变动引起了产业升级。溢出效应在产业层面包括产业内的竞争效应和产业间的关联效应，这两个溢出渠道通过生产函数中外生技术冲击的变化而表现出来，溢出是由于生产要素通过跨国公司进入东道国某一产业引起本产业的变化并影响了其他关联产业。规模效应是指由于生产规模的扩张导致生产成本降低，收益上升，要素流入使得东道国产业升级具备了扩大规模的基础。

财富效应指由于财富积累导致需求升级，并刺激企业扩大投资，通过购买国外高级要素提高产业要素结构，形成收入与产出的正向循环。

存在效应、溢出效应、规模效应和财富效应共同构成了经济全球化背景下东道国产业升级的四个路径。要素流动的最大受益者和推动者是跨国公司，跨国公司主导着全球的产业转移和要素配置。跨国公司实际上通过要素流动影响了全球的产业升级，因此跨国公司是推动产业升级的微观主角，一国融入全球化获得全球化的利益必须对外开放，吸引更多的跨国公司向本国进行投资。存在效应、溢出效应和规模效应是从生产过程的组成来反映产业升级的渠道，适应经济全球化就是为生产要素的跨境、跨行业的流动创造自由的政策环境。国际分工向生产要素的国际组合即是表明要素流动对产业升级的驱动意义。只有生产要素自由流动才有可能进行要素的国际组合，才能提高生产效率，产生新的生产模式，促进产业升级。

10.1.4 中国未来需进一步优化产业升级路径

中国通过引进外资吸引要素流入的产业升级过程，共包括了四个路径，此四个路径实际上体现了两个阶段。其中，存在效应路径属于产业升级的第一阶段（即一次效应）。溢出效应、规模效应和财富效应路径随着要素流入进一步深化形成了产业升级的第二阶段（即二次效应）。产业升级的两阶段是相互联系，不可分割的，第二阶段是在第一阶段基础上更高水平的产业升级路径。产业升级的路径从整体上需要打通要素流入促进产业升级的驱动，利用全球化首先需要对外开放政策支持。中国在未来的产业升级中，不但要继续保持高质量外资的持续流入，更要从政策上积极推动产业升级的二次效应路径，提高产业升级水平。

从注重第一阶段到注重第二阶段是产业发展向更高水平上迈进的必然过程，但二次效应属于非存在意义上的，通常需要政策支持才能达到更好的效果。因此，中国未来产业升级路径的优化就是在提高一次效应的基础上，通过构建完善的产业政策来促进自主创新，推进产学研一体化发展，扩大对外投资的力度，实现"走出去"与"引进来"的双向要素流动，推进中国整体产业升级路径转向更高水平。

10.2　主要启示

10.2.1　产业升级需要顺应全球化的发展趋势

经济全球化的突出变化表现为生产要素在全球范围的流动越来越便利，任何一个国家的发展都离不开全球化。从产业的角度看，产业链在全球范围内延伸，拥有完整的产业链对任何一个国家都可能成为一种负担，全球化下的分工更加精细，要素流动导致要素合作的程度提高，每个国家在原有国际分工中承接更细分的分工层次。

前三十年中国制造业的兴起与繁荣与全球化紧密相连，中国既在全球化中取得了资本支持又打入了全球市场，后三十年中国的经济要继续保持良好的发展态势，仍然需要和全球化相结合。虽然中国成为全球第二大经济体，农业和服务业在中国的产业结构中占比大幅增加，但是从要素密集性的角度看，中国的产业主要集中在简单劳动力和低附加值要素密集的产业，未来的产业升级还需要顺应全球化，发挥中国的后发优势。应积极进口高端装备和技术，提高国内产业的技术水平，同时扩大对外直接投资，通过并购等获取国外的技术、品牌、营销网络和管理方法等高级生产要素，再通过溢出效应、规模效应最后到财富效应推动中国的产业升级。

10.2.2　产业升级路径需要与国内经济发展阶段相适应

产业升级内在地反映了一国经济发展的结构，它需要与经济发展阶段相适应。经济发展水平较低时，国内的储蓄、外汇等都不丰富，人民的生活水平普遍较低，对产品的需求也停留在较低的水平上，依靠自身的资源禀赋发展低技术含量、低附加值的产品是积累初期财富的关键阶段。发展到一定阶段，国内的需要要求特定的供给匹配生产。财富效应即是从发展阶段的层次上表明产业升级的阶段性，产业升级既需要外部冲击，又需要与内部结构相配合，收入水平的提升导致需求结构的变化,需求结构的变化将引导产业的变化,生产结构和供给结构的变化是产业升级的外在表现。因此,发展水平不同的国家内在的产业结构也不尽相同,而发展水平相同的国家其产业结构有一定的相似性。

10.2.3 产业升级路径需要与要素结构相适应

要素是产业升级的决定性变量,产业升级必须和一国的综合要素结构相适应。要素禀赋和要素结构会随着经济发展而进行量和质的改变,当经济发展到一定阶段,积累了相当的资金、人力资本、技术水平等,综合要素结构得到了优化,就具备了产业升级的基础。林毅夫在《新结构经济学》中也认为一国的产业升级要符合本国要素禀赋结构,根据要素禀赋结构制定并实施特定的产业政策。中国从农业向制造业的升级,得益于农业生产效率的提高能够释放更多的劳动力,劳动力内在的供给结构发生了变化,恰好与外资相结合形成了劳动密集型的加工贸易。其内在逻辑是产业升级的要素匹配论,在全球化背景下,由于生产要素的国际流动一国的要素结构可能发生变化,从而形成既包括本国要素禀赋又有国外流入的生产要素的综合要素结构,产业升级要与该综合要素结构相匹配。

因此,全球化背景下中国产业升级的路径可以总结为两条:第一,对外获取国内急需的高端生产要素。引进来与走出去同时进行,一方面通过扩大进口高新技术产品提升国内的技术水平,另一方面通过对外投资获取国外先进的技术、管理方法、营销网络品牌。中国高达 4 万亿美元的外汇储备为中国采取更加积极主动的开放政策提供了基础,甚至可以忍受在一定时期的贸易逆差。同时,提高更高水平的对外开放,还需要良好的外部环境,既要通过推进国际合作,签订更多的双边或多边的投资协定扩展对外投资市场,又要通过外交突破进口高新技术障碍。第二,对内提升本国的自主创新能力。要素质量的提升是产业升级的关键,在获取外部高级要素的同时要提升国内要素的质量,通过鼓励自主创新,给予高新技术产业、战略性新兴产业等创新与创业以更大的政策支持。并深化国内制度改革,构建公平、透明的营商环境以利于国内生产要素的自由流动,激发市场活力,使市场的健康发展成为促进要素升级的动力。

10.3 本书的研究展望

本书主要从要素流动的角度分析了其对产业升级的影响，但是受精力和时间的限制，在文献和数据都存在一定的局限。笔者深感这是一个有意义、有价值的研究领域，还有很多问题有待进一步探索和挖掘。

(1) 需要对垄断程度不同的产业进行对比研究。

本书的分析主要集中在对整个产业层面的升级影响，但是实际上不同的行业垄断程度是不同的，垄断程度的差异可能影响到本国的该产业是否有动力接受并融入全球化。行业的内在垄断特质既受国有企业的影响，也受国外企业对其冲击的影响，尤其是全球化的背景下，政府是否保护该产业也将直接影响该产业的全球化水平，从而要素流动对产业升级的影响将发生重要变化。因此，如果从垄断程度研究要素流入对产业升级的影响可能对全球化下的国有企业改革等有借鉴价值。

(2) 需要对更多的要素进行分析。

随着全球化的推进，国家与国家、企业与企业、人与人之间的联系必然越来越紧密，生产要素也可能出现更丰富的划分，参与要素流动的种类也将会增多，对更广泛的要素进行分析将是必然要求。本书分析的一个局限就在于可分析要素的选择上，未来随着互联网和大数据的发展，数据收集和数据共享水平将大幅提高，可能也有基础对更多的要素进行量化分析。多要素的分析也将使对全球化下产业升级的轨迹分析更加细腻。

(3) 分析全球化对其他国家产业升级的影响。

中国是得益于全球化最明显的一个国家，除了中国以外，其他国家在融入全球化的过程中对其产业产生了哪些影响，分别通过什么渠道、效应来发挥作用，本书分析的四种效应是否适用于这些国家，或者对类似的其他正在借力全球化发展的国家有没有借鉴意义等，这些都是非常有意思的研究方向。从这个研究视角分析也是对经济全球化的本质在于生产要素国际流动的一个验证。

(4) 要素流出对中国产业升级的影响。

本书的分析主要基于要素流动视角下要素流入对中国产业升级的影响,实际上生产要素的国际流动既包含了流入也包含了流出,一国的流入是另外一个国家的流出,要素流出也会对要素流出国的产业升级产生影响。从要素流出的角度分析产业升级对于我国推动对外投资,大规模地走出去,适应新的外贸战略等都具有非常重要的意义。

(5) 更微观的企业层面分析。

要素对产业的影响实际上是通过企业完成的,企业行使着对要素的配置、组合等功能。从跨国公司和东道国企业层面分析他们如何引进和使用生产要素,流出和组合生产要素等,通过哪些具体的战略、制度、管理等渠道实施进而反映到对产业升级的影响上——这些微观角度的分析可能对产业政策的提出更具有针对性和可行性。

(6) 完善要素流动理论的研究。

要素流动理论是经济全球化的基础理论,本书的一种重要贡献就是连接了要素流动与产业升级,从生产要素国际流动这个全球化本质来分析中国的产业升级。但是,要素流动理论还包括其他诸多可以研究的方向,不断完善和丰富要素流动理论是研究经济全球化的必经之路,将对解释全球化、适应全球化、利用全球化提供科学的参考。

参考文献

Aitken, B.J., and Harrison, A.E., "Do Domestic Firms Benefit from Direct Foreign Investment? Evidence from Venezuela", *American Economic Review*, 1999:605—18.

Baily, M.N. and Bosworth, B.P., "US Manufacturing: Understanding its Past and its Potential Future", *The Journal of Economic Perspectives*, 2014, 28(1):3—25.

Banker, R.D., Charnes, A. and Cooper, W.W., "Some Models for Estimating Technical and Scale Inefficiencies in Data Envelopment Analysis", *Managament Science*, 1984, (30):1078—92.

Blomstrom, M. and Sjoholm, F., "Technology Transfer and Spillovers: Does Local Participation with Multinationals Matter?", *European Economic Review*, 1999, (43):915—23.

Blomstrom, M., "Foreign Investment and Productive Efficiency: The Case of Mexico", *Journal of Industrial Economics*, 1986, (15):97—110.

Blomstrom, M., Lipsey, R., and Zejan, M., "Is fixed investment the key to economic growth?", *Quarterly Journal of Economics*, 1996, 111(1):269—76.

Caves, R.E., "International corporations: The Industrial Economics of Foreign Investment", *Economica*, 1971, (38):1—27.

Caves, R.E., "Multinational Firms, Competition and Productivity in Host Country Markets", *Economica*, 1974, 41:176—93.

Charnes, A., Cooper, W.W. and Rhodes, E., "Measuring the Efficiency of Decision Making Units", *European Journal of Operational Research*, 1978,

(2):429—44.

Clausing, K.A., “In Search of Substitution between Foreign Production and Exports”, *Journal of International Economics*, 2001, 53(1):81—104.

Eaton, J. and Kortum, S., “International Technology Diffusion: Theory and Measurement”, *International Economic Review*, 1999, (3):537—70.

Ernst, D., “Global Production Network and Industrial Upgrading-knowledge-centered Approach”, East-Wester Center Working Paper: Economic Series, 2001.

Feinberg, S.E. and Majumdar, S.K., “Technology Spillovers from Foreign Direet Investment in the Indian Phannaeeutieal Industry”, *Journal of International Business Studies*, 2001, 32(3):421—37.

Fukao K, Ishido H, Ito K., “Vertical intra-industry trade and foreign direct investment in East Asia”, *Journal of the Japanese & International Economies*, 2003, 17(4):468—506.

Gereffi, G., “International Trade and Industrial Upgrading in the Apparel Commodity Chain”, *Journal of International Economics*, 1999, 48(1):37—70.

Gruber, W., Mehta, D., and Vernon, R., “The R&D Factor in International Trade and International Investment of US Industries”, *Journal of political Economy*, 1967, (75):20—37.

Haddad M, Harrison A., “Are There Positive Spillovers From Direct Foreign Investment? Evidence From Panel Data for Morocco”, *Journal of development Economics*, 1993, 42(1):51—74.

Harrison, A., “Productivity, Imperfect Competition and Trade Reform”, *Journal of International Economics*, 1994, (36):53—73.

Hausmann, R. and Rodrik, D., “Economic Development as Self-Discovery”, *Journal of Devolepment Economics*, 2003, 72(2):603—33.

Head, K. and Ries, J., “Heterogeneity and the FDI versus Export Decision of Japanesse Manufactures”, *Journal of the Japanese and International Economies*, 2003, 17(4):448—67.

Helpman E., "A Simple Theory of Trade With Multinational Corporations", *Journal of Political Economy*, 1984, 92(3):451—71.

Helpman, E., Melitz, M.J. and Yeaple, S.R., "Export versus FDI with Heterogeneous Firms", *The American Economic Review*, 2004, 94(1):300—16.

Horstman, I.J. and Markusen, J.R., "Endogenous Market Structures in International Trade", *Journal of International Economics*, 1992, 32(1—2):109—29.

Humphrey, J, and Schmitz, H., "How does Insertion in Global Value Chains Affect Upgrading in Industrial Clusters?", *Regional Studies*, 2002, 36(9):1017—27.

Hymer, S., "International Operations of Nation Firms: A Study of Direct Foreign Investment", M.I.T., 1960.

Javorcik, B.S., "Does Foreign Direct Investment Increase the Productivity of Domestic Firms? In Search of Spillovers through Backward Linkages", *American Economic Review*, 2004, (3):605—27.

Ju, J., Lin, J.Y. and Wang, Y., "Endowment Structure, Industrial Dynamics and Economic Growth", Policy Research Working Paper, 2009, No. 5055 Washington, DC: World Bank.

Koizumi, T., and Kopecky, K.J., "Foreign Direct Investment, Technology Transfer and Domestic Employment Effect", *Jounral of International Economics*, 1980, (2):1—20.

Kokko, A., "Foreign Direct Investment, Host Country Characteristics and Spillovers", The Economic Research Institute, Stockholm, 1992.

Kotabe, M., and Omura, G.S., "Sourcing Strategies of European and Japanese Multinationals: a Comparison", *Journal of International Business Studies*, 1989, 20(1):113—30.

Krugman, P. A., "Model of Innovation, Technology Transfer, and the World Distribution of Income", *Journal of Political Economy*, 1979, 87(2):253—66.

Lee, G., "The Effectiveness of International Knowledge Spillover Channels", *European Economic Review*, 2006, 50, (8):2075—88.

MacDougall, G.D.A., "The Benefits and Costs of Private Investment from Abroad: A Theoretical Approach", *Economic Record*, 1960(36):13—35.

Mansfield, E., and Romeo, A., "Technology Transfer to Overseas Subsidiaries by US-based Firms", *The Quarterly Journal of Economics*, 1980, (95): 737—50.

Markusen, J.R., "Factor Movements and Commodity Trade as Complements", *Journal of International Economics*, 1983, 14(3—4):341—56.

Markusen, J.R. & L.E.O.Svensson, "Trade in Goods and Factors with International Differences in Technology", *International Economic Review*, 1985, 26(1):175—92.

Melitz, M.J., "The impact of trade on intra-industry reallocations and aggregate industry productivity", *Econometrica*, 2003, 71(6):1695—725.

Mundell, R.A., "International Trade and Factor Mobility", *American Economic Review*, 1957, 47(3):321—35.

Pavlinek, P. and Zenka, J., "Upgrading in the Automotive Industry: Firm-level Evidence from Central Europe", *Journal of Economic Geography*, 2010, 11(3):1—28.

Poon, T.S.C., "Beyond the Global Production Networks: A Case of Further Upgrading of Taiwan's Information Technology Industry", *International Journal of Technology and Globalisation*, 2004, 1(1):130—44.

Porter, M.E., *The Competitive Advantage of Nations*, Free Press, New York, 1990.

Redding, S., "Dynamic Comparative Advantage and the Welfare Effects of Trade", *Oxford Economic Papers*, 1999, (51):15—39.

Richardon, J.D., "On 'Going Abroad': The Firm's Initial Foreign Investment Decision", *The International Executive*, 1972, 14(3):15—15.

Rodriguez-Clare, A., "Multinationals, Linkages, and Economic Development", *The American Economic Review*, 1996, 86(4):852—73.

Romer, P.M., "Endogenous Technological Change", *Journal of Political Economy*, 1990:S71—S102.

Rostow, W.W., *The Stages of Economic Growth*, Cambridge: Cambridge University Press, 1960.

Saltz, S., "The Negative Correlation between Foreign Direct Investment and Economic Growth in the Third World: Theory and Evidence", *Rivista Internazionale di Scienze Economiche eCommerciali*, 1998, 39(7): 617—33.

Seo J. S., Suh C. S., "An Analysis of Home Country Trade Effects of Outward Foreign Direct Investment: The Korean Experience with ASEAN, 1987—2002", *Asean Economic Bulletin*, 2006, 23(2):160—70.

Sinani, E., and Meyer, K.E., "Spillovers of Technology Transfer from FDI: The Case of Estonia", *Journal of Comparative Economics*, 2004, (32):445—66.

Swenson D.L., "Foreign Investment and the Mediation of Trade Flows", *Review of International Economics*, 2004, 12(4):609—29.

UNCTAD, World Investment Report 2011 Overview, New York and Geneva: United Nations, 2011:4.

UNCTAD, World Investment Report 2012, New York and Geneva: United Nations, 2012.

Wong, K-Y, *International Trade in Goods and Factor Mobility*, MIT Press, 1995.

[德]马克思:《1844 年经济学哲学手稿》,人民出版社 2000 年版。

[美]戴维·罗默著,王根蓓译:《高级宏观经济学》,上海财经大学出版社 2009 年版。

[美]霍利斯·钱纳里、莫尔塞斯·塞尔昆著,李长青等译:《发展的格局:1950—1970》,中国财政经济出版社 1989 年版。

[美]杰里米·里夫金著,张体伟、孙豫宁译:《第三次工业革命——新经济模式如何改变世界》,中信出版社 2012 年版。

[美]凯文·凯利:《失控:机器、社会与经济的新生物学》,新星出版社 2011

年版。

[美]迈克尔·波特著,李明轩、邱如美译:《国家竞争优势》,华夏出版社 2007 年版。

[美]平迪克、陆斌菲尔德著:《微观经济学》,中国人民大学出版社 2006 年版。

[美]钱纳里等著,吴奇等译:《工业化和经济增长的比较研究》,三联出版社 1989 年版。

[美]约瑟夫·熊彼特:《经济发展理论》,中国画报出版社 2012 年版。

[日]小岛清:《对外贸易论》,南开大学出版社 1987 年版。

[以]阿萨夫·拉沙、埃弗拉伊姆·沙卡著,康以同译:《劳动力、资本和金融要素的国际流动》,中国金融出版社 2002 年版。

[英]威廉·配第著,邱霞、原磊译:《赋税论》,华夏出版社 2006 年版。

白旻:《边界效应、规模效应与后发大国的产业发展战略》,《世界经济研究》2009 年第 8 期。

包群、赖明勇:《FDI 技术外溢的动态测算及原因解释》,《统计研究》2003 年第 6 期。

蔡爱军、朱传耿、仇方道:《我国开放型经济研究进展及展望》,《地域研究与开发》2011 年第 2 期。

曹凤岐:《如何进行企业重组与并购》,北京大学出版社 1999 年版。

陈宏民:《网络外部性与规模经济的替代关系》,《管理科学学报》2007 年第 3 期。

陈继杰:《外商直接投资对中国可持续发展溢出效应研究》,浙江大学博士论文,2006 年。

陈俊聪、黄繁华:《中国对外直接投资的贸易效应研究》,《上海财经大学学报》(哲学社会科学版)2013 年第 3 期。

陈雪梅、陈雯雯、余俊波:《政策推动产业升级的重要性及可行性》,《商业研究》2013 年第 1 期。

陈甬军、杨振:《制造业外资进入与市场势力波动:竞争还是垄断》,《中国工业经济》2012 年第 10 期。

程慧芳:《国际直接投资与开放型内生经济增长》,《经济研究》2002 年第

10 期。

程如轩、卢二坡:《产业结构优化升级统计指标初探》,《中国统计》2001 年第 7 期。

崔远淼:《人民币汇率水平对 FDI 流入的影响分析》,《世界经济研究》2007 年第 8 期。

大卫·李嘉图:《政治经济学及赋税原理》,商务印书馆 1962 年版。

丁焕峰:《技术扩散与产业结构优化的理论关系分析》,《工业技术经济》2006 年第 5 期。

方甲:《产业结构问题研究》,中国人民大学出版社 1997 年版。

冯昭奎:《日本技术进步的辩证法》,《日本学刊》2009 年第 5 期。

高鸿业:《比较成本学说不应构成我国外贸发展战略的理论基础》,《经济问题探索》1982 年第 4 期。

耿强、张谊浩:《内生增长理论中的规模效应悖论及其新发展》,《科学管理研究》2005 年第 10 期。

关白:《开放型经济理论与实务》,北京理工大学出版社 2000 年版。

海闻:《国际贸易理论的新发展》,《经济研究》1995 年第 7 期。

韩华为、苗艳青:《地方政府卫生支出效率核算及影响因素实证研究——以中国 31 个省份面板数据为依据的 DEA-Tobit 分析》,《财经研究》2010 年第 5 期。

郝清民、孙利红:《我国钢铁企业规模经济有效性分析》,《天津冶金》2002 年第 6 期。

何洁:《外国直接投资对中国工业部门外溢效应的进一步精确量化》,《世界经济》2000 年第 12 期。

何元庆:《对外开放与生产率增长:基于中国省际面板数据的实证研究》,浙江大学博士论文,2006 年。

洪银兴:《从比较优势到竞争优势》,《经济研究》1997 年第 6 期。

胡安生:《只有自主创新才能成就汽车产业》,《汽车工业研究》2006 年第 10 期。

胡祖六:《关于中国引进外资的三大问题》,《国际经济评论》2004 年第 2 期。

黄璐:《网络经济平台上的企业竞争战略研究》,四川大学博士论文,2003 年。

惠宁:《产业集群的区域经济效应研究》,中国经济出版社2008年版。

江东:《产业升级的再认识:一个分析框架》,《现代商业》2010年第5期。

江小涓、李蕊:《FDI对中国工业增长和技术进步的贡献》,《中国工业经济》2002年第10期。

蒋殿春、夏良科:《外商直接投资对中国高技术产业技术创新作用的经验分析》,《世界经济》2005年第8期。

焦国华、江飞涛、陈舸:《中国钢铁企业的相对效率与规模效率》,《中国工业经济》2007年第10期。

金煜、陈钊、陆铭:《中国的地区工业集聚、经济地理、新经济地理与经济政策》,《经济研究》2006年第4期。

孔曙光、陈玉川:《广义技术创新与区域产业结构升级的机制探索》,《工业技术经济》2008年第9期。

李成刚:《FDI对我国技术创新的溢出效应研究》,浙江大学出版社2011年版。

李春顶:《新新贸易理论文献综述》,《世界经济文汇》2010年第1期。

李贯歧:《开放经济的含义及其与相邻概念的关系》,《理论学刊》1995年第6期。

李健楠:《通信设备制造业跨国公司在华R&D投资研究》,北京邮电大学硕士论文,2008年。

李江帆主编:《中国第三次产业发展研究》,人民出版社2005年版。

李俊:《中国与韩国产业结构演变过程与启示》,《西北农林科技大学学报》2008年第4期。

李明武、袁玉琢:《外向型经济与开放型经济辨析》,《生产力研究》2011年第1期。

李晓阳、吴彦艳、王雅林:《基于比较优势和企业能力理论视角的产业升级路径选择研究——以我国汽车产业为例》,《北京交通大学学报》(社会科学版)2010年第2期。

李学峰、徐辉:《中国股票市场财富效应微弱研究》,《南开经济研究》2003年第3期。

李勇坚:《知识与增长》,中国社会科学院博士论文,2003年。

李悦:《产业经济学》,中国人民大学出版社 1998 年版。

联合国贸易和发展组织:《2012 世界投资报告——迈向新一代投资政策》,经济管理出版社 2012 年版。

梁琦、施晓苏:《中国对外贸易和 FDI 的相互关系的研究》,《经济学季刊》2004 年第 3 期。

林毅夫、蔡昉、李周:《中国的奇迹——发展战略与经济改革》(增订版),格致出版社 2014 年版。

林毅夫:《后发优势与后发劣势——与杨小凯教授商榷》,《经济学季刊》2003 年第 4 期。

林毅夫:《按比较优势选择产业政策》,《中国发展观察》2005 年第 7 期。

林毅夫:《结构经济学》,北京大学出版社 2012 年版。

刘金钵、朱晓明:《跨国百接投资技术溢出效应实证研究》,《世界经济研究》2004 年第 8 期。

刘李华、程宝良、文雷等:《劳动力培训的产业升级效应研究——基于劳动力流动的视角》,《生产力研究》2013 年第 12 期。

刘平洋:《中国产业国际竞争力分析》,经济管理出版社 2003 年版。

刘伟、李绍荣:《产业结构与经济增长》,《中国工业经济》2002 年第 5 期。

隆国强:《全球化背景下的产业升级新战略——基于全球生产价值链的分析》,《国际贸易》2007 年第 7 期。

卢峰、刘鎏:《我国两部门劳动生产率增长及国际比较(1978—2005)——巴拉萨-萨缪尔森效应与人民币实际汇率关系的重新考察》,《经济学季刊》2007 年第 2 期。

卢政营:《品牌延伸的溢出效应研究》,天津财经大学硕士论文,2004 年。

伦蕊:《工业产业结构高度化水平的区域比较研究》,《经济前沿》2005 年第 2 期。

吕鹰飞:《我国金融业投入产出关联及效率分析》,吉林大学博士论文,2012 年。

马飒:《生产要素国际流动:动因、规律和影响》,《世界经济研究》2014 年第 1 期。

马述忠等著:《开放型经济转型升级、结构优化与战略选择——一个浙江及其典型案例的分析框架》,浙江大学出版社 2012 年版。

马云俊:《产业转移、全球价值链与产业升级研究》,《技术经济与管理研究》2010 年第 4 期。

宁自军:《江浙两省 FDI 引进效率差异及影响因素分析》,《统计研究》2007 年第 6 期。

潘镇:《外商直接投资是否促进了中国的科技进步——来自各地区的经验证据》,《中国软科学》2005 年第 10 期。

裴长洪:《中国开放型经济建立的经验分析——对外开放 30 年的总结》,《财经问题研究》2009 年第 2 期。

彭茜:《从竞争优势的角度论中国汽车工业的发展》,《商场现代化》2008 年第 5 期。

彭星:《我国汽车自主品牌的发展研究》,武汉理工大学硕士论文,2006 年。

平新乔、魏军峰:《中国汽车工业的市场规模和企业数量研究》,《经济研究》2001 年第 11 期。

乔晓楠、张欣:《美国产业结构变迁及其启示——反思配第—克拉克定律》,《高校理论战线》2012 年第 12 期。

乔治·J.斯蒂格勒:《产业组织和政府管制》,上海三联书店 1989 年版。

任志成:《全球经济衰退后的国际移民:历史、态势与政策走向》,《经济研究参考》2013 年第 69 期。

塞利姆·铁木儿:《国际移民的趋势变化和主要问题》,《科教文项目概览》2001 年第 3 期。

沈坤荣、耿强:《外商直接投资、技术溢出与内生经济增长——中国数据的计量检验与实证分析》,《中国社会科学》2001 年第 5 期。

宋国宇、刘文宗:《产业结构优化的经济学分析及测度指标体系研究》,《科技和产业》2005 年第 7 期。

宋洪峰:《欧盟延揽国际人才的政策选择与借鉴》,《第一资源》2013 年第 6 期。

苏东水:《产业经济学》,高等教育出版社 2001 年版。

隋月红、赵振华:《我国 OFDI 对贸易结构影响的机理与实证——兼论我国 OFDI 动机的拓展》,《财贸经济》2012 年第 4 期。

孙斌栋:《制度对于区域产业发展的影响研究——上海与深圳高科技产业发展比较》,《人文地理》2009年第4期。

孙文远:《产品内价值链分工视角下的产业升级》,《管理世界》2006年第10期。

孙秀峰、迟国泰、杨德:《基于参数法的中国商业银行规模经济研究与实证》,《中国管理科学》2005年第4期。

谭亮、万丽娟:《中国对外直接投资与进出口贸易关系的实证分析》,《重庆大学学报》(社会科学版)2010年第16卷第1期。

王红领、李稻葵、冯俊新:《FDI与自主研发:基于行业数据的经验研究》,《经济研究》2006年第2期。

王宏昌编译:《诺贝尔经济学奖金获得者讲演集》,中国社会科学出版社1997年版。

王兰军:《增强自主创新能力》,《中国金融》2005年第23期。

王树林主编:《21世纪的主导产业第四产业》,京华出版社1996年版。

王小平:《日出日落——战后日本起飞实录》,百花文艺出版社1998年版。

王迎新:《论海外直接投资与贸易的关系》,《财贸经济》2003年第1期。

王岳平、葛岳静:《我国产业结构的投入产出关联特征分析》,《管理世界》2007年第2期。

韦森:《法治缺位与市场自发扩展:皇权专制政制下中国市场经济两千多年中的周期性兴衰》,2007年全国法经济学论坛论文集,2007年。

邬义钧:《我国产业结构优化升级的目标和效益评价方法》,《中南财经政法大学学报》2006年第6期。

吴彦艳:《产业链的构建整合及升级研究》,天津大学管理学院博士论文,2009年。

冼国明、薄文广:《外国直接投资对中国企业技术创新作用的影响——基于产业层面的分析》,《南开经济研究》2006年。

向奕霓、李钢、张其仔:《农村劳动力素质提升对产业升级的影响——以河南省西峡县双龙镇为例》,《沈阳工业大学学报》(社会科学版)2013年第4版。

杨亚男:《论中国对外直接投资与出口贸易之间的关系》,首都经济贸易大学硕士论文,2007年。

徐传谌、郑贵亭、齐树天:《我国商业银行规模经济问题与金融改革策略透析》,《经济研究》2002 年第 10 期。

徐文斌:《利用超越对数成本函数模型对全能银行范围经济的检验》,《金融教学与研究》2011 年第 5 期。

徐孝新、刘戒骄:《美国高速铁路发展战略与挑战分析》,《现代商贸工业》2013 年第 18 期。

许培源:《外商在华投资的技术溢出效应:制度约束的视角》,《宏观经济研究》2010 年第 3 期。

严兵:《外商在华直接投资的溢出效应——基于产业层面的分析》,《世界经济研究》2005 年第 3 期。

严栾玉:《政府规制与汽车产业自主创新——兼论后危机时代中国汽车产业的发展路径》,《江海月刊》2010 年第 4 期。

晏敬东、张辉:《我国汽车工业与三次产业关联性的实证分析》,《北京汽车》2002 年第 2 期。

杨丹辉:《跨国公司对华技术转移的现状及动向》,《中国经贸导刊》2005 年第 3 期。

杨建文等著:《产业经济学》,学林出版社 2004 年版。

尹翔硕:《国际贸易教程》,复旦大学出版社 2005 年版。

于光远主编:《经济大辞典》,上海辞书出版社 1992 年版。

于刃刚、戴宏伟:《生产要素论》,中国物价出版社 1999 年版。

于刃刚等著:《主导产业论》,人民出版社 2003 年版。

玉良春、姚丽:《中国民航业的规模经济效益及相关产业组织政策分析》,《产业经济研究》2006 年第 2 期。

袁桂秋、张玲丹:《我国制造业的规模经济效益影响因素分析》,《数量经济技术经济研究》2010 年第 3 期。

曾寅初、陈忠毅:《海峡两岸农产品贸易与直接投资的关系分析》,《管理世界》2004 年第 1 期。

曾志兰:《中国对外开放思路创新的历程》,《江汉论坛》2003 年第 11 期。

张春萍:《中国对外直接投资的贸易效应研究》,《数量经济技术经济研究》2012

年第6期。

张海洋、刘海云:《外资溢出效应与竞争效应对中国工业部门的影响》,《国际贸易问题》2004年第3期。

张浩主编:《生产要素流入与优化组合》,黑龙江人民出版社1990年版。

张纪康主编:《跨国公司与直接投资》,复旦大学出版社2009年版。

张建华、欧阳轶雯:《外商直接投资、技术溢出和经济增长》,《经济学》(季刊)2003年第3期。

张杰、张少军、刘志彪:《多维技术溢出效应、本土企业创新动力与产业升级的路径选择——基于中国地方产业集群形态的研究》,《南开经济研究》2007年第3期。

张米尔、田丹:《从引进到集成:技术能力成长路径转变研究——"天花板"效应与中国企业的应对策略》,《公共管理学报》2008年第1期。

张培刚:《农业与工业化(上卷):农业国工业化问题初探》,华中科技大学出版社2002年版。

张其仔:《比较优势的演化与中国产业升级路径的选择》,《中国工业经济》2008年第9期。

张幼文、金芳:《世界经济学》,立信会计出版社2005年版。

张幼文、薛安伟:《要素流动的结构与全球经济再平衡》,《学术月刊》2013年第9期。

张幼文、薛安伟:《要素流动对世界经济增长的影响机理》,《世界经济研究》2013年第2期。

张幼文:《全球化经济学:逻辑起点理论主题与实践意义》,《探索与争鸣》2013年第13期。

张幼文:《从廉价劳动力优势到稀缺要素优势——论新开放观的理论基础》,《南开学报》(哲学社会科学版)2005年第6期。

张幼文:《当代国家优势——要素培育与全球规划》,远东出版社2002年版。

张幼文:《国际贸易增值的发展效应》,《世界经济研究》1993年第5期。

张幼文:《全球化经济的要素分布与收入分配》,《世界经济与政治》2002年第10期。

张幼文:《开放的理论依据与现代化道路的选择》,《上海社会科学院学术季刊》2000 年第 2 期。

张幼文:《跨越时空:入世后改革开放的新阶段》,上海社会科学院出版社 2001 年版。

张幼文:《入世与我国经济体制改革的深化》,《探索与争鸣》2001 年第 9 期。

张幼文:《完善开放格局　发展开放型经济》,《社会科学》1998 年第 6 期。

张幼文等:《要素流动——全球化经济学原理》,人民出版社 2013 年版。

赵坚:《我国自主研发的比较优势和产业政策——基于企业能力理论的分析》,《中国工业经济》2008 年第 8 期。

赵儒煜、邵昱晔:《要素流入与区际经济增长》,《求索》2011 年第 2 期。

赵晓庆:《中国汽车产业的自主创新——探析"以市场换技术"战略失败的体制根源》,《浙江大学学报》(人文社会科学版)2013 年第 3 期。

喆儒:《产业升级:开放条件下中国的政策选择》,中国经济出版社 2006 年版。

郑吉昌:《经济全球化背景下中国开放型经济的发展》,《技术经济与管理研究》2003 年第 5 期。

周华林、李雪松:《Tobit 模型估计方法与应用》,《经济学动态》2012 年第 5 期。

周振华:《产业结构优化论》,上海人民出版社 1992 年版。

周琢:《要素流动与贸易收益——外资流入下贸易发展的国民收益》,上海社会科学院出版社 2014 年版。

后 记

本书基于生产要素国际流动这一历史性变化，以要素流动理论为支撑系统分析了要素引进下产业升级的路径。我从 2010 年开始跟随张幼文老师开展关于要素流动理论方面的研究，最大的体会是要素流动理论对诸多经济现象都有极强的解释能力，本书也是从要素流动视角分析了要素引进下产业升级的路径。希望本书的出版能对要素流动理论在产业层次的分析做出一定的贡献。

本书得以出版，首先感谢我的导师张幼文研究员，本书从选题到成书都得到了张老师的悉心指导。入学以后我就参与到世界经济重点学科的研究中，并对要素流动理论产生了浓厚的兴趣，发现要素流动能够解释诸多经济问题，是一个有效的分析思路。同样，在参与学科建设课题的过程中，我不断提高了自己的科研能力，我的博士论文也结合要素流动理论展开了分析。感谢格致出版社的各位领导和编辑的辛勤劳动；感谢书中所引文献的作者。最后对书中出现的疏漏表示深深的歉意！

薛安伟

2015 年冬于上海社科院

图书在版编目(CIP)数据

要素引进下产业升级的路径/薛安伟著.—上海：格致出版社：上海人民出版社，2016.8
(要素流动与中国发展论丛)
ISBN 978-7-5432-2630-2

Ⅰ.①要… Ⅱ.①薛… Ⅲ.①产业结构升级-研究-中国 Ⅳ.①F121.3

中国版本图书馆 CIP 数据核字(2016)第 118244 号

责任编辑 彭 琳
装帧设计 储 平

要素流动与中国发展论丛

要素引进下产业升级的路径

薛安伟 著

出 版	世纪出版股份有限公司 格致出版社 世纪出版集团 上海人民出版社 (200001 上海福建中路 193 号 www.ewen.co) 格致出版 编辑部热线 021-63914988 市场部热线 021-63914081 www.hibooks.cn	印 刷	苏州望电印刷有限公司
		开 本	720×1000 1/16
		印 张	14
		插 页	2
		字 数	223,000
		版 次	2016 年 8 月第 1 版
发 行	上海世纪出版股份有限公司发行中心	印 次	2016 年 8 月第 1 次印刷

ISBN 978-7-5432-2630-2/F·932 定价：45.00 元